U0827710

合规

企业合规管理体系有效性评估

EFFECTIVENESS EVALUATION
OF ENTERPRISE COMPLIANCE
MANAGEMENT SYSTEM

郭凌晨　丁继华　王志乐　主编

企业管理出版社
ENTERPRISE MANAGEMENT PUBLISHING HOUSE

图书在版编目（CIP）数据

合规：企业合规管理体系有效性评估 / 郭凌晨，丁继华，王志乐主编 .——北京：企业管理出版社，2021.10

ISBN 978-7-5164-2435-3

Ⅰ.①合… Ⅱ.①郭… ②丁… ③王… Ⅲ.①企业管理—管理体系—中国 Ⅳ.① F279.23

中国版本图书馆 CIP 数据核字（2021）第 134839 号

书　　名：合规：企业合规管理体系有效性评估
作　　者：郭凌晨　丁继华　王志乐
选题策划：周灵均
责任编辑：张　羿　周灵均
书　　号：ISBN 978-7-5164-2435-3
出版发行：企业管理出版社
地　　址：北京市海淀区紫竹院南路 17 号　　邮编：100048
网　　址：http://www.emph.cn
电　　话：编辑部 （010）68456991　发行部（010）68701073
电子信箱：emph003@sina.cn
印　　刷：河北宝昌佳彩印刷有限公司
经　　销：新华书店
规　　格：710 毫米 ×1000 毫米　　16 开本　　21 印张　　290 千字
版　　次：2021 年 10 月第 1 版　　2021 年 10 月第 1 次印刷
定　　价：98.00 元

版权所有　翻印必究 · 印装有误　负责调换

《合规：企业合规管理体系有效性评估》
编写组分工

王志乐　北京新世纪跨国公司研究所所长

本书主编，撰写本书前言

郭凌晨　北京新世纪跨国公司研究所副所长

本书主编、总策划、统筹，修订书稿，撰写本书第二、四、五、六章

丁继华　北京新世纪跨国公司研究所副所长

本书主编，撰写本书第一、三章

招商局集团法律合规部　提供“案例及专题报告”《招商局集团合规管理体系的有效性评估》

孙彦臣　北京汽车集团有限公司总法律顾问 / 首席合规官

撰写“案例及专题报告”《北汽集团合规管理体系建设和优化升级》部分内容

曾　妮　北京汽车集团有限公司合规管理中心主任

撰写“案例及专题报告”《北汽集团合规管理体系建设和优化升级》部分内容

吉利集团合规办公室　提供“案例及专题报告”《吉利集团持续推进合规管理优化的实践》与《吉利集团商业秘密数据保护合规的有效性评估》

中兴通讯股份有限公司　提供“案例及专题报告”《中兴通讯反贿赂合规管理的有效性评估》

西门子（中国）有限公司　提供“案例及专题报告”《西门子公司出口管制的合规管理实践》

陈凤霞 北京市道可特律师事务所合伙人律师

撰写“案例及专题报告”《反商业贿赂与企业合规管理的导向与要点》

贾　申 京东方科技集团股份有限公司原法务合规总监

撰写“案例及专题报告”《反垄断合规与中国企业的合规管理实践》与《美国经济制裁对中国企业的挑战和有效应对》部分内容

王　班 京东方科技集团股份有限公司法务合规经理

撰写“案例及专题报告”《反垄断合规与中国企业的合规管理实践》部分内容

李秋鸣 京东方科技集团股份有限公司法务合规经理

撰写“案例及专题报告”《反垄断合规与中国企业的合规管理实践》部分内容

王晨星 京东方科技集团股份有限公司法务合规经理

撰写“案例及专题报告”《美国经济制裁对中国企业的挑战和有效应对》部分内容

王　源 北京高勤律师事务所合伙人

撰写“案例及专题报告”《〈个人信息安全影响评估指南〉与个人权益保护有效性评估》

曹雅琳 北京新世纪跨国公司研究所合规经理

收集、翻译本书附录资料

前　言

PREFACE

从 2011 年北京新世纪跨国公司研究所接受世界银行促进企业合规的项目以来，我们撰写了一系列的“合规”著作。2021 年纳入“合规”系列著作的主题是合规管理的有效性评估。企业建立合规管理体系不能仅仅停留在形式上，而是要使其有效。有效性评估可以由外部对企业合规管理体系建设进行考评，也可以由企业自己进行评估，从而推动企业持续不断地完善合规管理体系。

企业外部监管要求的不断加强，促使企业对自身合规承诺不断提升。这个过程会不断提高企业合规有效性的标准。为此，我们在探讨企业合规有效性评估时，首先有必要回顾一下近年来中国企业合规管理体系建设所面临的外部环境发展变化的趋势。

一、经济全球化与跨国公司的合规

2008 年 12 月，全球知名的跨国公司——德国西门子公司分别与美国和德国监管机构达成和解协议，并为其违规经营支付 16 亿美元。这是一个里程碑事件，因为过去从未有一个企业在跨国经营中为其违规活动付出如此沉重的代价。从那以后，国际机构以及不少国家纷纷加强合规监管，许多跨国公司也不断强化合规管理。

其实，强化合规管理与源于20世纪70年代的新一轮经济全球化密切相关。

1971年美元脱离布雷顿森林体系自由浮动，随之开启金融全球化进程。1991年年底苏联解体，世界上两个分隔的市场不复存在，全球市场的出现，极大地推动了新一轮经济全球化发展。1995年世界贸易组织（以下简称世贸组织）开始运行，成为新一轮经济全球化的制度保证。

新一轮经济全球化的发展给全球企业，特别是跨国公司带来了空前广阔的发展前景。跨国公司纷纷把价值链延伸到全球，在全球最适宜的地方设立研发设计机构，在全球最适宜的地方建立制造组装工厂，在全球最需要的地方布局营销与服务机构，从而构建了以它们为中心的全球价值链。许多全球化发展程度高的跨国公司迅速转型为现代的全球型公司。

全球型公司在构建全球价值链过程中，不仅面临研发设计、制造组装和营销服务等硬件如何在全球布局的问题，而且也面临一个新的挑战，即如何遵循全球不同市场的不同规则问题。

早在1976年经济合作与发展组织（OECD）即制定了《跨国公司行为准则》（*Guidelines for Multinational Enterprises*）。后来，根据企业面临的新问题和新挑战，2000年和2010年对这个准则做了修订。准则包括企业经营中所涉及的劳资关系、环境、反腐败、竞争、税收等多个方面。实际上，这个准则就是跨国公司在全球经营的规则。OECD积极倡导跨国公司遵守这些规则。

1977年，美国制定了《反海外腐败法》，对企业在全球化发展过程中的事业腐败问题进行监管，反对企业行贿受贿。后来，多数发达国家也接受了这一规则。联合国则在2003年制定了《联合国反腐败公约》，2005年12月生效。反腐败成为国际通行规则。

世贸组织建立以后，经济全球化进一步扩展。跨国公司在全球布局构建全球价值链，改变了过去全球范围的分工与合作，极大地提高了全球生产力。然而，全球财富的增加，全球的环境问题、贫富差距问题、人权问题也愈加严重。当时的联合国秘书长科菲·安南认为，企业不仅应该创造财富，也需要承担更大的责任，协助解决这些社会问题。在他推动下，2000 年联合国全球契约组织成立。全球契约组织在人权、劳工、环境和反腐败四个方面提出十项原则，倡导跨国公司遵守这些规则。目前，全球有 10 000 家大企业加盟全球契约组织，承诺遵守这十项原则。这十项原则可以视为加盟全球契约组织的跨国公司的合规承诺。

综上所述，2000 年全球契约发布以来，全球范围内众多的全球型公司开始强化合规管理。2008 年西门子案发生以来，国际组织与各国政府加强合规监管，越来越多的全球型企业进一步强化合规管理，强化合规管理成为全球企业发展的新潮流。

二、从外国公司合规到中国企业合规

当跨国公司强化合规形成全球潮流之时，中国企业尚处在落后状态。直到 2008 年西门子公司违规案被处理时，许多中国企业还不知道合规这个概念。

令人高兴的是，近年来中国政府也积极推进企业合规管理。在中国政府的推动下，中国企业正在融入全球企业强化合规的潮流。

新一轮经济全球化于 20 世纪 70 年代开始。当国际组织开始关注跨国公司行为准则的时候，中国还没有现代企业，即现代市场经济的主体。

20 世纪 70 年代末中国开始了改革开放。外资企业开始进入中国，后来民营企业出现，传统的国营企业通过改革成为国有企业。20 世纪 80 年代和 90 年代，随着改革开放的深入，中国产生了包括外资企业、民营企业和国有企业在内的现代企业。2001 年入世以来，中国经济全面融入全球经济，中国企业迅速发展壮大。2020 年，《财富》杂志全球 500 大公司排行榜上中国企业数量达到 124 家，第一次超过美国（121 家）。

如果说，改革开放第一个 20 年中国现代企业从无到有，那么，2001 年加入世贸组织以来的20年，中国企业已经从小到大。

在中国现代企业产生和发展阶段，即从无到有以及从小到大的阶段，多数企业为生存而奋斗，但往往不重视合规。许多企业强调进取，轻视规则。有的企业还投机取巧，绕开规则。还有的企业弄虚作假，违反规则。更有一些企业潜规盛行，破坏规则。

当中国企业规模越来越大，甚至在《财富》全球500大排行榜中，中国企业数量超过美欧等发达国家的时候，企业原有的发展路径显然面临严峻挑战。中国企业面临如何从大到强的挑战。

企业从大到强的发展显然并不仅仅意味着硬实力的增强，而且也意味着包括合规竞争力在内的软实力的提升；而合规竞争力恰恰是中国企业的短板。这个短板在2018年——西门子案整整10年之后——通过中兴案等一系列违规大案显露出来。

因违反美国出口管制规定而被第二次处罚的中兴通讯面临生死存亡的风险。这个案例震动了全国。“合规”这个人们过去不熟悉的概念得到极大的普及，强化合规管理成为企业管理发展的一个新的潮流。

2017年中兴通讯第一次被处罚以后，中央和国务院领导开始积极倡导和推进企业合规管理。2017年5月23日，习近平总书记主持召开中央全面深化改革领导小组第三十五次会议。此次会议讨论了走向世界的中国企业面临的合规问题，明确要求企业强化合规管理，建立合规制度。

2018年4月中兴通讯再次被处罚之后，习近平总书记多次强调企业要合规经营。2018年8月27日，习近平总书记在推进“一带一路”建设工作5周年座谈会上发表重要讲话。习近平总书记提出：“要规范企业投资经营行为，合法合规经营，注意保护环境，履行社会责任，成为共建‘一带一路’的形象大使。”11月1日，习近平总书记在民营企业座谈会上指出：“民营企业家要讲正气、走正道，做到聚精会神办企业、遵纪守法搞经营，在合法合规中提高企业竞争能力。”

中兴通讯再次被处罚，进一步引起人们对于合规经营的关注。全国企业合规委员会专家委员会的专家就如何帮助中兴通讯走出困境以及如何抓住这个案例推进中国企业强化合规进行研究，并向有关领导提出建议。国务院主要领导对专家建议十分重视，对企业合规走向世界做出指示。国务院领导要求企业强化合规经营意识，在经营中遵规守法，切实防范合规风险。

根据国务院领导指示，2018 年 12 月 26 日，国家发改委会同外交部、商务部、国务院国资委、中国人民银行、国家外汇管理局及全国工商联七部委联合发布《企业境外经营合规管理指引》。该指引指出，企业应以倡导合规经营价值观为导向，明确合规管理工作内容，健全合规管理架构，制定合规管理制度，完善合规运行机制，加强合规风险识别、评估与处置，开展合规评审与改进，培育合规文化，形成重视合规经营的企业氛围。

同时，国务院国资委还制定和修订了中央企业合规管理指引。早在 2016 年，国务院国资委就以中石油、中国中铁、中国移动、招商局集团和东方电气作为试点推进中央企业合规制度建设。2018 年 11 月 2 日，国务院国资委制定的《中央企业合规管理指引（试行）》正式下发。国务院国资委要求中央企业根据这个指引，“结合实际制定合规管理实施细则。地方国有资产监督管理机构可以参照本指引，积极推进所出资企业合规管理工作”。国务院国资委这个文件要求国有企业建立合规管理体系，并且对合规管理重点、合规管理组织架构、合规体系运行机制等几个关键问题做了具体的可操作的指引。目前，越来越多的中央企业包括地方国有企业正在积极落实这个指引，全面建设合规管理体系。

人们明显感觉到，2018 年强化合规管理成为中国企业发展的新趋势。我们甚至可以说，2018 年是中国企业强化合规管理的元年。

2018 年以来，政府有关部门继续积极推进企业合规管理。

国务院国资委在推进世界一流企业建设的对标提升行动中，要求国有企业“加强风险管理，提升合规经营能力”“推进合规管理全面覆盖、有效运行”。合规管理成为国务院国资委监管企业的重要内容。

最高人民检察院于 2020 年 12 月 25 日，召开企业合规试点工作座谈会。最高人民检察院党组书记、检察长张军在会上提出："以检察履职助力构建有中国特色的企业合规制度。"2020 年 3 月，最高人民检察院启动涉案违法犯罪依法不捕、不诉、不判处实刑的企业合规监管试点工作。

2021 年 3 月，人社部、市场监管总局和国家统计局把"企业合规师"作为新职业纳入《中华人民共和国职业分类大典》。企业合规师职业的设立，将大大推进中国企业合规管理的发展。

地方政府在推进企业合规方面也出现了许多亮点。

北京市国资委从 2017 年开始，开展两批共 17 家市管国有企业做合规管理体系建设的试点。这些企业通过合规管理体系建设，其合规意识明显提升。

深圳市司法局把合规建设作为法治建设的抓手，并把 2020 年作为合规管理年。现在，他们正在积极推动全社会合规。

综上所述，在党中央和国务院领导推动下，近年来政府各个部门积极行动，指导和促进企业合规管理。中国企业正在融入全球企业合规管理发展新潮流。中国企业合规管理理念迅速普及和发展，企业合规管理能力迅速提升。

三、从"要我合规"到"我要合规"

如前所述，从 20 世纪 70 年代起，OECD、联合国等国际组织就开始制定并形成了约束企业行为的国际通行规则；近年来，中国政府有关部门出台了一系列规范性文件，要求中国企业在国内外经营中强化合规管理。对于中国企业而言，无论国际通行规则，还是中国政府的规定，都可以归纳为来自外部监管要求的合规义务。

在积极引导和促进企业合规的同时，近年来相关政府部门加大了对企业的合规监管。通过政府部门的执法，我们发现当前企业经营中存在相当严重的合规管理问题。

刚刚过去的2020年，银保监会、证监会、生态环境部以及市场监管总局四个部门就查处了企业经营中大量违法违规的问题。

2021年3月2日，银保监会主席郭树清在国新办举办的情况发布会上表示，2020年银保监系统共纪律处分164人，处罚违法违规银行保险机构3178家次，处罚责任人员4554人次，罚没金额合计22.8亿元。

《证券日报》记者据证监会网站统计，截至2021年2月1日，自2020年以来，证监会及地方证监局合计开出352份行政处罚决定书，对91人采取证券市场禁入措施，其中22人被采取终身证券市场禁入措施。

据生态环境部提供的数据，2020年全系统开展环境执法检查58.74万家次。全国下达环境行政处罚决定书12.61万份，罚没款数额总计82.36亿元。

据市场监管总局提供的数据，2020年全系统开展保护知识产权“铁拳”行动，查处违法案件2.6万件。深入整治农村市场假冒伪劣食品等突出问题，查办质量违法案件4万件。查处广告违法案件2.4万件、传销和违规直销案件1万余件。市场监管部门对互联网平台企业垄断问题也加强了查处。

金融违规、上市公司违规、环境违规、知识产权违规、产品质量违规等均是企业经营中违规风险高发领域。政府执法中披露的企业大量违法违规问题表明，并不仅仅是国际组织或者外国政府“要我合规”，而是我国政府从实现高质量经济发展目标出发，也在要求中国企业合规经营；并不仅仅是国内外政府要求企业合规，而是企业从自身可持续发展出发，也需要自身合规经营。中国企业必须从别人“要我合规”，转变到“我要合规”，即从被动合规转变到主动合规。

很多人认为，我们开展合规管理体系建设，是为了防范上述企业面临的合规风险。

我们认为，仅仅把强化合规管理聚焦于防范合规风险是不够的。强化合规不仅为了防范和化解合规风险，更是为了企业管理体系的完善以及企业文化的提升，最终是为了企业软实力，即合规竞争力的增强。只有明确强化合规对于企业持续发展的重要意义，才会使企业从应对外部监管压力而被动地接受合规，上升到自觉主动地推进合规。

第一，强化合规，有助于企业管理体系再造。

合规首先要有规，即制定规则，然后要按照规则行事，即“合规”。广义的合规涉及企业业务的方方面面和业务流程的各个环节。合规管理包括产品质量、生产安全、环境标准、社会责任标准等各个方面。企业需要从合规角度梳理业务各个方面和业务流程所有环节，考察相关规定是否健全和完善，特别是员工的行为是否符合这些规定，即这些规定是否得到执行。合规的核心或侧重点在于“规”是否“合”。通过这样的梳理和整合，事实上完成对企业管理体系的再造与提升。

第二，强化合规，有助于企业文化的重构。

我们所说的企业文化并不是一般的企业文化活动，而是指企业经过长年培育和积淀形成的一种看不见、摸不着的行为规范。就合规制度而言，任何合规制度都不可能十全十美，即使当时制度完善了，然而随着时间的迁移，企业经营环境的变化也会使原先的制度体系出现新的问题。拥有良好合规文化的企业，其员工不仅不会钻企业制度的漏洞，而且还能够帮助企业堵漏洞，从而抵御严峻的合规风险。因此，持续不断地强化企业合规体系建设，必将使企业的文化得到重构，形成良好的合规文化。这种合规文化恰恰是企业的软实力，是企业的合规竞争力。

以总部位于德国的戴姆勒公司为例，当年因给中国买家回扣，违反了美国《反海外腐败法》，戴姆勒公司为此支付了近 2 亿美元的罚款。新领导上台即表态：“合规是戴姆勒工作的重中之重，我们从这件事吸取了足够的教训，将竭尽全力确保公司严格遵守最高标准的商业道德规范。”

如果认识到面临的严峻的合规风险，理解到强化合规不仅有助于防范合规风险，还有助于提升企业管理的转型升级，更有助于实现企业文化重构，有助于增强企业的合规竞争力，那么，企业就会从过去在别人的压力下被动合规转变到自觉地主动地强化合规。

四、从专项合规到企业全面合规

企业合规管理包含了众多的专项合规内容，例如反腐败合规、反洗钱合规、知识产权合规、个人数据保护合规、税务合规、环境合规等。但是，专项合规与企业实施全面的合规管理还存在很大距离。企业在建立合规管理体系时应该注重全面的合规管理。

按照国际标准化组织的定义，所谓合规是指一个组织遵守全部合规义务（ISO 19600）；而合规义务来自企业外部的合规监管要求和企业自身的合规承诺，前一种是强制遵守的合规要求，后一种则是自愿选择遵守的合规要求。

外部强制遵守的合规监管要求与企业自愿选择遵守的合规要求体现为三种形态。

首先是法规。企业应遵守公司总部所在国和经营所在国的法律法规及监管规定，包括国际通行规则和非国际通行规则。(外规)

其次是规制。遵守企业内部规章制度，特别是那些响应合规监管和体现合规承诺的制度准则等。(内规)

再次是规范。职业操守道德规范，如诚信守约等。(德规)

在这些规则中，企业对境外经营中的合规规则需要进行专门分析。当中国企业“走出去”参与全球市场竞争，特别是构建自己的全球价值链时，必然遭遇大量的过去不熟悉的全球市场规则。在这些全球规则中有一些是国际通行规则。如前所述，1976 年 OECD 跨国公司行为准则，2000 年联合国全球契约组织的十项原则以及 2010 年世界银行廉政合规指南等，这些国际通行规则企业应该遵守。

也有些规则不是国际通行规则，例如美国的《反海外腐败法》、英国的《反贿赂法》、法国的《萨宾第二法案》等。但是如果企业不遵守这些规则，就无法在这些国家或地区经营。显然，企业跨国经营必须遵守经营所在国（地区）的法律法规，尽管这些法规不是全球通行规则。

正如习近平总书记在2019年第二届“一带一路”国际合作高峰论坛所说：“引入各方普遍支持的规则标准，推动企业在项目建设、运营、采购、招投标等环节按照普遍接受的国际规则标准进行，同时要尊重各国法律法规。”习总书记这里提到要遵守国际通行规则，也提到要尊重各国法律法规。

在企业合规实践中，我们发现，还有些外国法规不仅不是国际通行规则，而且还与中国国家主权、安全及发展利益相抵触。对于这类法规中国政府发布了“不得承认、不得执行、不得遵守有关外国法律与措施的禁令”。

作为企业，应该善于应对上述境外经营中所遭遇的种种规则。首先，应该了解这些规则。其次，对于能够规避的规则应该尽量加以规避；如果已经被国外法规制裁就应该积极化解。最后，对于那些与中国国家主权安全及发展利益相抵触的法规则不承认、不执行、不遵守。

对于企业而言，合规已经不再仅仅是一种愿望和要求，而是成为一个系统的管理提升活动和全面的文化建设过程。其目的是建立有效的合规管理体系。近年来，有许多中国企业已经初步搭建了合规管理体系框架，经过一段时间的运行，需要评估合规管理实践的效果如何，是否帮助企业有效控制防范了合规风险，实现了企业的合规管理目标，下一步还需要在哪些方面做出改进和优化。为了解答这些问题，帮助企业进一步提升合规管理能力，建立一个合适的、能够自我循环改进的合规管理体系，我们编写了这本以“企业合规管理有效性评估”为主题的著作。

我们希望越来越多的中国企业了解什么是合规，什么是合规风险，从而了解当代企业管理发展的新趋势；我们也希望越来越多的中国企业关注合规风险，明白为什么要加强合规管理体系建设，从别人“要我合规”转变为“我要合规”；我们也希望越来越多的中国企业了解先进企业如何识别合规风险，如何建立合规管理制度，如何健全合规管理岗位，如何完善合规管理机制，尽快建立有效的合规管理体系，同时有效地评估合规管理实践的效果，持续地改进合规管理体系流程，从而融入强化合规管理的新潮流；我们还希望越来越多的中国企业在强化合规管理的过程中相互学习、相互促进，开展合规的联合行动。

王志乐

2021 年 6 月

目　录

CONTENTS

第三章　企业合规管理体系设计的有效性评估

第四章 企业合规管理体系执行的有效性评估

第五章 企业合规管理实践的有效性评估

第六章 中国企业合规管理评估的问题和对策分析

案例及专题报告

附录

01

第一章 企业合规管理评估的依据

对企业合规管理有效性的评估，不仅是企业不断评估合规风险防范能力、不断优化与提升自我合规管理能力的重要方式，也是执法机构对企业合规管理有效性评估做出责任减免与减轻处罚必经的审查过程，还是企业开展合规管理体系认证所必要的审核程序。不管是来自企业内部、外部或者内部与外部结合的评估，其主要目的都是对合规管理体系的有效性进行评估，审查企业开展合规管理是否达到了合规管理的目标。企业内部开展自愿性的合规管理有效性评估，不仅要关心合规管理体系运行的效果，还要关注合规管理体系运行中的效率与成本。企业外部，如执法机关或第三方外部审查机构，则主要关注合规管理体系的效果与合规管理工作所做的努力。本章将从企业内部或联合第三方外部评估机构角度，结合现有国内外合规管理体系的指引及合规管理体系评估文件进行介绍。

一、开展全面的合规管理体系评估的依据

近10年来，针对企业合规管理发布的各种标准或指引受到企业的广泛关注。无论是国际组织，还是各国政府，所发布的合规管理体系标准或指引，都十分强调企业合规管理体系的有效实施。针对企业合规管理体系的有效性评估，首先要弄清楚企业的合规管理体系是依据什么标准建立的，这些依据是由哪些要素构成的。

相对于各类专项合规管理方案而言，全面的合规管理体系又被称之为“大合规”[①]管理体系，包括开展合规管理所涉及重点领域的各个方面。当前，从评估企业全面的合规管理体系的依据文件看，主要有美国联邦量刑委员会发布的《有效的合规与伦理方案》(*Effective Compliance and Ethics Program*)[②]，国际标准化组织（ISO）发布的《ISO 19600 合规管理体系 指南（2014)》及更新的《ISO 37301 合规管理体系标准》。在中国，国务院国资委发布的《中央企业合规管理指引（试行)》，国家发展改革委联合国务院国资委、外交部等七部委发布的《企业境外经营合规管理指引》，以及中国证券业协会发布的《证券公司合规管理有效性评估指引》也是指导企业开展“大合规”管理体系建设与评估性文件。

① “大合规”理念由中国中铁集团在合规管理体系建设时首次提出的。

② U.S. SENTENCING GUIDELINES MANUAL ch. 8 (Nov. 2004).

（一）美国联邦量刑委员会:《有效的合规与伦理方案》

从全球企业合规管理体系发展历程来看，推进企业建立合规管理体系最早的是美国政府。在 1991 年，美国《联邦量刑指南》正式生效[①]。美国的联邦量刑委员会（U.S. Sentencing Committee）通过组织量刑指南的设计，致力于防止和阻止组织的不当行为。美国司法部门在量刑过程中参考该指南。从立法层面要求企业制定有效合规方案（Effective Program）作为企业的法律义务，从而使得司法治理企业合规成为一项刚性制度。

美国《联邦量刑指南》要求组织制定《有效的合规与伦理方案》。在实践中，企业把合规与伦理结合在一起，称为“有效的合规方案”（Effective Compliance Program）。美国《联邦量刑指南》中有效合规方案的七个要素不仅被看成企业建立有效合规方案的标准，也是评估企业合规方案有效性的“黄金标准”（Gold Standards）。企业根据该标准制定方案并确保有效实施，以此来证明企业没有蓄意违反法律法规。有效合规方案中的七个要素又被称作为“合规黄金标准七条”。

- 企业要建立预防和监测犯罪行为的标准和程序；
- 领导层理解和监督且有充足的支持资源确保合规方案有效，授权特定人员执行合规方案；
- 能够阻止存在不当行为的人员担任领导职务；
- 对合规方案标准和程序进行沟通和有效培训；
- 建立监督、审计和报告机制；
- 制定激励和纪律处分机制；
- 迅速地对违规事件做出反应并对合规方案进行修补。

① U.S. SENTENCING GUIDELINES MANUAL ch. 8 (Nov. 2004).

此外，2004 年又增加了“企业应对合规风险进行周期性评估”，这一条标准也被称为“合规黄金标准第八条”。

八个合规黄金标准中包括 17 个合规“要求”[①]，也是合规方案制定时的应尽义务。这八个要素中的 17 个要求包括以下内容。

- 通过尽职调查进行预防并监测不合规行为；提升企业的伦理与合规文化；
- 合理设计、实施和执行合规方案，确保总体有效；
- 建立标准、政策和程序来预防和监测犯罪行为；
- 企业治理机构应该有合规知识；
- 治理机构要对合规进行监督，能够接收合规方案执行的报告；
- 企业高级管理人员要有合规领导力；
- 指定高级管理人员承担合规管理责任；
- 指定高级管理人员对合规方案运行进行日常监督；
- 周期性对合规方案效果向治理机构汇报；
- 指定高级管理人员要有充足的资源和适当的授权且能够直接向治理机制汇报；
- 对组织内实权人员进行合规背景调查；
- 对合规方案进行培训和沟通；
- 对不当行为进行监督和审计，对合规方案进行评价，公开举报渠道；
- 促进和执行激励和处分机制；
- 对不当行为及时回应；
- 周期性进行合规风险评估；
- 对方案进行持续提升。

① 英文“Shall”，是指对企业建立合规方案的要求。在《ISO 37301 合规管理体系标准》中也用“shall”指企业合规管理体系建设的要求。

基于对组织量刑的实践，根据《美国检察官手册》，检察官在对商业组织展开调查、决定是否起诉、辩诉交易谈判时，会结合企业合规实践的具体指标进行评估，然后再做出决定，这些指标通常被称之为“菲利普指标”(Filip Factors)。该指标要对“企业既有合规方案的存续性与有效性”以及企业为“实施有效合规方案或改善现有合规制度”而采取的整改措施进行全面的评估。[①]

美国《联邦量刑指南》对企业，特别是美国企业和有涉美国业务的跨国企业开展有效的合规管理体系建设具有非常重要的指导意义。

（二）国际标准化组织:《ISO 37301 合规管理体系标准》

国际标准化组织在2014年发布了《ISO 19600合规管理体系 指南(2014)》，国家标准化管理委员会将该标准等同转化为国家推荐性标准《GB/T 35770–2017合规管理体系 指南》，成为企业建立合规管理体系的指南。2021年4月13日，国际标准化组织基于该指南修订的新的合规管理体系标准《ISO 37301合规管理体系标准》正式发布实施，从推荐性标准变成可认证性标准。

《ISO 37301合规管理体系标准》保持了《ISO 19600合规管理体系 指南(2014)》的主体内容，可以看成是该指南的更新和升级版。该标准不仅是指导企业建立合规管理体系的标准，也会是企业对合规管理体系进行审查和认证的依据。合规管理体系的要素规定了组织的结构、岗位和职责、策划、运行、方针、惯例、规则、理念、目标以及实现这些目标的过程。

《ISO 37301合规管理体系标准》的结构图与其他管理体系一致。从结构上看，该标准包括合规管理的目标、合规管理的原则、合规管理领导力、治理与文化，企业及其环境。合规管理目标包括廉洁诚信、合规文化、管理一致性、良好声誉、企业价值观和伦理道德等。合规管理原则包括诚信、

① U.S. Department of Justice, Evaluation of corporate compliance programs (2017).

良好治理、比例原则、透明性、可靠性及可持续性六个原则。在合规管理领导力、治理与文化建设方面，包括建立、发展、执行、管理、评估和提升六个环节。在企业及其环境方面，要考虑到企业所处的法律、社会、文化、数字化、金融、结构、环境、利益相关方等因素。

《ISO 37301 合规管理体系标准》符合持续改进原则，即计划、实施、检查、行动（Plan-Do-Check-Act）①的循环。在计划阶段，企业各级管理层要进行合规承诺，根据企业业务与组织结构决定合规政策的范围，指定管理角色和分配职责，明确合规义务与合规风险。在实施阶段，企业各级管理者要给予支持，员工要有胜任能力和合规意识，对合规进行沟通和培训，把合规要求与业务运营结合，开展内部控制和制定程序，管理合规工作文档。在检查阶段，企业要开展内部审计，进行管理层评审，实施监控和测评，报告合规疑虑，根据调查流程进行调查。在行动阶段，应针对不合规问题持续改进与提升合规管理工作。

企业采用国际标准化组织制定的这套规范的合规管理体系，能为其在全球市场拓展业务或者开展国际合作时带来较大的便利，规范的语言体系有很强的通用性。企业按照规范管理体系结构，可以形成通用合规管理语言。企业都采用认同的范例，形成共同认可的合规管理价值。企业都是基于共同的实践，形成一定的管理工作规范。

（三）中国证监会:《证券公司合规管理有效性评估指引》

中国近年来也在推进企业强化合规管理。无论是《中央企业合规管理指引（试行）》《企业境外经营合规管理指引》，还是《证券公司合规管理有效性评估指引》，都来自行政监管部门，但这些指引对企业形成约束的强制性普遍不强，而且这三个指引分别是针对中央企业、开展境外经营的企业

① ISO 19600, Compliance management systems-Guidelines.

及行业或者针对特定的企业类型。从另一个角度，这三个指引又是基于不同类型的企业而制定的、有针对性的合规管理指引。这里，只选择《证券公司合规管理有效性评估指引》①进行介绍。对中央企业与境外经营的企业合规管理评估工作将在合规管理体系完备性评估中进行介绍。

《证券公司合规管理有效性评估指引》提出，应当以合规风险为导向，覆盖合规管理各环节，重点关注可能影响合规目标实现的关键业务及管理活动，客观揭示合规管理状况。合规管理有效性评估分为全面评估和专项评估，应当由董事会、监事会或董事会授权管理层组织评估小组或委托外部专业机构进行。

在评估内容方面，《证券公司合规管理有效性评估指引》从合规管理环境、合规管理职责履行情况、经营管理制度与机制的建设及运行状况等方面进行评估。合规管理环境评估关注公司高层是否重视合规管理、合规文化建设是否到位、合规管理制度是否健全、合规管理的履职保障是否充分等。合规管理职责履行情况，关注合规咨询、合规审查、合规检查、合规监测、合规培训、合规报告、监管沟通与配合、信息隔离墙管理、反洗钱等合规管理职能是否有效履行。对经营管理制度与机制建设情况的评估，关注各项经营管理制度和操作流程是否健全，是否与外部法律、法规和准则相一致，是否能够根据外部法律、法规和准则的变化及时修订、完善。对经营管理制度与机制运行状况的评估，关注是否能够严格执行经营管理制度和操作流程，是否能够及时发现并纠正有章不遵循、违规操作等问题。

《证券公司合规管理有效性评估指引》强调了评估问责，企业将合规管理有效性评估结果纳入公司管理层、各部门和分支机构及其工作人员的绩效考核范围。对合规管理有效性评估中发现的违法、违规行为，企业应当及时对责任人采取问责措施。

---

① 中国证券业协会，《证券公司合规管理有效性评估指引》，https://www.sac.net.cn/tzgg/201202/t20120212_21619.html. 最后访问时期：2021 年 2 月 12 日。

应当看到，《证券公司合规管理有效性评估指引》有很强的行业属性，是证券类企业不断优化提升合规管理体系有效性的指引性文件，评估不具备强制性，基本上能够指导行业内企业开展合规管理实践。

二、开展专项的合规管理体系评估的依据

在指导企业建立合规管理体系时，执法机构或者行政部门还会制定专项的合规方案供企业参考。在对企业专项合规方案进行评估时，可以参考以下文件。

（一）反腐败合规管理:《企业合规方案评估》

反腐败合规管理受到各国司法部门及国际组织的重视。从 1977 年美国通过的《反海外腐败法》，到 2010 年英国通过的《反贿赂法》，再到 2016 年法国颁布的《关于透明度、打击腐败和经济生活现代化的法律》(《萨宾第二法案》)，这些都体现了美国、英国、法国打击腐败和推动企业强化合规的决心。无论是美国《反海外腐败法》、英国《反贿赂法》还是法国的《萨宾第二法案》都明确要求企业强化反腐败合规管理。此外，在国际多边组织层面，2010 年经济合作与发展组织（OECD）理事会通过了《内控、道德与合规的良好做法指引》，2016 年国际标准化组织发布了《ISO 37001 反贿赂管理体系指南》，使得针对组织反腐败合规管理实现了全球化发展。企业强化反腐败合规管理无疑在各类组织中走在了最前面。

在此重点介绍对企业反腐败合规方案评估的文件，即《企业合规方案评估》(*Evaluation of Corporate Compliance Programs*)。相较于《ISO 37001 反贿赂管理体系指南》这一国际标准，《企业合规方案评估》在 2017 年由美国司法部首次发布，这是美国司法部近 40 年来推进企业制定有效的反海外腐败

合规方案的经验总结，也是被美国司法部门证明了的一套有效的评价指标。《企业合规方案评估》结合美国执法与合规监管的实践，体现了美国司法部门对企业合规的监管要求，代表了美国政府的利益与立场，对美国企业或者在美国有经营活动的外国企业建立合规管理体系有硬约束要求。

《企业合规方案评估》于2017年发布，在2019年4月进行了第一次修正，在2020年6月又进行了第二次更新。从两次更新来看，该方案的整体结构保持不变，而是对各个评价指标做了更加详细的解释与完善，对企业建立合规方案更具针对性，指导性也更强。值得注意的是，该方案指出，由于必须在刑事调查的特定背景下对企业的合规方案进行评价，美国司法部门（刑事司）没有使用任何严格死板的格式来评估企业合规方案的有效性。他们参考《企业合规方案评估》文件和相关指标，结合每一个企业面临的风险状况和降低风险所制定的解决方案，进行具体和详细的评估。也就是说，执法部门在进行方案有效性评估时，要结合企业的实际执行情况进行评估。特别是企业根据实际情况制定了合规管理方案并开展合规管理活动，可能还不能完全阻止一些低风险领域的违规行为，但执法部门仍可肯定该方案的质量和有效性。

从结构来看，《企业合规方案评估》[①]主要包括三个方面：第一个方面是评估企业的合规方案是否有着良好的设计，评估企业在风险评估、政策和流程、培训沟通、举报机制、第三方管理、兼并与收购等方面是否有相应的合规管理要求；第二个方面就是评估企业的合规方案是否被企业良好地执行，包括给予充足的资源和权力让合规方案得到有效执行；第三个方面是评估企业合规方案在业务开展中是否收到了良好的效果，主要评估企业对合规方案持续监测、改进和更新，对不当行为进行调查、分析根本原因和采取补救措施，等等。整个评价指标可以参考的问题有160多个，当然，针对每个问题的评估，还可以进一步深入评价，直到相关问题能够反映出

① U.S. Department of Justice, Evaluation of corporate compliance programs (2020).

企业做了实际的努力。应当看到，企业合规管理因企业所处的环境、行业特点、组织结构、组织氛围、内部管理与控制等因素的差异，在评估时不能完全局限于相关问题和指标。

从内容来看，《企业合规方案评估》有以下十个方面值得注意，主要包括：企业开展合规管理工作是否基于风险管理的方法论；企业是否基于评估的风险状况进行了合理而有差别的资源配置；在授权与管理上，合规管理负责人是否可以向董事会进行独立汇报；合规管理责任是否整合进入其他部门的职责之中；企业的合规管理工作在实践中是否有工作标准并可以测量；企业是否对不同人员开展了有针对性的合规培训；企业是否针对高风险业务制定了专门政策；企业是否对合规风险实施了内部控制，并进行持续监控；对合规疑虑的报告和合规举报机制是否健全且有效果；企业合规方案在实施过程中是否能够被评估。

（二）反垄断合规管理：《反垄断刑事调查中的企业合规方案评估》

在针对反垄断合规方案有效性评估方面，美国司法部的反垄断司在2019年首次发布《反垄断刑事调查中的企业合规方案评估》[①]指导文件，重点评估在违反《谢尔曼法》[②]的刑事犯罪背景下企业合规方案是否有效。其目的是协助反垄断司在调查反垄断指控和量刑阶段评估企业的反垄断合规方案是否有效，并为反垄断合规人员和公众提供更大的透明度。[③]该指导

① 美国司法部，Evaluation of Corporate Compliance Programs in Criminal Antitrust Investigations，2019 年 7 月。https://www.justice.gov/atr/page/file/1182001/download. 最后访问时间：2021 年 2 月 19 日。

② 《美国法典》第 15 卷，第 1—7 条。

③ 美国司法部反垄断司关于促进企业合规新政策新闻稿。https://www.justice.gov/opa/pr/antitrust-division-announces-new-policy-incentivize-corporate-compliance. 最后访问时间：2021 年 2 月 19 日。

文件包括两部分内容：第一部分是关于在起诉阶段评估企业的反垄断合规方案，第二部分涉及量刑时把企业合规方案的有效性纳入考量因素。

美国司法部反垄断司根据《反垄断刑事调查中的企业合规方案评估》提出的思路，评估企业反垄断合规方案是否有效。当企业违反了反垄断法时，可以给企业争取一个宽大处理的机会。检察官评估反垄断合规方案是否有效时，要关注以下三个基本问题：一是企业的合规方案是否解决并阻止了违反反垄断法的刑事行为，二是反垄断合规方案是否发现并促使违规行为的及时报告，三是企业高级管理人员参与违法行为的程度如何。

为回答以上三个问题，就需要评价企业的合规方案是否有效。相应的评价指标包括以下九个方面的内容：一是企业的合规方案是否得到全面有效的设计和执行，二是企业的高级管理人员是否以身作则支持合规文化的创建，三是合规管理负责人及其他部门的合规管理职责分配，四是企业是否进行了反垄断合规风险评估，五是企业是否将合规反垄断政策向员工进行了培训与沟通，六是企业是否对反垄断合规管理进行了周期性审查、监测和审计，七是企业反垄断合规举报机制是否有效，八是企业内部是否制定了针对反垄断违法违规的激励措施和纪律处分措施，九是评价企业发现不当行为后采取补救措施响应情况。

值得注意的是，《反垄断刑事调查中的企业合规方案评估》提供了司法部反垄断司在评价企业反垄断合规的意见，但不具有法律效力。司法部反垄断司不打算也不依赖于该文件创建任何可在法律上强制执行的实质性或程序性权利。应当看到，美国司法部反垄断司发布的《反垄断刑事调查中的企业合规方案评估》与美国联邦量刑委员会发布的《有效的合规与伦理方案》和针对反腐败合规管理的《企业合规方案评估》在结构上保持了一致性。可见，《有效的合规与伦理方案》中的黄金标准构成了美国执法部门评估企业合规管理有效性的基本要素。

（三）世界银行集团：《诚信合规指南》

世界银行集团（World Bank Group）发布的《诚信合规指南》（*Integrity Compliance Guidelines*），是促进参与世界银行集团项目的企业主动遏制腐败和对腐败行为承担责任的方式。当企业在参与世界银行集团项目时，如果被发现存在腐败、共谋、胁迫、欺诈、妨碍调查五种行为时，世界银行集团将把相关企业及其关联实体纳入"黑名单"进行制裁。企业要从"黑名单"中移除，就需要制定相应的诚信合规方案，以显示企业做出了对不当行为自我纠正的努力。企业在从"黑名单"移除之前，需要按照世界银行集团诚信合规办公室（Integrity Compliance Office，ICO）的要求，努力制定合规方案并接受其委托方的评审。

世界银行集团《诚信合规指南》对企业建立诚信与合规管理提出了明确规定，要求企业把开展诚信与合规管理的努力和职责纳入日常运营中。该指南中规定的合规管理要求包括了 11 个方面：对不当行为明确禁止；对管理层、员工、合规部门分配合规责任；从风险评估与审查着手启动合规方案；制定针对雇员尽职调查、限制公职人员安排、礼品与款待以及娱乐与差旅报销、政治捐赠、慈善捐助和赞助、便利费、记录、欺诈、共谋和胁迫行为的内部政策；开展业务合作伙伴[①]合规管理，包括对尽职调查、正式与非正式告知己方的诚信合规承诺、让对方做出诚信合规承诺、恰当的文本记录，薪酬费用适当，开展监督；完善内部控制系统，在财务、合同责任和决策过程加强控制；持续培训与沟通；开发激励系统，包括正向的鼓励与纪律处分机制；建立报告渠道，明确报告的责任，提供咨询与建议，设置内部举报与热线，通过审查定期认证；对不当行为进行补救，建立调查流程，采取回应行动；开展联合行动，推广诚信合规方案。

---

① 业务合作伙伴包括第三方，如代理商、顾问和其他中介，代表、分销商、承包商、分包商和供应商，财团、合资伙伴以及与其有业务关系或与之合作以获取订单的其他第三方；许可证或其他法律服务，如销售代表、海关代理、律师和顾问。

世界银行集团关注企业制定的诚信合规方案的有效性，着眼于企业制定诚信合规方案的活力，要求企业在方案中至少应该包括合适的措施：努力预防不当行为发生；能够发现可能发生的不当行为；允许对涉嫌不当行为进行调查；对证据充分的不当行为进行补救。同其他企业合规方案要求一样，企业有效的合规方案要以解决自身面临的风险状况和环境而量身设计。诚信合规办公室与各方合作共同监督企业实施以《诚信合规指南》为基准的诚信合规方案，并根据《诚信合规指南》文件对企业开展合规管理工作进行审查。具体审查时，会根据企业规模、行业特征、地理位置，以及由此所面临的特定的风险，审查企业是否根据这些风险配置资源并量身定制合规政策和管控措施。

诚信合规办公室为审查企业诚信合规方案的有效性而采取其他的步骤和流程考虑的因素有：其一，企业的合规职能如何发展，不仅在总部层面，而且在工作现场。其二，企业在做诚信合规背景尽职调查时，是否会拒绝雇佣有诚信合规问题但可带来商业机会的潜在员工或聘请潜在业务合作伙伴。其三，保存的决策记录和流程。其四，使用报告机制来寻求诚信建议及报告诚信疑虑，这些机制在公司内部发挥作用时，可以增加员工对报告机制的信任，员工可以秘密地报告并且不用担心遭到报复，以及企业会对不当行为采取适当的行动。其五，企业采取相关行动，不仅在调查和纪律处分方面，还包括其他补救措施，如在特定程序中提出多个问题并将实践中的经验教训纳入培训，阐明或修订诚信合规方案。其六，企业采取创新方法在内部（例如，道德日活动，竞赛、内部网络中讨论合规问题）和外部（例如，业务合作伙伴诚信承诺和培训，集体行动举措）传播诚信合规信息。其七，当诚信合规办公室准备确定受制裁的企业是否符合其解除制裁条件时，希望看到该企业已根据其风险而配置资源，并符合诚信准则原则，还有实施的可靠记录。诚信合规办公室还将寻求企业保证在释放后继续推进诚信合规方案，例如，通过管理层的承诺和制订前瞻性的行动计划。

（四）其他专项类合规方案

在前面介绍的专项合规管理方案之外，可以说，针对涉及企业经营的各个层面的法律法规都可以设计出相应的合规方案。企业的伦理承诺，也可以设计出专门的伦理管理方案。事实上，合规与伦理是一枚硬币的两面。从全球企业合规管理的趋势来看，合规方案与伦理方案已经实现了紧密的结合。

按照合规管理的要求，一个完整、有效、可行的合规管理方案，无论是专注于全面的还是专项的合规管理，都需要接受有效性评估。因此，各类企业合规管理指引，都可以成为相关领域合规管理有效性的评估工具。在贸易合规管理领域（如经济制裁、出口管制），美国商务部还发布了《出口管制合规管理指南：有效合规方案的要素》（*Export Compliance Guidelines*：*The Elements of an Effective Compliance Program*）[①]，该方案包括管理层承诺、风险评估、出口授权、记录保存、培训、审计、出口违法和补救、创建和维护出口管制手册八个要素。美国财务部海外资产控制办公室（OFAC）在2019年发布了《美国海外资产控制办公室（OFAC）合规承诺框架》（以下称《OFAC合规承诺框架》）[②]，该框架包括五个基本的且必要的合规要素：一是管理层承诺，二是风险评估，三是内部控制，四是测试及审计，五是培训。由此可见，出口管制合规管理与OFAC的合规承诺框架的要素基本上是一致的。

针对一些特定的行业，有的监管部门也发布了针对具体行业的合规管理指南或者评估指标，这些都可以成为企业建立或者进行合规管理体系有效性评估的依据性文件。

---

① U.S. Department of Commerce Bureau of Industry and Security，Export Compliance Guidelines: The Elements of an Effective Compliance Program.

② A Framework for OFAC Compliance Commitments，https://home.treasury.gov/system/files/126/framework_ofac_cc.pdf. 最后访问时间：2021年3月2日。

02

第二章 企业合规管理评估的基本问题

企业的合规管理体系需要不断完善，不仅是适应变化中的合规环境以及企业自身业务发展的变化，还要通过操作层面的效果评估，发现和纠正贯彻执行中可能存在的问题，不断地改进和优化。在开展合规管理体系评估时，企业需要考虑组织面临的合规义务的变化情况，不断调整组织的合规管理目标，督促组织根据合规管理目标对组织的合规风险管理措施进行更新，以保障组织能够满足内、外部的合规管理要求。通过不断地重复风险评估、风险控制、效果评价过程，查找组织合规风险管理的漏洞，纠正不合规行为，不断提升企业的风险防范能力和合规管理水平。

一、企业合规管理评估概述

（一）企业合规管理评估的基本定义

合规管理评估对于企业形成合规管理长效机制和推动行业监管机制转变发挥着极为重要的保障作用。如何对企业合规管理的有效性开展评估，已经成为大家共同关注的问题。目前，对于企业合规管理评估的概念或定义并没有形成统一的观点。

比如，在国家标准《GB/T 35770—2017 合规管理体系 指南》中的8.3部分提到了“管理评审（Management Review）”的概念，并说明“最高管理者宜按计划定期评审组织的合规管理体系，以确保其持续的适用性、充分性和有效性”。在我国出台的其他几个有关合规管理的重要指引中也都表达了类似的要求，但是具体的概念和定义不尽相同。《中央企业合规管理指引（试行）》的第22条中提出：“开展合规管理评估，定期对合规管理体系的有效性进行分析，对重大或反复出现的合规风险和违规问题，深入查找根源，完善相关制度，堵塞管理漏洞，强化过程管控，持续改进提升。”《企业境外经营合规管理指引》中的第27条合规管理评价中提到：“企业应定期对合规管理体系进行系统全面的评价，发现和纠正合规管理贯彻执行中存在的问题，促进合规体系的不断完善。”

我们认为“合规管理评估”作为一个特定概念，一般是指企业根据相关要求，对合规管理体系在识别、防范和管理合规风险中所发挥的实际效用加以评判的行为。实践中，合规管理体系评估主要是指通过相关指标体系审查被评估单位的合规管理活动是否在规定的范围内、在正常的轨道上进行；监察和督促相关行为者是否忠实地履行合规管理责任，在评估过程中通过审核检查，对照法律法规和制度标准，揭露违规违法、判断合规管理体系缺陷和追究违规责任等。合规管理体系评估工作的核心是通过对公司的合规管理体系评审、反馈、再评审的过程，做出企业合规管理活动是否真实、合法，合规管理体系的运行是否有效的结论，发现并报告公司在合规管理体系建设与实施中存在的问题，提出改进建议，促进企业合规管理体系的完善。

通过组织进行的综合评价活动，对企业合规管理体系的现状、设计合理性和运行有效性以及主要政策和目标的落实及实现情况进行综合评价，评估合规管理体系运转的效果，并从当前体系运行与设定目标之间存在的可能差距和问题中，找出合规管理体系的改进方向。通过改进过程，及时地不断地发现问题，提出问题，并通过调查来找到解决问题的方法，为决策、管理、监督提供发展的方向和依据，将体系前后运行过程有机结合起来，使体系运行不断循环、不断提高。最终，从制度设计的合理性出发，审查体系设计的全面性，执行措施的有效性，通过效果评审和持续改善，完善合规管理长效机制，深化合规风险识别、评估及监测，保障合规管理体系全环节的稳健运行。

（二）企业合规管理评估的责任主体

企业开展合规管理有效性评估是企业内部完善合规管理体系的重要手段，企业应通过评估发现问题、纠正偏差、改进机制，实现自我修复、自我发展。

《GB/T 35770–2017 合规管理体系 指南》的 8.3 条提出“最高管理者宜按计划定期评审组织的合规管理体系”，并且说明了评审应考虑哪些内容，但是对于具体由哪个机构或部门来组织实施并没有说明。

《中央企业合规管理指引（试行）》第 22 条要求“企业开展合规管理评估，定期对合规管理体系的有效性进行分析”，其中也没有明确合规管理有效性评估具体应该由企业的哪个部门来负责。《企业境外经营合规管理指引》第 27 条则提出“合规管理体系评价可由企业合规管理相关部门组织开展或委托外部专业机构开展”。

由于企业合规管理有效性评估是企业合规管理体系的重要组成部分，董事会作为企业合规管理责任的最终承担者，由董事会牵头组织开展合规管理有效性评估是恰当的。当然，董事会也可根据需要，授权企业管理层组织开展评估。此外，对企业董事会和管理层承担独立监督职责的监事会也应有权牵头组织合规管理有效性评估的工作。

我们认为，在实践中企业可以组织内部跨部门小组或委托外部中介机构来具体组织实施评估。在具体实施的过程中，企业应避免将实际的评估责任不合理地转移给合规部门或合规负责人，导致董事会、监事会或董事会授权的管理层只承担名义的组织责任，并不实际履行具体的组织协调工作。为防止出现上述问题，建议由各企业结合实际指定董事、监事或经营管理负责人担任内部跨部门小组负责人或作为配合中介机构开展评估的联络小组负责人，并在评估实施方案中对各相关主体应履行的职责做出明确、合理的界定。

（三）企业合规管理评估的对象

合规管理评估的对象是企业合规管理的有效性，所谓合规管理的有效性是指企业建立与实施合规管理对实现管理目标提供合理保证的程度，包括合规管理体系设计、运行以及实践效果的有效性。合规管理体系运行的有效性离不开设计的有效性，如果合规管理体系在设计上存在漏洞，即使这些合规管理制度能够得到一贯地执行，那么也不能认为其运行是有效的。在现有合规管理体系已经有效执行的基础上，还需要考虑合规管理在业务开展中是否收到了良好的效果，也就是需要对合规管理体系持续改进的有效性进行评估，才能保证企业合规管理实践的整体有效性。

1. 合规管理体系设计的有效性

合规管理体系设计的有效性，是指实现管理目标所必需的合规管理程序都存在并且设计恰当，能够为管理目标的实现提供合理保证，通常考虑以下三个方面。

一是合规管理的设计是否做到以合规管理的基本原理为前提，以国际、国内相关标准指引为依据；是否编制了适合公司合规管理需求的结构严谨、流程清晰、职责明确、协调统一的合规管理制度规范；是否对工作内容和程序提出明确的要求并规范了权利和责任；是否建立了员工的行为准则和衡量、审查、考核工作成效的标准。

二是合规管理的设计是否覆盖了所有关键的业务与环节，对董事会、监事会、经理层和员工具有普遍的约束力。

三是合规管理的设计是否与企业自身的经营特点、业务模式以及风险管理要求相匹配，是否是针对公司及重要部门、重要业务以及经营管理过程中已经发现的合规管理薄弱环节，是否确定了清晰的合规管理相关措施并制定了相关标准。

2. 合规管理体系运行的有效性

合规管理体系运行的有效性是指在合规管理体系设计有效的前提下，合规管理能够按照设计的管理程序正确地执行，从而为管理目标的实现提供合理保证。通常考虑以下三个方面。

一是企业管理层对合规的支持及合规政策要求是否得到了持续一致的运行；

二是实施合规管理的人员是否具备必要的权限和能力；

三是合规管理的奖惩激励机制的落实情况。

需要强调的是，即使同时满足设计有效性和运行有效性标准的合规管理，受企业管理各个体系固有局限性的影响，也只能为管理体系目标的实现提供合理保证，而不能提供绝对保证，不应不切实际地期望合规管理体系能够绝对保证合规管理目标的实现。

3. 合规管理实践效果的有效性

合规管理实践效果的有效性是指合规管理体系能够及时有效地发现不当行为、针对违规行为产生的原因进行分析、对违规行为所反映出的相关风险，转化至周期性风险评估的范围内，并且开展适当的补救和整改措施，针对合规管理体系的薄弱环节不断进行完善，同时，企业合规管理体系能够根据外部环境变化和内部自身需要持续改进，并发挥其应有的风险防控作用，进而最大限度地实现合规管理的目标。

二、企业合规管理评估与内控评价、合规审计的关系

（一）合规管理评估与内部控制评价的关系

合规管理与内部控制互相融通、互相促进。合规管理和内控管理的体系融合以风险防控为核心，二者都是为了防范和控制风险。内控管理体系所包含的成熟的业务流程控制体系、制度、文档和信息化，使得合规管理要求的具体落地具备了现实条件。合规管理依托内控流程的实施能发挥更大效用，内控的有效性也离不开完善的合规管理。但是也应明确，二者仍

然存在差异性。违反内控制度不一定会导致被处罚的结果，但违反合规要求必然要受到监管部门的处罚或者声誉受损；内控主要依据内部的规章制度，合规管理既包括外部依据等，还包括企业内部规章制度、商业行为准则、市场承诺以及员工职业操守、公序良俗等；内控体现“制衡监督”，合规体现“主动遵守”；内控主要作用于企业内部，合规管理可扩展到商业伙伴等。

内部控制评价是指企业董事会或类似权力机构对内部控制的有效性进行全面评价，形成评价结论，出具评价报告的过程。合规作为企业内部控制的目标之一，合规管理也可以理解为是企业为实现内部控制中的合规性目标而实施的一系列风险管理措施。因此，企业在开展内部控制评价时，必然要对合规管理的有效性加以评估。实践中，企业既可根据需要单独开展合规管理有效性评估，也可与合规管理评估及内部控制评价一并进行。

（二）合规管理评估与合规审计评价的关系

《企业境外经营合规管理指引》第26条合规审计中提到，“企业合规管理职能应与内部审计职能分离。企业审计部门应对企业合规管理的执行情况、合规管理体系的适当性和有效性等进行独立审计。审计部门应将合规审计结果告知合规管理部门，合规管理部门也可根据合规风险的识别和评估情况向审计部门提出开展审计工作的建议”。

合规审计是指由公司合规管理部门及内部审计机构或相应被授权的人员与机构针对企业合规管理有效性实施的审计，并形成审计结论，出具审计报告的过程。合规审计持续、有效地开展从而形成一定的结论，也是确保企业经营遵循诚信、合法合规的合理体现。

合规管理体系审计工作旨在通过对公司的合规管理体系审计、反馈、改进、再审计的过程，发现并报告公司在合规管理体系建设与实施中存在的问题，提出改进建议，落实改进措施，促进完善相关合规管理体系，不断提升公司的风险防范能力和合规管理综合水平。

另外，合规管理体系审计工作是企业依法治企的重大举措，是企业应对复杂经济环境和提升管理水平的需求，是在现有法律强制对内外部审计工作、内控评价项目开展的基础上，进一步保障企业基本运行的有力措施。通过开展系统的合规管理体系审计工作，全面审计合规管理体系的设计与运行情况，揭示和防范诚信合规层面的重大风险，进一步完善并落实合规管理体系审计长效机制。因此，合规审计是合规管理评估的重要一环。

三、企业合规管理评估的总体框架

企业在追求最佳经济回报的同时，总是会面临不确定性和风险。现实中，企业几乎所有的经济活动在一定程度上都会有风险，所以寻求绝对的保障是不现实的。企业的业务目标、监管水平和风险偏好需要相互平衡。基于风险导向的合规管理体系通常要求对企业的各类风险进行识别，并确定处置风险可用的资源，在此基础上建立一个设计合理、执行有效并可持续改进的合规管理体系，用以实现能够满足各项监管要求的合规管理目标。企业合规管理体系的适当规模和结构取决于其规模、性质、结构以及业务类型，同时还要根据业务发展、监管要求及其感知的风险变化不断地进行调整。因此，可以从以下几个维度去设计合规管理评估的总体框架。

（一）合规管理评估的目标

企业开展合规管理的实质是在帮助企业实现价值最大化目标的同时，防控经营过程中的合规风险。合规管理评估则是对合规管理的监督和评价，其最终目的就是为了支持企业可持续发展目标的实现。因此，开展合规管理评估的目标应当是通过全面评价企业合规管理的健全性、适当性以及成效性，督促其进一步建立、健全有效的合规风险管理机制，培育优良的合规文化，提高合规风险管理水平和审慎经营能力。

具体来讲，合规管理的目标可以分为以下几个层面。

一是促进企业经营管理遵守法律、法规、规章及规范性文件、行业规范和自律规则的要求；

二是促进企业全体员工的执业行为符合行业公认并普遍遵守的职业道德和行为准则，增强员工的合规意识，树立人人合规、主动合规的合规文化；

三是促进企业在开展新业务、新产品时，能够及时有效地评估、识别和控制可能出现的合规风险；

四是促进企业完善、落实合规管理制度及流程，确保合规管理体系有效运行，实现公司的发展战略和经营目标。

（二）合规管理评估的原则

企业合规管理评估应当遵循全面性、重要性、独立性、多维度和及时性原则。

- 全面性原则指评估应覆盖公司经营管理活动的全过程，评估指标应系统、全面。
- 重要性原则指应根据合规风险和控制的重要性确定评估重点，关注重要领域和高风险业务，并在评估权重上加以体现。
- 独立性原则指承担评估工作的牵头机构和部门应当独立于业务部门。
- 多维度原则指评估工作应从多维度开展，对发现的不合规行为要重点分析、评估。
- 及时性原则指评估频率应在满足监管要求的前提下，根据实际情况适时调整，以便能够及时发现合规风险和隐患。

（三）合规管理评估的范围

企业的合规管理应当覆盖公司所有业务、各个分支机构、全体工作人员，贯穿决策、执行、监督、反馈等各个环节。合规管理不只是合规部门需要承担的责任，而是企业所有部门和全体人员共同的责任；合规管理不仅仅涉及某个环节，还应覆盖企业经营管理的全过程。与之相应，企业合规管理有效性评估的范围不应仅限于首席合规官和合规部门的职责履行情况，还应涵盖企业经营活动的全过程和所有业务、各部门、各分支机构、全体工作人员。从这个角度出发，企业需要定期开展全面的合规管理评估。

此外，实践中企业还需要贯彻风险导向原则，不定期地开展专项的合规管理评估，重点关注合规风险的高发地带。企业的经营管理者需要在不同风险之间做出选择，管理风险的目标是降低剩余风险。管理资源的有限性决定企业开展合规管理评估时要提高针对性，有所侧重，根据企业的经营规模、综合化程度、业务范围、经营活动地域等方面的差异，有选择地确定重点评价范围和资源投入。合规管理评估应将重点放在评估企业合规风险管理计划的适当性以及对合规风险管理整体能力的研判上，同时从更高的视角查找问题，注重引导企业主动加强合规风险管理。因此，企业除开展全面性评估外，还可针对重大合规风险事项、特定业务与管理事项、特定部门、分支机构或子公司开展合规管理有效性专项评估。

（四）合规管理评估的内容

基于合规管理评估的目标与范围，企业开展合规管理评估的内容应该从以下几个方面来入手。

1. 企业合规管理的现状

从合规管理制度的完善程度、机制的运行情况入手，综合判断企业是否建立了一个恰当的、与其经营规模和产品服务相一致的体系来管理合规风险，从总体上对企业合规风险管理体系的有效程度进行评价，并指出存在的薄弱环节。

2. 高管层对合规管理的重视与支持

合规须从高层做起，只有得到高层的重视，合规管理体系建设的各项工作才能稳步推进、有效落实。因此，我们要看高层是否对合规的重要意义和内涵有充分的认识，对合规的重视是否在机制建设和日常运行上得到充分体现；是否在企业内部设定了鼓励合规的基调，积极倡导并推行诚信、正直的价值观念；是否将合规理念成功传递到基层员工，使其完全认同并执行；是否在机构设置、人员补充、办公经费等方面给予合规部门适当的支持。

3. 合规管理制度的建设

合规管理要求应该落实到公司层面及各个具体业务领域的制度中，公司应立足于促进以风险为导向的合规管理来设计和实施各业务流程。对合规管理制度建设情况的评估需要考虑：合规管理制度是否涵盖了管理战略、职责界定、权限划分、管理流程、工作纪律、事项管理、风险报告、风险问责等内容，是否覆盖了合规风险管理的所有流程与步骤，是否勾勒出企业开展合规风险管理的思路与框架。

4. 合规管理组织机构的建设

科学的合规管理组织机构能够保证合规管理在各级机构尤其是基层亦能有效发挥作用。因此，对合规管理组织机构建设的评估需要考虑：企业是否按照监管要求搭建了适合本企业合规风险管理战略的合规风险管理组织架构，是否设置了独立于经营层的合规管理部门，是否配备足够的、有经验的合规管理人员，是否确立了科学的合规报告路线，以及部门员工是否对自身岗位合规职责有清晰的认识。

5. 合规管理运行机制的建设

开展合规管理评估时需要考虑企业是否开展了必要的和适当的合规培训，将合规的政策要求传递给每一位员工；是否将合规表现纳入绩效考核范围，通过合理的绩效考核项目及比重设计，使得员工在业务拓展与遵循合规管理要求方面取得良好的平衡；是否建立了严格、细致的问责激励机制，进而通过问责激励机制，可以旗帜鲜明地倡导诚信合规、惩处欺诈违规，充分体现企业对合规价值的鼓励和重视；是否建立了诚信举报机制，管理层对员工通过诚信举报机制反映的问题是否认真核查，对举报者是否进行有效的保护，对企业合规管理有贡献者是否给予了必要的奖励，等等。

6. 合规文化的建设

企业文化及其核心价值观体现了企业的精神境界和文化品格，全体员工通过认知、认同、信奉企业文化，进而转变为自觉意识和实际行动，所形成的企业文化力量深深熔铸在企业的生命力、凝聚力和创造力之中，直接影响到企业的核心竞争力。但文化是不可复制的，需要慢慢培养形成。文化所具有的无形，同时又无处不在的特殊性，决定了对企业的合规文化氛围、文化建设成效的判断，必须经过长期观测，需要更为综合的信息。因此，对合规文化建设情况的评估只能是阶段性、概述性的评价，而非长期性、定论性的评价。

（五）合规管理评估的方式

对企业合规管理的效果进行评估，其目标是为企业实现所有经营目标提供合理的保证。依据合规管理评估的目标、原则、范围、内容，可以采取不同的方式开展合规管理评估。

1. 合规管理的自我评估

开展合规管理的自我评估可以由合规管理部门主导，由合规管理部门协助各业务与职能管理部门识别各种合规风险，收集整理相关资料，梳理合规管理评价指标，等等。主要步骤如下。

第一，合规管理部门确定合规管理评估的范围，以风险评估为基础，选择进行合规管理评估的板块、相关单位及业务对应的相关流程，然后从流程出发进行合规管理体系评估的具体范围、评价指标和关键控制点的设计和自我评估工作。

第二，业务及职能管理部门定期确认合规管理评估指标的准确性，并根据最新的业务活动情况，提出更新评估指标的建议，报合规管理部门。合规管理部门协助各业务及职能管理部门汇总其在合规管理评估指标体系中更新的信息内容，并及时汇报公司管理层。

第三，合规管理部门可以在此过程中牵头公司业务及职能管理部门，就重要的指标变化进行穿行测试，确保评估活动指标设计的有效性。适时监督及审查公司业务及职能管理部门填写的自我评估表，确保填写内容的质量及准确性。

第四，业务及职能管理部门对于确认需要进一步改进的合规管理缺陷，自行提出整改方案和计划，并向合规管理部门汇总。合规管理部门将控制点执行结果的确认情况、改进控制点整改情况、运行有效性测试情况及时汇报给公司管理层。

2. 成立专门的合规管理评估小组

企业可以聘请第三方机构，或者由企业各个部门抽调相关人员组成联合评估工作组，开展合规管理有效性的评估工作，主要步骤如下。

第一，评估小组对公司包括合规管理部门在内的各业务及管理部门开展合规管理评估工作，审查合规管理体系评价指标中的关键控制点自我评估的过程文件和自评结果，包括合规管理体系设计和执行的指标评价表、缺陷汇总整改表、部门自查声明等。

第二，评估小组审查在关键控制点评估中的项目管理和推进监督的相关记录，评估合规管理部门对公司合规管理工作的监督情况，审阅合规管理部门执行的合规管理运行有效性测试的工作底稿。

第三，评估小组根据情况选择一定比例的关键控制点进行有效性测试，并记录结果，同时也可以抽检合规管理部、业务及其他职能管理部门穿行测试记录及支持文档，通过检查和必要的抽样测试等手段确认管理层是否如实作答。

第四，跟踪整改方案的实施，确认整改是否有效落实，形成《合规管理体有效性的评估工作报告》。

四、企业合规管理评估的程序和方法

（一）合规管理评估的程序

合规管理有效性评估的程序一般包括成立评估工作组、文档收集与审查、现场检查与评价、复核确认并出具现场评估结论、汇总分析检查评估结果、编制检查评估报告以及后续的整改问责。

1. 成立合规管理评估工作组

企业可以聘请第三方或者自行组织开展合规管理有效性评估，无论采取哪种方式都应当成立评估工作组，并明确负责人。应当确保评估小组具备独立开展合规管理有效性评估的权力，并确保评估小组成员具备相应的履职能力。评估小组应当制定评估实施方案，明确评估目的、范围、内容、分工、进程和要求、关键过程时间节点等内容。评估人员的能力是开展该评估项目的基础，确保配备的人员具有专业能力及经验是项目开展前的关键事项，如有必要，需要开展相关培训，统一对评估项目的工作内容、事项、专业技能进行传达和教授。大量的实践经验表明，在评估工作开始前开展针对上述内容的讨论会有助于项目更好地开展，并帮助企业获得理想的评估成果。

2. 文档收集和审查

评估工作需要获取和审阅合规管理体系设计、执行的相关文件。文件种类可能包括合规管理政策和程序、内部审计报告、与公司的合规运营及经营活动相关的各类文件。文件可以在企业现场收集，也可以通过电子邮件或安全的电子传输方式收集。评估所需的信息和文档样本包括并不限于以下方面。

（1）与公司的价值观、行为标准及管理人员、董事以及员工职责（包括行为准则）相关的文件；

（2）高层组织架构图、运营单位和按地域划分的各组织架构的相关文件；

（3）与董事会和高级管理层对合规管理体系支持和监督相关的文件；

（4）与公司合规风险识别、评估、预警、应对相关的文件；

（5）公司合规管理重点领域的各类具体规范、指引类文件；

（6）与公司合规体系培训与沟通的策略和方案相关的文件；

（7）与公司合规考核和奖惩相关的记录和文件；

（8）与公司内部举报调查的程序相关的文件；

（9）与涉及合规管理体系监控、审查相关的文件。

3. 现场检查与评价

具体来说，可通过调查问卷、调阅资料、实地查看、个人访谈等手段来深入挖掘信息，查找存在的问题，把从各种途径渠道了解到的信息进行交叉印证，对评估企业合规管理制度的完备性、合规管理体系构建的完整性、合规管理机制设置的适当性和运行的有效性以及合规文化的环境氛围做出全面评价。

其中，在开展调查问卷调研时需要注意，问卷的设计要确保能够获得评估真正所需的资料、获得的资料真实可信以及问卷资料易于整理和统计。问卷第一部分可收集受访者的背景资料，从职位、所在部门、工作年限来对受访者的背景进行分析，确保受访覆盖范围广泛、受访人员结构合理，问卷所反映的问题和情况具有代表性，能准确地反映企业合规管理的具体执行情况。问卷的第二部分可调查企业合规管理体系建设情况，包括受访者对合规概念的认识、对合规部门组织体系建设的评估、对自身岗位合规职责履行情况的评估以及对企业各种合规管理运行机制效果等方面开展评估。通过对调查问卷的综合统计分析，可以获得企业在合规管理方面大量真实有效的信息，得出关于企业合规管理状况的初步评估。

在整理调查问卷的基础上还可以开展实地访谈，评估人员应对公司内评估范围内的人员进行访谈，包括但不限于以下成员。

（1）董事及高管人员；

（2）首席合规官；

（3）总法律顾问；

（4）内控主管；

（5）审计主管；

（6）财务主管；

（7）人力资源主管；

（8）采购主管；

（9）负责设计、实施和维护公司合规管理项目的相关领导和专业人员。

访谈基于实情调查的本质，旨在帮助评估人员更加深入地了解公司的法律、合规、监管、道德层面的风险状况，正在从事的业务事项，以及各项目重要性排序的观点。访谈的部分内容将基于文件收集信息和审查工作中的发现来确定。

依据专业实践经验，应事先选择好访谈对象，包括高层领导、各部门负责人和各条线基层员工，并根据不同访谈对象准备好个人访谈提纲。在访谈过程中要注意方法和技巧，尽量使访谈对象能够以一种开放的心态，将所知所想真实呈现出来。虽然访谈也可以以电话会议的形式开展，但面对面的访谈方式是最有效的。访谈通常持续 60 ～ 90 分钟，应安排两位及两位以上评估工作小组的人员开展访谈，其中至少安排一名同事对访谈内容中涉及的重要事项进行记录。工作小组可以对调研中发现的问题进行无偏见、及时的讨论，形成的访谈记录为编写合规管理有效性评估报告提供了基本的信息支撑。

4. 评估信息的分析与对标

分析之前工作步骤中所收集到的重要信息，并对目前公司合规管理体系的状况进行详细评估。企业可以借鉴专业领域的先进经验，利用表格、矩阵如实地反映公司当前的合规管理体系运转及执行状态，同时对应目前行业领先的企业合规管理所采用的指标框架，将合规管理体系内各个重要元素分别进行对标。由于外部专业机构或第三方一般具有比较丰富的项目经验和企业合规管理实践的标准数据指标，公司可以寻求外部机构的协助，收集每个合规管理评估要素下行业领先的做法，采取多种渠道确定评估指标标准，同时提出加强或完善企业合规管理有效性的建议。

5. 合规管理评估报告结果

最终评估的结果应以书面报告的形式展现，根据公司目前状态，并结合评估初期确定的范围、具体形式和内容等要求。报告应包括评估结果和意见、阐述公司诚信合规管理工作涉及按重要性排序的风险及事项，并提供下一步潜在工作的具体意见。初步成果需要获得相关业务单元或部门的反馈或核实，评估人员获得反馈后，综合评估各方意见，最终完成报告。公司应充分重视评估工作的成果利用，结合汇报评估结果为改善公司运营的下一步工作提出建议。

合规管理评估成果应依据企业现状进行编写，通过每项步骤中收集的信息，对标行业成熟的、先进的评审框架中的每个元素，对公司的实际情况做出评估，最后提出有针对性的改善意见。通常情况下，建议有效的报告包含以下部分。

（1）评估项目范围和实施方法；

（2）合规管理体系的设计、执行与持续改进现状；

（3）对标揭示公司合规管理成熟度水平；

（4）合规管理体系重要元素的重点风险及发现；

（5）合规管理体系改进的具体建议；

（6）评估后的整改问责。

对于合规管理评估中发现的违规行为一经查实认定，应制定严格的奖励和处罚制度。奖惩机制根据违规行为的严重程度、具体违规行为及是否多次违规等情况裁量处罚力度。除了对于违规行为的责任人的处理，还应找出违纪情况的根本原因所在，有针对性地提出整改建议，防控现有流程设计中的风险隐患，完善流程或制度的有效性、执行力等。对于风险高发、频发领域，应充分利用监控过程中的数据和信息，作为针对该领域合规风险防范的依据，为完善修订相关制度提供参考。经调查、处理的典型案例可以作为培训中对员工加以教育的现实教材，用实例来传达面对风险可能存在的违规行为，同时倡导正确的解决方式和方法。

（二）合规管理评估的方法

《ISO 19011–2018 管理体系审核指南》指出，对管理体系进行审核时，通过观察、测试和访谈等手段获得客观证据，通常包括合规管理记录、事实陈述或其他可核实的信息组成。如果有审核准则是法律的（包括法定的或监管的）要求，则审核结果中经常使用“合规”或“不合规”。对合规管理体系进行审核与评估，如果按照《ISO 37301 合规管理体系标准》，根据合规管理体系的评估结果，是否达到《ISO 37301 合规管理体系标准》的要求，可能会出现合规管理体系建设达到与没有达到标准的区别。

特别是针对合规管理体系有效性的评估，美国司法部第一位合规顾问专家陈慧女士曾质疑国际标准化组织发布的《ISO 37001 反商业贿赂合规管理体系 指南》是否能够在实践中取得实际效果，以及该指南的专业性及透明度。她认为“ISO 37001 是一个令人印象深刻的多边项目，涉及 37 个参与国、22 个观察国以及包括经合组织（OECD）和透明国际（Transparency International）在内的 8 个网络组织。然而，我并没有看到有什么实际的专业知识，基于多少代表喜欢或使用它，或者基于经验测试或数据分析，如何判断一个实践是‘好的’？对于这些问题，国际标准化组织并没有给予明确的结论”。

另外，在评估过程中，也可能存在合规与不合规的过程，比如，在 2020 年，某国际知名会计师事务所员工举报，该所项目组相关成员在抽评工作中存在审计程序未执行的情况，从审计准则和行业监管制度的要求来看，该所项目组成员的审核过程是不合规的。因此，在对合规管理体系进行审核或评估时，不仅要关注合规管理体系是否达到某法定或监管机构的要求，还要看评估过程是否按照法定、监管或合规义务的要求进行合规审核。

这里从合规管理咨询角度来评估企业合规管理体系建设以及是否开展了有效的合规管理，介绍对合规管理有效性评估的基本方法。

一是案头分析。进入企业开展评估前，评估团队应该通过公开渠道收集整理待评估企业的基本情况，分析相关企业的行业特点与行业出现的合规问题，同时结合所评估企业合规管理体系建设的方案与合规管理体系建设的总结报告，全面掌握企业合规管理工作的基本情况。

二是现场审查。评估团队可以对企业进行现场评估。期间了解企业首席合规官或者合规管理工作具体负责人的相关工作，了解企业及所属子企业的合规管理工作情况。可以审查企业历次合规会议纪要（包括董事会、总经理办公会、合规协调会等），合规管理制度、办法及各类专业制度，合规培训档案，违规处罚案例及分析报告，重点领域与关键环节的合规风险识别及管控措施，合规管理日常工作与流程，等等，对所评估企业的合规管理体系建设的落实情况进行分析。

三是随机访谈。评估团队可以要求企业安排合规管理体系建设的各专项部门与参与部门负责人或者合规联络员进行访谈，听取他们对企业开展合规管理体系建设的评价，共同就关键岗位、高风险管理岗位、重点领域等存在的合规风险与实施的管控措施进行交流，以便掌握公司各业务部门对合规管理体系建设的评价与支持情况。评估团队在访谈之前应准备一份列有恰当问题的清单，并酌情加上附加问题。列出问题清单有助于确保涵盖所有调查问题，并降低后续跟进访谈的需求。受访者会了解访谈目的，被告知可利用这次机会公开自己对问题的看法并提供信息以推动调查，访谈内容应准确且详细记录。

四是问卷调查。评估团队还可以结合企业合规管理工作开展的情况，设计调查问卷，要求所评估范围内的业务部门人员书面回答相关问题。问卷调查可以是基础性的问题，了解员工对合规的掌握程度；也可以是专业性的问题，结合各个部门合规管理工作开展情况，有针对性地进行了解。

03

第三章 企业合规管理体系设计的有效性评估

十多年来，我们从合规管理研究与咨询角度，通过梳理各类“大合规”管理体系或者专项合规管理方案以及各类企业进行合规管理体系建设的实践，提出有效合规管理体系建设的四个维度，构成了一个完整的合规管理体系。这四个维度包括：合规管理组织体系的健全性、合规管理制度体系的规范性、合规管理运行机制的完备性、合规价值观与文化的认同性。

一、合规管理组织体系的健全性评估

合规管理组织体系要在整个组织中实现“纵向到底、横向到边”。组织体系的设计原则中应体现“责、权、利”相匹配的原则、与组织规模相适应的比例原则、合规管理工作的独立性原则、合规行为的一致性原则。通过组织体系的设计，使得董事会、高级管理人员、中层管理人员、基层员工都有与职责相匹配的、明确的合规管理职责。

第一，董事会的合规职责是否明确，包括董事会成员中是否有合规专业人士，董事会成员是否定期接受专业的合规培训。董事会或董事会下设专门委员会（审计委员会或合规委员会）定期或不定期召开合规会议的频率与会议的规范性。董事会对企业合规管理体系的有效性进行监督责任落实情况。董事会是否为合规管理提供资源保障。根据美国检察官审查企业合规管理有效性评价经验，如果一个企业营业收入每年保持 10% 以上的增长，但企业合规团队的预算没有得到增长甚至在削减，如果没有合适的理由，他们倾向于认为公司董事会对企业合规管理投入的资源是不足的，削弱了企业合规管理的有效性。

第二，考察对首席合规官[①]的授权，保证其独立性。董事会是否任免

① 本文中，没有设置首席合规官的企业，合规管理负责人承担首席合规官的职责。

首席合规官，并给予公开的、书面的授权。有什么措施保证首席合规官汇报的独立性，以及汇报信息不被过滤掉，进而实现对企业管理层的监督与制衡。比如，某跨国公司的审计委员会章程里明文规定，首席合规官应定期向审计委员会汇报合规管理工作，可以是公开汇报或者认为不宜公开时就私下汇报。

第三，组建合规管理团队的专业性。有效开展合规管理工作，合规团队成员既要熟悉业务，还要精通合规专业。业务部门的专职或兼职合规人员应参与相关业务决策会议并提供意见。每个合规岗位有明确的职责、待遇与职业发展路径。许多跨国公司的经验是，注重打造多元化与专业化的合规团队，并提供较丰富的薪酬待遇与良好的晋升通道。

第四，合规团队所需资源的保障。企业是否为合规团队提供专项资金与充足资源，使合规管理团队推进合规工作得到应有的资源支持。企业在提供资源时要综合业务生命周期、风险特征等因素及时动态调整。

第五，明确参与部门和员工的合规职责。各业务部门都是合规管理的参与者，各业务部门负责人是否承担了本部门的合规管理责任，包括以身作则的行为表率以及在部门推行诚信合规的文化，是否能够保持“开门政策”使得员工可以就合规疑虑进行咨询和沟通。员工在参与业务的过程中，是否根据其岗位职责增加了合规责任，特别是高风险岗位，是否明确了相应的合规责任。

案例：对合规管理负责人的五项权力进行评价

一是被授予的管理权力。合规管理负责人是否获得充分、明确、清晰的授权。每一个企业的性质、职能部门、管理体系不同，合规部门的设置就会呈现不同的特征，无论企业性质如何，若想真正发挥合规的作用，企业负责人就必须对合规负责人的权限范围、负责领域、权力大小做出明确的说明，以免由于授权不清导致合规负责人与其他部门负责人产生职权上的冲突，影响企业内部的和谐氛围。

二是独立汇报权力。合规管理负责人是否直接对企业的最高权力机构汇报工作，不向任何同级别业务负责人汇报工作，以保证其行使权力的独立性。比如，某国际医疗公司的合规体系分为4条汇报线，其中第三方合规管理的工作由于和销售部门紧密相关而设立在业务部门之中，主要负责对第三方的筛选、合规培训、季度考核、合规风险评价等工作，合规人员直接向本部门的业务主管汇报第三方合规情况；另外3条线则各自独立向自己隶属的上一级合规官汇报工作，彼此之间只存在业务协作关系，而不存在汇报关系，其上一级的全球合规官则直接向集团董事会汇报工作。该医疗公司采取了独立性与依附性相结合的模式，在实操中让合规工作更具有灵活性，但合规负责人则是独立向集团汇报工作。再如，某德国跨国公司业务遍布全球，其合规体系分为美洲区、亚太区、中东区、欧洲区、非洲区，每一个区域都有区域合规官，区域合规官直接向全球首席合规官汇报工作，全球首席合规官直接向首席执行官汇报工作，这是独立性的体现；同时每一个区域合规部门中又细分了各业务小组，例如医疗、交通、楼宇科技、过程工业与驱动、数字化工厂、能源管理、发电服务、发电与天然气、金融服务等，这些业务部门中有1～2位专职或兼职合规人员，专业技术工作向业务领导汇报，合规风险问题向合规负责人汇报，体现了依附性特征，但同样，合规负责人仍是独立向集团层面汇报工作。

三是决策参与权力。合规管理负责人是否拥有决策参与权。综观近年来发生的大型企业违规被处罚的案例，发现能造成致命风险的往往是高层管理者，例如某汽车公司的垄断协议案、某中国公司在美被罚十多亿美元，高层决策者一个错误的决定所付出的代价是企业整年的收入。高层决策者处于企业管理体系的金字塔尖，是商业交易的局中人，存在为了追求经济效益铤而走险的风险，此时如果合规负责人无权参与决策，那么企业“预警员”的角色便形同虚设，无论平时的合规工作做得如何细致入微，都无法在关键时刻起到决定性作用，因此应该赋予合规负责人否决议案的权利。现实中很多企业在公司的规章制度层面都有类似“合规负责人有参与决策的权力”的表述，实际情况却是忽略合规负责人的合规建议，此时合规负责人多选择在决策文件或会议纪要中将自己的反对意见做留痕处理，以规避潜在的职业风险，甚至会出现合规官因意见冲突过于激烈而请辞的情况。

四是获取信息权力。合规管理负责人应当拥有信息权。此处的信息权是指合规管理负责人有权获得公司财务、采购、销售等一系列真实信息数据的权利。合规管理负责人进行合规风险的识别、合规制度和政策的设计的基础，就是真实、准确的数据信息。因此，首先企业内部要做到信息透明，其次企业须与商业合作伙伴建立起合规范围内的信息透明制度，只有这样，合规管理负责人对于企业合规状况的把握才是真实而准确的。我们曾做过调研，发现未进行完全市场化竞争的国有企业各部门之间关于财务、审计、纪检的信息一般是不透明的，这些部门认为将如此重要的企业信息提供给合规管理负责人这件事本身就充满了不可预估的风险。外资企业和内外合资企业合规管理负责人在信息权方面比较有优势，但获取相关信息时需履行一定的申请和沟通程序。有的公司把信息技术应用到了合规管理方面，比如某美国在华跨国公司设计并完成了一个内部大数据信息中心，将本公司内的财务、审计、采购、销售等大数据进行汇总，通过大数据分析能够清晰地看出合规风险。例如，一个市场人员单独的审批记录看不出任何问题，但是当将这个市场人员的各方面的审批体现在统一的大数据系统，反而发现了舞弊信息，这就是大数据的神奇之处。当然，能够有权限进入这个信息中心的员工必须是合规负责人这样的高级管理者。

五是拥有资源权力。主要是评估合规管理负责人是否拥有充分的资源权。充分的资源是指企业对合规负责人履职提供人力、物力、财力上的支持。具备合规意识并能够自主设立合规管理体系的企业，多为规模较大的企业，例如中国各大型国有企业、跨国公司、全球公司等，这些企业自身资产雄厚，想要对企业合规风险进行盘查和整体梳理则需要大量的人力、物力、财力的支撑，仅靠合规负责人之力无法完成。部分中小企业会认为，单位的人员编制本来就处于比较紧张的状态，如果再设立合规部门，人力上的成本就会上升，所以，一般由企业内部某个职能部门负责人兼任合规负责人，以确保合规工作的推进。企业合规管理组织体系评价指标，如表 3-1 所示。

表 3-1　企业合规管理组织体系评价指标

序号	组织体系评价	审查文件、方法[①]	关注点
1	合规管理组织架构设置	制度文件或机构设置图	集团层面的合规管理组织架构 二级公司层面的合规管理组织架构 三级公司层面的合规管理组织架构
2	落实合规管理责任制	文件审查，访谈	明确合规体系建设第一责任人是企业主要负责人 明确各业务部门负责本部门合规责任
3	对合规公开承诺	官网公示，公开讲话等	管理层对合规体系建设的支持
4	董事会成员对合规管理的了解	培训、测试文件，访谈	培训课件 测试题目与成绩 董事会中合规专家背景
5	董事会对合规管理体系建设的监督	董事会会议纪要或其他证明文件	董事会听取首席合规官的汇报 对合规预算审批情况 批准行为准则 董事会积极参与合规管理体系建设
6	公司章程加入合规内容	章程文件	章程是否增加合规内容

① 对于文件类，主要以审阅方法为主。

续表

序号	组织体系评价	审查文件、方法	关注点
7	合规委员会的职能职责	制度文件、会议纪要，访谈	是否设立专门的合规委员会 合规委员会人员构成 合规委员会工作流程
8	合规联席会议机制	制度文件、会议纪要、人员构成	公司合规联席会议制度文件 联席会议成员机构的人员组成 联席会议的日常联络 联席会议召开的频次 合规联席会议的主要议题 会议决策的落实
9	首席合规官的任免	任命书，访谈	是否设立首席合规官 任职资格条件是否清晰 职能职责是否明确 免职的程序 首席合规官的权威性 是否每年向董事会提交工作报告
10	设立合规管理综合部门	制度文件或机构设置图，内部职责分工，访谈	职能职责是否明确 工作流程是否清晰 预算是否充足
11	合规管理专项部门、参与部门职能职责	制度文件、相关通知，访谈	职能职责是否明确 工作流程是否清晰 是否有较强的合规意识
12	合规官和合规联络员	任命书、制度文件、相关通知	人员名单 设置标准 任职条件
13	合规官履职独立性	制度文件、相关通知、首席合规官面谈	首席合规官是否能够直接对企业的最高权力机构汇报

二、合规管理制度体系的规范性评估

企业合规管理制度是把企业遵守法律法规的合规义务和基于价值观取得的合规承诺转变成为企业的合规要求后，通过制定体系性的制度文件，规范企业及员工的行为。一般而言，对合规管理制度体系的规范性评估，主要评估以下三方面内容。

第一，对企业合规价值观念的评价。企业明示以何种精神来指导企业合规方针政策的制定，以传达制度文本背后的合规精神。

第二，全员对企业合规行为准则的理解。评估合规行为准则是否在企业内具有“宪法”地位，是否以高度凝练且通俗易懂的文字向员工说明组织的合规要求，员工能够理解行为准则并对员工行为规范进行引导。

第三，是否有细化的各专项制度与流程。结合业务具体情况，评估企业是否制定专项合规管理制度并植入业务流程，是否加强内部控制与审计，对员工行为进行监督与控制。

在合规管理实践中，值得注意的是，企业往往会从专项合规风险逐步扩展到全面合规风险的体系化管理，也可能是从管理全面合规风险的体系搭建向专项重点风险领域推进，这两种方式都是存在的。评价时要把握的关键是，确保合规管理体系下的各专项合规管理制度能够有效管控该项合规风险。从经验来看，评价企业是否开展有效的合规管理时，要从企业面临的风险角度进行评价，看企业是否把高风险领域作为优先工作并制定专项制度，同时有针对性地配置资源。比如，如果一个企业反腐败与反贿赂合规风险在合规风险中排序较高，那么就要评估企业配置的资源和管控措施对反腐败与反贿赂风险是否进行了有效的管控。

企业合规管理制度体系评价指标，如表 3–2 所示。

表 3-2 企业合规管理制度体系评价指标

序号	制度体系评价	审查文件、方法	关注点
1	合规行为准则	合规行为准则，访谈	内容完整性 可读性 易获得性 权威性
2	准则理解	测试记录，访谈	通过率 理解程度
3	合规管理办法	合规管理办法制度文件	覆盖面 内容完整性
4	合规管理义务表	文件	完整性 及时更新
5	合规风险识别制度	流程、风险热图，访谈	已制定合规风险识别评估制度、流程 根据业务所在国的相关法律和监管环境变化，定期识别梳理法律、合规义务 已经开展过合规风险识别评估的具体工作：采取何种方法识别、分析及应对相关风险，收集分析了哪些相关信息或指标以对合规风险进行评估 确定合规重点管控领域 对于影响较大的风险建立风险预警机制 合规重点管控领域制定针对性的防控措施 合规重点管控领域明确各部门责任分工、落实岗位责任 改进相关政策程序 将合规要求和风险防控措施嵌入制度和流程
6	专项管理指引	制度文件、内部控制点	反腐败合规制度文件与内部控制措施 知识产权保护合规管理指引文件与内部控制措施 出口管制合规管理制度与内部控制措施 劳动用工合规管理指引与内部控制措施 反垄断合规管理指引与内部控制措施 商业合作伙伴合规管理制度与内部控制措施 利益冲突管理制度与内部控制措施 环境保护合规管理制度与内部控制措施 ……

续表

序号	制度体系评价	审查文件、方法	关注点
7	政策与制度制定的合规性审查	参与合规制度审查案例、审查流程、范围	企业设计和实施合规管理制度的政策及流程的程序
8	合规文档管理	管理制度	合规文档管理制度 合规文档

三、合规管理运行机制的完备性评估

在对企业合规管理运行机制的完备性进行评估时，重点要关注企业的培训沟通机制、责任考核机制、举报查处机制及优化提升机制是否得到落实。

第一，对培训沟通机制的评价。关注合规培训是否完成对员工从知规到守规的训练；是否覆盖所有有合规意愿的员工，确保他们学习到合规知识、掌握合规管理工具并帮助他们做出决策。合规沟通是否有效把合规信息传递出去，让利益相关者了解公司的合规政策，为企业推动合规工作营造良好的内外部环境。

第二，对责任考核机制的评价。落实合规责任要让各个业务部门负责人作为本部门合规管理第一责任人，企业是否把合规责任考核与业务考核结合起来，确保公司取得的业绩是通过合规的努力而实现的，做到从过程到结果的合规。

第三，举报查处机制是否有效。举报是公司发现不当行为的重要渠道之一，评估企业的举报查处机制，关键在于看企业是否对举报人有合理的激励，能否平衡举报人的收益与风险，是否有防止对举报人打击报复的机制。此外，还要看企业对获得的举报信息是否及时进行调查与处理，是否做到程序公正、公开与透明。

第四，体系是否持续优化提升。任何体系建设都是一个长期的、系统性的工程，合规管理体系建设也不例外。评估合规管理体系时，要根据企业业务的发展与所处生命周期阶段性特征，对企业面临的合规风险与相应的管控措施和内部控制机制进行评估；同时，对企业内部发生的不合规行为及时进行原因分析，进而不断优化现有合规管理体系，使得合规管理能力得到提升。

企业合规管理运行机制评价指标，如表 3–3 所示。

表 3–3　企业合规管理运行机制评价指标

序号	运行机制评价	审查文件、方法	关注点
1	合规培训	历年合规培训计划、培训记录、培训主题、课件及参训人员情况（职位、人数、签到表、培训率）、考试通过率、培训证书等支持材料	1 ～ 3 年合规培训计划、培训记录 有针对性的合规培训（董事会成员、业务部门、专题、新员工入职） 过去一年合规培训的人数与覆盖率 培训的效果（考核） 业务领导讲授专业领域的合规案例 将以往的合规事件及处分纳入培训内容 开展针对高风险部门人员 / 关键岗位（如海外人员）的专门合规培训 关于供应商的合规培训情况，公司定期制定合规培训方案，开展合规培训
2	合规沟通	沟通记录、文件	供应商培训 公司简介中关于合规的介绍

续表

序号	运行机制评价	审查文件、方法	关注点
3	合规举报	制度、案例	举报与调查制度 合规举报的途径 合规举报的案例 年度 / 季度合规举报数量 打击报复零容忍
4	合规调查	制度文件	调查的流程 调查的专业性 调查的手段 调查的记录
5	合规责任	制度文件	任命书 责任分配情况
6	合规考核	考核制度与考核表	考核过程
7	体系优化	优化文件	如何优化 违规原因分析 是否存在管理漏洞
8	体系提升	管理现状与自我评估，访谈	提升过程 当前水平 同行业差距 提升计划

四、合规价值观与文化的认同性评估

诚信合规文化是预防不当行为的关键。合规管理体系有效性评估的一个重要方面就是评估企业内部是否形成了诚信合规的文化。对诚信合规文化的评估主要看以下方面。

一是企业是否把诚信合规作为企业的核心价值观。合规管理体系有效须以诚信价值观念为指导，通过价值观的引导让全体员工认同与接受诚信合规的理念，强化各级管理者与普通员工形成合规意识，抵制企业不同层面的不当行为，从而为企业诚信合规文化的形成打下坚实的基础。这是评价企业合规价值观与合规文化认同的一个方面。

二是来自“高层的声音”是否坚定与清晰。领导的态度对合规文化的形成有很大作用。以身作则，树立诚信正直的企业文化是领导者的重要职责。评价时要看高层领导者和各级领导者是否利用各种时机，宣传诚信合规的重要性，并与员工和合规工作人员保持合规事项上的沟通。此外，还要看企业领导是否经常向企业全体员工传递合规信息，引导各层的管理者重视合规。比如，看高层领导团队成员是否定期向公司全体员工发表讲话，在给员工的邮件中是否在不断地重申合规的重要性，敦促员工恪守公司的商业行为准则，并在其他会谈和演讲中及时向员工介绍遵纪守法、诚信经营的重要性，等等，这些都是评价企业培育合规文化的重要内容。

三是评价各层级领导是否在推广诚信合规文化。每个组织有一个整体文化，同时还存在亚文化。企业最高领导层为企业诚信合规文化建设定下基调，各层级领导也须推广诚信合规文化。当诚信合规在组织各个层级根深蒂固时，成为组织定义自我和指导运营决策的方式时，整个组织就形成了一种主人翁意识，诚信合规文化也就成为企业的基因，变得具有亲和力、吸引力和感召力。因此，要评价管理者在日常工作中的态度和要求，是否对员工产生潜移默化的影响，是否促进了合规文化的形成。

合规价值观与文化认同评价指标，如表 3–4 所示。

表 3-4　合规价值观与文化认同评价指标

序号	合规价值观与文化评价	审查文件、方法	关注点
1	领导力	各个部门支持合规工作的文件材料	领导积极参与合规管理工作 参与讲课
2	晋升程序	晋升考查表，访谈	合规管理工作纳入晋升考核 后备干部合规尽职调查程序 晋升是否存在一票否决情况
3	激励与约束	相关证明文件 相关案例，有无在公司范围内做出通报	对防范重大合规风险或挽回重大损失给予集体或个人表彰和奖励 对落实合规管理工作不力或因重大合规风险造成损失被问责人员
4	合规宣传	相关文件证明	合规宣传活动策划 开展合规报道 发表合规文章 参与论坛会议
5	文化建设活动	相关文件证明	公司是否对合规价值观、愿景与使命进行宣传 新入职是否签署员工行为规范承诺书 推动行业合规
6	文化认同测试	问卷文件与访谈文件	相关问卷与访谈记录 参与对象 参与度 认同度

04

第四章 企业合规管理体系执行的有效性评估

越来越多的企业制定了严格的合规管理政策，但如何确保这些政策被真正地贯彻下去并有效地执行开来，而不是只停留在纸面上，是一个更加重要的问题。实践中，有的企业只是直接使用总部的合规政策，而没有将政策本土化，更没有将政策贯彻到执行层面，使得合规管理很难实现应有的风险管理目标。要把企业的合规管理真正落实到业务操作层面，就必须要把政策上的规定转变为可执行的流程。一方面是要确保各项业务操作符合外部法律和内部政策的要求，同时要使合规政策的要求与实际的工作实践衔接一致，并落实到组织管理的每一个层面、每一个岗位和每一环节。

因此，在开展合规管理有效性评估时需要重点考虑企业的合规管理体系是否得到了严格执行和有效落实，包括企业管理层是否做出培育合规文化的承诺，企业的合规管理人员是否拥有足够的自主权和资源以及企业对合规管理的奖励惩罚机制是否落实。

一、企业管理层的合规领导力评估

企业管理层的支持是合规管理体系有效运营和执行的一个关键因素。管理层包括企业内各层级的领导人和经理，只有得到他们的支持，企业合规管理体系才能得到有效的执行。

（一）企业管理层以身作则是关键

来自管理层最为有效的支持是各层级的经理以身作则，遵守组织的政策、流程和其他合规要求。如果管理层只是要求其他人遵守合规而自己选择忽视它们，这就难以形成一个有效的合规环境，其在合规管理方面的表现对其团队成员的行为有很大的影响。合规管理评估需要关注管理人员如何通过其在日常业务开展中的言行表现鼓励或阻碍合规管理要求的落实；采取了哪些具体行动来表现其对合规管理的态度，以及面对违规问题如何领导员工进行补救；在企业开拓新业务或追求更高收入的过程中，管理者是否愿意承担更大的合规风险；管理者是否鼓励员工为实现业务目标而做出不合规的行为，或者阻碍合规管理人员有效地履行其职责，等等。

（二）企业管理层合规承诺的落地

企业的董事会或类似的最高管理机构在决定企业的合规管理方向上起到关键作用。当董事会确认企业需要合规管理时，这种确认本身已向企业的所有人发出明确且强有力的声音，并为业务开展和员工的执业行为指引了清晰的方向。董事会这种确认和态度可以在企业的价值观和员工行为准则之中反映出来。来自高级管理层的合规声音，例如首席执行官，也能达到同样的效果。有些企业由首席执行官或部门领导在每季度或定期发布合规声音和信息。

董事会可以通过合规委员会或者是承担合规管理职责的相关委员会来监督企业的合规管理体系的执行和运营，同时向企业传递价值观，推行员工行为准则及其他主要合规文件来促进企业的合规。最高管理层对合规的承诺、支持和参与有助于维持企业的价值观，并确保业务目标和战略与企业的合规目标相一致。中层和基层管理人员对合规的支持也很重要，尤其体现在合规运营和执行层面的日常操作中。企业管理层应把合规管理作为业务决策所考虑的一个重要因素。无论合规运营和执行看上去多么有效，如果管理层为了赢得交易而“抄近路”，就会损害或者违反现行的合规要求和管控。

仅仅在口头上做出合规承诺是不够的，现实中企业管理层在面对激烈的商业竞争或商业利益抉择时是否能够信守承诺才是关键。在日常工作及决策时，管理层如何平衡企业发展与合规经营是合规管理评估的重要内容。现实工作中常常会有业绩与合规管理要求的“冲突”，这个时候就需要管理层能够保持应有的职业谨慎，从而严格要求自身对制度认真执行，并立足于合规操作这一大前提，将合规操作与日常工作结合起来，不以牺牲合规要求为代价换取短期发展的利益，这是合规管理有效的重要体现。

（三）企业管理层对合规管理工作的监督

有效的合规运营不仅能够为企业降低风险，而且在维护企业的声誉，赢得股东、员工、客户、合作方和社会的信任，以及达到企业可持续发展预定的目标等方面增添价值，尤其是当企业面临诉讼和政府调查时，作用更为突出；而合规管理体系的有效运行需要能胜任工作的员工、工具、知识、技能、外部资源的支持。所有这些都需要资金和资源支持。在投入众多资源的背景下，企业的最高权力机构需要对合规管理活动进行有效的监督，这样才有可能达到预定的目标。为此，在开展合规管理评估时，需要考虑董事会成员是否具备合规专业知识，董事会与评估人员是否定期召开关于合规议题的会议，以及在对可能存在违规行为的重点领域进行监督时，董事会及高级管理层重点审查哪类信息等方面的内容。

二、企业合规管理的组织保障评估

实践中，负责合规管理工作的人员在企业是否具有足够的权威和地位来采取行动，决定了一个企业的合规管理政策能在多大程度上得到有效实施。

企业在建立、完善合规管理组织机构的时候，需要根据公司经营的业务性质、地域范围、监管要求等设置相应的合规管理机构，合规管理机构的规模要与合规管理任务相匹配。在一些规模较小的公司，可以不设立专门的合规管理机构，由相关业务部门履行合规管理职责。例如，在一些公司中，法律部门、内控部门、审计部门可以单独或联合承担一部分合规管理职责。

不管是建立专门的合规管理部门，还是几个部门联合承担合规管理的职责，合规管理机构的独立性是企业合规管理有效性的组织保障。这种独立性主要体现在直达决策层的报告渠道、适当的权力和充足的资源三个方面。

因此，在开展合规管理评估时需要关注以下三个层面的因素：一是合规管理机构的报告是否能够如实地、不夸张也不打折扣地呈现在决策层面前，而不需要经过其他职能部门或业务部门的转达，或者受到其他职能部门或业务部门的影响，进而由决策层讨论后做出决定；二是合规管理机构是否应具备适当的权力，使其能够参与公司内部的各项管理工作，能够顺利完成各项调查任务，能够有效推进各项整改措施；三是合规管理机构还应分配到充足的资源，使其能够拥有或调动足够多的、满足工作要求的人员和设备来执行必需的检查、记录和分析工作，从而不会因为资源问题而无法及时完成工作或降低工作质量，也不会因为资源问题而受制于公司内部其他部门，丧失独立性。

可以把上述三个层面的因素进一步分解，在合规管理评估时转换成下列问题。

（1）合规管理组织结构的设置。承担合规管理职责的部门是专门设立的，还是由相关业务部门承担的？为什么企业选择当前的合规管理组织结构？合规管理部门的报告可以直接向哪个层级的领导报告？合规管理部门由指定的首席合规官或公司内部的另一名高级管理人员负责，该名负责人是否在公司内承担其他的管理角色？企业合规管理人员的专兼职的数量如何？

（2）合规管理人员的岗位级别和地位。在岗位级别、薪酬水平、层级/头衔、隶属关系、资源和与重要决策者接触方面，合规管理部门的人员与其他战略职能部门相比有什么不同？合规管理在企业的战略和运营决策上扮演了什么角色？在具体业务开展中，是否有交易因不符合公司的合规管理政策问题被停止、修正或进一步审查？

（3）合规管理人员的经验和资历。合规管理部门的员工是否具备与他们的职责和责任相适应的经验和能力？随着时间的推移，经验和能力的水平是否发生变化？企业如何进一步对合规以及其他管理人员的培训进行投资？谁来考核合规管理部门员工的绩效，考核流程是什么？

（4）为合规管理投入的资金和资源。是否有足够的合规管理人员来对合规工作的结果进行审计、记录、分析并采取行动？是否对合规管理工作投入了足够的资金？合规管理部门在向公司要求资源时是否曾被拒绝，如果有，理由是什么？

（5）数据资源和访问。合规管理人员是否对相关数据资源具有足够的直接或间接访问权限，能够允许他们及时有效地开展监控、检查和控制？是否存在限制访问相关数据资源的障碍，如果存在，公司将如何解决这些障碍？

（6）自主权。合规管理部门能否向董事会或合规委员会直接报告？合规管理委员会召开的次数？高级管理层成员是否在会议上出现？公司如何确保合规管理部门员工的独立性？

对这些问题的评估结果反映了企业合规管理组织体系保障的程度，当然对企业而言，上述问题的标准根据每个企业的规模、结构、所处的行业和风险状况有所不同，具体评价标准的设置需要对标行业企业合规管理的一般经验。

三、企业合规管理的奖惩效果评估

企业是否建立了明确的奖惩措施，并且通过奖惩措施的执行推动合规管理要求的落地以及对违规行为的惩戒；奖惩措施是否在公司内部得到公正的执行，“无论违规者的职务有多高或者多低”；通过奖惩措施的实施，企业是否向员工传达了企业的合规价值观，即违规行为不会被容忍，违规人员必须要承担相应的后果。

明确的奖惩措施是企业合规管理的重要组成部分。特别是对于合规文化尚不成熟、长效的合规管理机制还未完全形成的企业，通过合规奖惩措施来提升合规执行力就显得尤为重要。通过明确的奖惩措施，可以有效地确保公司的各项活动满足法律法规和其他要求，履行公司对遵规守法的承诺。企业应该结合其发展价值观，将合规奖惩措施纳入组织绩效管理体系中去，有效协调业务拓展与合规管理的关系，帮助员工建立正确的业务发展目标。

合规是业务发展的基石。一个有效的人力资源绩效管理体系不但要对员工的业务能力和成绩进行考核，而且对员工在业务中的合规执行情况也应该进行考量。企业可以制定单独的合规奖惩措施，也可以将合规考核标准融入总体的奖惩措施中去，考核结果应纳入员工的整体业绩评估中，并与员工的晋升、调薪、奖金、股权和其他福利相关联。对于违规的员工，应该在一定时期内限制其获得晋升、调薪的机会或扣减、免除其奖金、股权的发放。

在开展合规管理评估时应重点关注以下几个问题：惩戒措施和奖励措施是否在整个企业内部得到公平和一致的应用？是否有相似的违规行为却未按照同样的标准处理，如果有，为什么？哪些部门或领导决定奖励对合规有贡献的员工或者对违规行为做出惩罚决定？员工被惩戒的实际原因是否传达给员工，如果没有的话，为什么？是否存在限制信息传达的相关法律或调查原因，以保护企业免受指控揭发或外部审查？

通过以上几个层面的评估可以基本上了解企业合规管理要求落地执行的程度，而在评估中发现的执行中存在的各种问题，也构成了企业合规管理持续改进的方向。

05

第五章 企业合规管理实践的有效性评估

企业投入各种资源建立实施合规管理体系的目标是防控合规风险，避免违规给企业造成的各种损失，最终实现可持续发展的战略目标。因此，企业的合规管理体系的运转对于企业实现上述目标究竟起了多大的作用，即合规管理实践的有效性评估是企业最关注的问题。一方面，当潜在的合规风险存在时，合规管理体系是否能够快速地发现不当行为，同时采取有效的补救措施，将合规风险的影响降至最低；另一方面，实践中合规管控措施的实施必然会暴露企业合规管理的风险领域和体系设计、执行中存在的调整需求，而且随着时间的推移，企业的业务、经营环境、客户的性质、法律的相关规定以及适用的行业标准也会发生变化，因此，需要评估企业合规管理的规制力度是否能够持续改进并发挥其应有的风险防控作用，最终保障企业实现可持续发展的目标。

一、企业合规管理风险防控的有效性评估

企业建立起一整套复杂的合规管理体系，是否就可以完全避免违规行为的发生呢？实践中往往未必如此。发生违规行为本身并不意味着合规程序在当时没有起作用或者无效，结合实践经验来看，我们必须承认没有任何合规管理体系可以完全避免违规的发生。那么，评估违规行为发生时企业的合规管理体系到底能够起多大的风险防控作用，是评估合规管理实践有效性的重要内容。

为此，需要考虑的问题就进一步分解为：一是企业现有的合规管理体系，包括合规监控、检查等机制是否能够发挥相应的作用，进而及时有效地发现违规行为，把合规风险的影响降至最低。二是对于已经发生的违规行为，企业是否建立了一套运行良好且资金充足的机制，针对企业自身、雇员或代理人的指控或可疑行为，及时、彻底地进行调查。三是企业是否有能力对违规行为产生的根源进行彻底的分析，并且开展及时、适当的补救措施来预防未来类似事件的发生。因此，对企业合规风险防控的实践效果开展评估时，可以聚焦于以上三个方面。

（一）合规监控与检查的有效性评估

1. 合规监控

合规监控是指针对关键业务表现和风险指标，开展日常持续的监督、审查和分析的过程，目的是使企业及时识别潜在或已发生的合规风险和违规行为。完善的合规监控程序，使企业不仅可以了解到合规体系中信息的不足，也可使企业在潜在合规风险引发具体违规行为、遭受监管处罚、造成经济损失或破坏声誉等不良结果之前得到警告。

监控需要覆盖合规管理流程的全范围，与制度的落实与执行同步进行。从合规管理制度的制定到执行情况及效果，以及违规事件发生、应对或补救措施，举报、调查、处理、整改等领域，全范围地监控；而且，随着情况变化，监控关注的重点也不是一成不变的。无论自动化或者人工方式的监控程序，持续性是监控中最重要的部分。对于分析基础业务流程的变化和新兴领域内的合规风险，分析数据、把握发展趋势是至关重要的。若要评估合规监控是否得到了有效执行，“一次性”的执行方法是不可行的。此外，对于监控各领域的方式方法也有所区别。在制度执行情况及效果、违规事件发生的监控上，采用有价值的、适当的指标，在数据信息库真实完整的前提下，可以有效实现监控目的。

因此，合规监控的有效性评估应当关注指标设定、数据分析、指标监测等内容。合规管理部门可会同相关业务部门，根据风险重要等级情况设立公司合规领域风险指标，并设置每个指标的预警区间值。合规指标通常可包括主动式、反应式、预测式三种类型的指标。

- 主动式指标包括：

（1）经过有效培训的员工比例；

（2）监管机构联系的频率；

（3）反馈机制的使用（其中包括用户对这些机制的价值审计）；

（4）对每种不合规行为采取何种类型的纠正措施。

• 反应式指标包括：

（1）根据类型、方面和频率，发现报告的问题和不合规行为；

（2）不合规后果，可能包括评估货币补偿、罚款和其他处罚、补救成本、声誉或员工时间成本的影响；

（3）报告和采取纠正行动所花费的时间。

• 预测性指标包括：

（1）不合规风险（评估目标的潜在损失/获益〈收入、健康和安全、声誉等〉）；

（2）不合规趋势（基于过去趋势预测合规率）。

相关业务部门可定期将指标相关数据上传到信息系统中，合规部门对数据进行计算分析，形成指标相关数据，合规风险管理信息系统根据设定的运算模型对指标相关数据进行统计分析，自动形成指标值。合规风险管理信息系统根据前述风险指标值及设置的预警区间对指标的状况进行判断，当指标值达到或超出预警区间，则自动发出预警信息，预警信息将作为发起风险管控计划的重要依据。

可见，选取适当指标，确定指标的预警区间，利用收集的最新数据，监测实际风险或违规事件都是合规监控有效执行的重点与难点，并且每一部分都要结合实际业务领域、实际风险水平来确定上述指标项目，没有统一标准，但要有充分根据。

实践中，信息收集在资源允许的情况下可形成基础的数据库。基础数据库是指在采集各指标相关业务数据的基础上，通过设定的计算模型进行分析，为指标管理提供数据保障，包括数据采集、统计分析等内容。指标相关业务部门可通过合规风险管理信息系统向“基础数据库”定期上传数据，确保数据完整性和准确性。完成数据采集后，合规管理部门根据各相关部门导入信息系统的数据进行统计和分析，细化形成指标相关数据。相关数据不仅是分析数据及风险之前计算特定指标及指标标准的基础，也是反映企业合规监控评估的结果。

2. 合规检查

合规检查是指为掌握企业各单位（包括各管理部门、各业务条线、各分公司）对法律、法规、规则和准则等合规依据的遵循情况，以及企业合规风险管理机制的实际运作及其有效性的情况，由合规风险管理部门对各单位的经营管理行为的合规性，部门、分支机构合规管理的有效性以及员工执业行为的合规性所进行的检查和评估。

合规检查可以依据企业合规管理流程中“合规评估”的框架内容而设计。合规管理部门负责检查的内容包括：合规文件的完备性、业务管理的合规性、经营活动的合规性、创新业务的合规性。检查方式可以依赖不同内容的打分表来实现。

评估合规检查是否得到了有效的执行，可以关注合规检查计划是否包含以下要点。

（1）影响企业合规风险状况的近期事件和业务风险点简介。

（2）拟实施的监管行动及其范围和具体目标。比如：针对总体风险状况应以什么频率进行现场检查；何种合规风险需要非现场监管持续跟踪，以及跟踪的重点；何种风险和问题需要现场检查并进一步核实；现场检查的大致时间安排、检查的范围和重点目标等。

（3）对于跨地区的超大型企业开展合规风险检查，需要在事前设计好人力投入和协调配合机制，增加信息共享，避免沟通不畅和重复劳动。

（4）一年内对同一机构（同一地区或不同地区都包括在内）的现场检查安排表，须包括计划时间、计划工作人员、检查范围（全面或专项）、检查主体、被检查的总分支机构或业务线、关键风险点等。

检查根据事先分析确定的检查范围和目标业务逐项进行，但最根本的目的是通过一定量的测试确定企业本身风险管理系统的可靠性和有效性，进而帮助企业及时发现潜在的不当行为，规避合规风险。

（二）合规举报调查的有效性评估

合规管理体系的一个不可或缺的元素就是针对违规行为的处理，这是实现合规管理目标的基本制度之一。这是因为，不仅企业的行为要基于最高的道德标准，其全体成员在代表企业行事时也应落实同样的原则，即要求成员公平、诚信地处理彼此之间以及与商业伙伴之间的关系，遵守法律以及公司内部的规章制度，全面履行其工作职责。企业会通过完善并发布包括行为准则在内的一系列的规章制度和工作流程来确保合规，让全体成员知晓具体行为规范。即便如此，企业仍然不能杜绝其成员在工作中出现违规违纪甚至违法行为。因此，企业应建立一套完备的合规举报制度，通过成员之间、组织与外部伙伴之间的相互监督，最大化地降低组织内部及相关外部机构之中可能存在的合规风险。

企业举报调查制度的建立与完善，需要关注举报的来源及受理范围、举报事件的处理原则、举报事件的处理流程、举报事件的奖惩办法以及举报渠道的具体联系方法等。

在设立合规举报与调查制度时，应特别注意公平原则的应用。举报事件的接收与处理涉及组织、举报人、被举报人、商业等多方的利益关系。任何一方利益的损害都会直接影响合规举报与调查制度的公正性与权威性。评估企业的合规举报管理的有效性，通常要关注以下几个方面的内容。

第一，在案件接收的方法上，是否提供多种举报方式，包括实名举报和匿名举报方式的同等对待。

第二，在案件调查之前，是否启动案件的前期评估，排除一切可能影响案件调查公正性的利益相关人员参与其中，保护举报人利益。

第三，在案件调查时，调查人员是否严格遵守客观公正的调查原则，具备基本的内部调查专业技术，以事实为依据，对参与调查的人员采取严格的保密和保护措施。举报事件处理过程所涉及人员的选择是否依据“最少够用”的原则，即调查与处理举报事件过程中，如需某人的参与，该人必须是与事件必要相关的人员，且因选择该人的参与所造成的对该人、对公司、对当事人，以及其他利益相关方的负面影响的程度应限定在最小的范围内。

第四，案件的接收人与调查人是否保证了无职责重叠。如果案件接收人为合规专职人员，那么调查人员应由其他职能人员组成，确保调查的独立性。

第五，案件的接收人、调查人与违规人员的处罚者是否保证了无职责重叠。如案件的接收人和调查人分别为合规职能人员和独立的商业调查公司，那么对确认的涉案责任人的处罚应由人力资源管理部门根据组织的奖惩规定来处理。

第六，在案件接收、评估、调查、处理的各个环节，是否采取一切必要措施，如前述保密协议等确保涉案人员，特别是举报人的利益。

第七，企业根据自己的现实情况，是否对举报人酌情给予一定奖励。

要保证合规举报调查的有效性，应充分遵循公平的基本原则，确保企业、举报人、被举报人、商业人员等各方的正当利益。为此，案件的前期评估，调查人员的基本专业技能和职业操守，接收人与调查人、处罚者之间的职责区分，保密原则的遵守等内容应特别注意，并落实到举报调查管理制度的细节之中。

（三）合规整改问责的有效性评估

严格的合规整改问责机制是合规管理体系的重要环节，能够确保合规监控、合规检查、举报及调查等措施效果落到实处。问责并不以处罚为最终目的，而是希望通过问责机制，一方面帮助违规人员、违规部门消除调查所发现的缺陷，减少危害；另一方面，将合规结构性错误识别出来，并报告给相关负责人员，以保证从过去的案件中总结出的经验教训能够被纳入合规管理体系的发展过程之中。

违规行为一经查实认定，应依据严格的纪律处分制度进行整改。纪律处分根据违规行为的严重程度、具体违规行为及是否多次违规等情况裁量处罚力度。但是，发现违规行为并对违规员工进行处理并不代表企业已经减轻或消除了该合规风险。就像是看病，如果医生的处方只是消除生病的症状而不是医治根本病因，那这个症状就会反复出现。

除了违规行为责任人的处理，还应正确识别违规行为背后引起该行为的根本原因，才能进一步地采取有效的、针对性的风险防范或纠正措施，完善现有流程设计中的风险隐患，提升流程或制度的有效性、执行力等。对合规整改有效性的评估主要包括以下几个方面的内容。

（1）清晰了解事件发生的始末和各个细节，明确到底发生了什么；

（2）识别可能引起违规的原因；

（3）处理和分析相关的数据信息；

（4）访谈相关人员；

（5）明确违规行为是一次性行为还是重复性行为；

（6）确定违规行为的根本原因；

（7）计划纠正措施；

（8）明确纠正措施的相关责任人、执行人和执行期限；

（9）审查纠正措施的效果。

通过分析不合规现象发生的根源，企业可以建立起一个具有前瞻性和预见性的合规风险管理机制。企业需要审视、改进、重新设计以及监督其合规和管控方案，以及时发现和防范类似的情况再次发生。企业对违规行为发生的根本原因的反应，表明了企业对待合规方案的重视程度。特别是在涉及政府调查时，知悉其合规管理存在漏洞，但是没有采取适当措施的企业，可能会比对此不知情的企业受到更为严厉的处罚。

如果是因为相关的政策要求没有有效地传达到相关的部门和员工，则需要提高合规培训的针对性和有效性，经调查、处理的典型案例可以作为培训中对员工加以教育的现实教材，用真实的例子来传达面对风险时可能存在的违规行为，倡导的正确解决方式方法。如果是企业的合规管理政策或流程不全面，或不符合实际的业务情况或实际操作，引起员工的无意违规或刻意隐瞒，企业可以通过定期分析相关政策的实际偏离数据，例如在一定期间内有多少同类型的违规行为，或有多少特例，来确定如何对相关的政策或流程进行更新或修改。如果合规管理政策的设计没有问题，而是企业的执行力薄弱，则应该审视相关的政策要求是否有明确的责任部门或执行部门，并对该部门的工作范围和执行有效性进行定期审核。如果是企业发展战略的问题，如过度地追求业务增长、忽视合规文化，并给员工施加了很大的业务压力，那么企业则需要从最高层开始反思，提升合规意识。

对于风险高发、频发领域，则需要充分利用监控过程中的数据和信息，作为针对该领域合规风险防范的依据对违规行为进行整改，同时为完善修订相关制度提供参考，最终促进合规管理体系的持续改进，提升合规管理的有效性。

二、企业合规管理持续改进的有效性评估

企业运营的过程中面临的内外问题、相关方的要求在时间持续过程中会发生变化，企业面对的市场也不断发生政策、供求关系、客户偏好等方面的变化。企业想要及时地应对这些变化，并保持自己继续赢得市场、监管机构的认可，需要保持多种信息沟通渠道畅通，及时获得有关合规要求变化的信息或进行新的合规承诺。这种变化可能是增加、减少或者调整合

规要求和合规承诺，持续更新合规义务内容清单，形成新的合规义务文件。

合规管理体系的改进并非是一个单循环，而是一个螺旋上升的过程，需要持久地进行监控和改进，促进合规管理体系的不断提升。在针对监控、审查、检查提出的整改意见持续改进的过程中，也不能忽视对于最新法律法规的更新及风险防范，更新最佳实践准则。因此，企业合规管理评估需要关注企业的合规管理体系是否可以根据变化了的合规风险进行相应的完善和升级。根据企业在合规管理实践中吸取的教训对合规程序进行修订，应该关注公司是否采取了恰当、合理的措施，确保遵守合规管理程序，以及是否定期评估合规程序实施的有效性。

因此，评估企业合规管理持续改进的有效性，应关注以下内容：企业每隔多久更新其风险评估，并审查其合规政策、流程和实践；是否通过各种渠道密切关注、跟踪外部法律、规则的最新发展；是否建立本系统、本条线的外部法律规则库；是否明确并落实本系统、本条线外部法律规则库的维护、更新人员及职责，外部法律规则库；各机构（部门）是否定期向合规管理部门备案本机构（条线）外部法律规则库，合规部门是否定期更新本系统的法律规则库；合规管理部门是否根据外部法律规则更新情况，及时有效地识别并评估增量合规风险（即外部法律、规则、准则赋予企业的最新合规要求），及时组织制定、完善规章制度或采取其他有效措施予以化解；各机构（部门）是否根据外部法律规则库，对照现有规章制度，排查存量合规风险并予以化解；合规管理部门是否及时、有效地掌握各机构（部门）的合规要求控制情况，定期向高管层、上级行或董（理）事会报送合规报告，等等。

06

第六章 中国企业合规管理评估的问题和对策分析

近年来，中国企业开展合规管理体系建设的工作刚刚起步，如何有效地开展合规管理评估，企业面临着各种各样的问题。通过专业人才的培养、信息化系统的建设以及合规理念的培养，能够更好地推动企业合规管理有效性的提升，帮助企业不断完善合规管理体系，保障企业实现合规的可持续发展。

一、中国企业合规管理评估中存在的问题

中国企业在这几年才开始开展全面的合规管理体系建设，合规管理评估工作也是刚刚开始。大多数企业对于究竟如何开展合规管理评估在认识和实践中存在一定的差距，当前中国企业在合规管理评估工作开展过程中面临许多问题。

（一）专业的合规管理评估人才匮乏

随着中国企业的经营活动日益综合化和国际化，其业务和产品越来越复杂，合规管理能力不足的问题逐渐暴露出来，企业经营活动的合规性面临严峻挑战。国内企业合规管理体系建设刚刚起步，行业缺少必要的合规管理人员储备。

实践中我们发现，许多企业在合规管理体系建设工作试点期间，所需要的合规管理人员多从法律、内控、风控、审计或纪检监察等部门抽调形成，这些人员虽然具备法律、财务、审计的专业背景或多年从业经验，但与有效地设计、执行或评估合规管理的工作要求仍存在较大差距。

一方面，随着企业的创新发展，合规管理专业人员的知识结构应具备一定的复合性，除法律专业人员外，还需要配备熟悉业务、掌握信息技术

的专业人员。此外，合规管理人员还需要在工作理念、专业素养和责任意识等多个方面进行提升。另一方面，高级合规管理人员的短缺更为明显，首席合规官的工作经验、沟通技巧、人际关系、性格品质等都对履行合规管理职责有着重要的影响，既能满足公司实际需要，又完全符合监管规定的高级合规管理人才凤毛麟角。

（二）合规管理评估的技术手段不足

在全球贸易摩擦加大以及技术工具创新步伐不断加快的背景下，合规风险的表现形式越来越隐蔽。由于宏观经济变化引发的系统性风险、周期性风险逐步加大，新业务和新产品导致的合规风险时有发生，这些新的风险对合规风险管理技术提出了更高的要求。目前，中国企业的合规风险管理技术和工具还比较落后，国际上很多先进的风险管理工具如合规风险评估、合规风险监控预警、尽职调查等信息技术至今尚未在我国企业的合规风险管理工作中得到广泛应用。

特别是合规风险分析和风险评级的技术过于简单，对合规风险的识别和分析评价模型更加缺乏，几乎没有相关的模型方法可以应用，缺少有效的合规风险适时监测和控制手段，不能对有限的信息资源进行技术处理，难以对合规风险管理形成有效的支撑。通常是事后被动处理多，事前主动防范少；定性分析多，深度数理分析少；静态分析多，动态分析少；立足局部分析多，站在全局角度分析少。如何把先进的合规风险管理技术工具应用于合规风险管理体系的建设、实施和评估之中，合理有效地规避合规风险，实现合规风险防范和业务发展的平衡，这对提升企业的合规管理的有效性来说既是一个全新的要求，也是一个严峻的考验。

（三）合规文化价值观的培育有待提升

企业强化合规管理是一个长期的过程，它涉及一个企业的组织机构、制度体系、运行机制、文化价值观等各个层面的改变。其中，企业文化是该组织长期传承、沉淀的行为规范、思维方式和价值观念。相应地，合规文化就是该企业在合规管理上长期传承、沉淀的行为规范、思维方式和价值观念，是企业遵守法律、法规、监管规则或标准、道理以及业务流程的观念形态和行为方式。培育合规文化，就是倡导所有员工从合规做起、合规人人有责、合规创造价值的价值观。

企业之所以看重合规管理，是因为该企业认可合规的价值和作用，从而树立了正确的合规价值观以及道德准则和信仰，并与企业的结构和控制系统相互作用，从而产生导致合规结果的行为规范。因此，诚信和合规不仅是企业成功和可持续发展的基础，在正确的合规价值观的基础之上，合规对于企业来说也是机遇，而不是累赘。

合规文化的培育是合规管理体系能够顺利实施的内部环境基础，它必须通过改革旧有的制度范式、变革落后的管理理念方法才能实现，而这个触及企业根本的改变，涉及企业的各个部门、各个业务、各个责任人；合规减少了企业管理的灰色地带，压缩了潜在违规的空间，这势必损害部分人原有的利益关系，也就意味着合规文化的培育可能面临巨大障碍。现实中企业合规文化的培育需要一个长期的过程，而国内企业目前还处于建立完善合规管理体系的起步阶段，其对合规文化理念的认识和价值观的培育有待进一步提升。

二、促进中国企业管理有效性提升的建议

针对中国企业合规管理有效性评估实践中存在的问题，在今后的合规管理体系建设实施过程中可以采取以下对策来加以解决。

（一）打造高水平的合规管理人才队伍

近年来按照国际国内相关指引和标准的要求，中国企业纷纷制定合规管理实施方案，合规管理人员也成为各企业竞相争夺的稀缺人才。

2021 年 3 月 18 日，中华人民共和国人力资源和社会保障部会同国家市场监督管理总局、国家统计局向社会正式发布了“企业合规师”等 18 个新职业。“企业合规师”正式进入《中华人民共和国职业分类大典》，得到国家认可。“企业合规师”成为国家认可的新职业，这是中国企业合规管理发展历史上具有里程碑意义的事件。

企业合规师，即从事企业合规建设、管理和监督工作，使企业及企业内部成员行为符合法律法规、监管要求、行业规定和道德规范的人员。

企业合规师的主要工作任务如下。

（1）制定企业合规管理战略规划和管理计划；

（2）识别、评估合规风险与管理企业的合规义务；

（3）制定并实施企业内部合规管理制度和流程；

（4）开展企业合规咨询、合规调查，处理合规举报；

（5）监控企业合规管理体系运行有效性，开展评价、审计、优化等工作；

（6）处理与外部监管方、合作方相关的合规事务；

（7）开展企业合规培训、合规考核、合规宣传及合规文化建设。

企业合规师成为新职业，将为中国企业合规管理专业人才队伍培养与建设提供重要支撑，为企业合规管理专业人员走上职业化发展道路提供清晰的路径，为企业开展有效合规管理工作提供专业人才保障，也将为中国加快实现国家治理体系和治理能力现代化贡献专业力量。

此外，合规管理工作涉及企业不同层次、不同业务的经营管理，需要熟悉法规和立法意图、了解经营业务及客户的复合型人才。考虑到国内企业目前已存在一支成形的法律工作队伍和一支风险管理工作队伍，加强对现有两支队伍的整合，无疑是建成一支高素质合规队伍的捷径；同时，由于合规管理体系的建设还需要既懂合规管理又懂管理信息系统开发建设的人才，所以企业可考虑从现有信息技术人才中适当选拔、培养高端合规管理专业人士。

（二）加快合规管理评估数据系统的建设

合规风险评估数据系统的使用在发达国家已经比较普及。比如，美国为扭转因安然、世通等公司的丑闻而给投资者信心造成严重打击的局面，美国国会出台了《萨班斯法案》。企业为满足该法案对公司财务报告和内部控制的严格要求，往往必须制定复杂的控制流程，并保留充分的证据以证明每个控制的有效性。由此，大量的合规风险管理软件应运而生，成为在美上市公司日常经营管理中所依赖的重要工具，给合规风险管理体系的实施带来了便利和高效。

运用先进手段和工具，实现合规管理工作的电子化。随着IT技术的发展，合规管理的知识含量也在增大，内部互联网、信息数据库的采用等更加广泛。我国企业应为合规管理部门的合规管理评估数据系统的建设创造必要的条件，尽快将IT技术应用于合规管理，设计合规风险的监测指标，并采取多种手段和技术从事合规管理。

采取先进的技术可以使合规管理更有效地发现问题，随时向外部监管机构提供对问题的处理决定。同时，将公司内部每一个工作岗位的合规操作标准量化，在业务系统处理数据的同时，合规管理系统已经实时判断该项操作是否符合合规标准，并纳入合规报告。当系统支持发展到一定高度时，企业分支机构的合规管理资源可以有效地节约，逐渐实现合规管理工作的电子化，并根据法律环境和业务需求的变化及时维护系统。

（三）加强合规文化理念和价值观的培育

培育合规文化既是合规风险管理体系构建中的一个重要部分，也是合规管理体系实施过程中必须长期贯穿执行的。只有合规文化融入企业文化中并成为其中的一部分，才能使合规成为公司员工的自觉行为，保障合规管理体系的有效实施。合规文化是企业在长期经营活动中逐步形成的共同价值观、共同行为准则、共同价值取向。合规文化的培育通常要求企业对内在的制度执行活动进行分析，明确并倡导合规价值观，通过多形式、多角度、多层次的传播以及企业内外各类沟通活动加以强化，形成合规理念、意识和习惯。在此过程中，企业员工，特别是管理者的积极倡导、身体力行及言行一致起着至关重要的作用。

有效的合规文化可以使企业每一位员工及时发现身边的不当行为并尽快采取行动，从而将不利后果减到最小。有效的合规文化要求每一位员工，不论其职位大小，都应当严格遵循已建立的有效合规程序，在合规的制度框架设计内保持言行一致。管理者要特别认识到，不合规行为对企业造成的长期的经济和名誉损失远远大于短期得到的利益。企业应在兼顾短期与长远考核、结果与执行过程、业务拓展与风险管理、绩效与安全上求得平衡。在合规文化的传播与沟通中，管理者应率先垂范，维护合规价值观的权威性。

要在推行有效的合规文化过程中实现最大价值，企业必须以流程为基础，全面导入合规管理理念。在原有内控制度的基础上，通过对内控制度和外部监管法律法规全面地清理、整合和完善，理顺内部关系，明确各部门及各层级的职责和接口，明确各项业务和工作的范畴，逐步建立符合企业实际情况和要求的系统化、清晰化、可持续改进的合规文化体系，全面提升合规管理的能力和水平。除了持续地宣传贯彻合规制度，企业还应制定违规违法问题的处理机制和奖惩措施，并通过相关制度设计落实和保障这些措施的推行。在遇到违规事件发生时，管理者应做到一视同仁，不偏袒、不维护任何一个违规的员工，从而使公司的合规价值观得到尊重和遵守。

三、企业合规管理有效性评估的发展趋势

为了更好地发挥企业合规管理有效性评估的作用，应以发展的眼光看待合规管理有效性评估，从以下两个方面调整合规管理有效性评估的工作机制和工作方法。

第一，在设定底线的前提下，重点关注合规管理的实质有效性。创新往往意味着对不合理的旧机制、旧规则的突破，如果合规管理人员因循守旧、墨守成规，机械地理解法规条文，呆板地追求形式上的合规，则创新不会有太大空间。在新的形势下，合规管理人员应以开放的心态、发展的眼光看待创新，在合理设定底线（如不与法律相抵触、客户权益有保障、利益冲突可防范、适当性管理可监测、发生事故能妥善处理等）的前提下，注重关键合规风险的管控，以实质合规取代形式合规。与之相应，企业在开展合规管理有效性评估时，不应拘泥于条文本身的字面解释，而应关注合规风险是否得到有效防范，在评估标准上应以实质有效取代形式有效 。

第二，针对企业创新活动的合规管理专项评估的重要性日益凸显。实践中，很多的企业合规管理人员本身可能并不参与创新项目的早期论证及创新方案的设计、制定，仅在创新方案对外报送前较短的时间内以书面形

式完成审核并出具合规评估意见。在这种管理模式下，合规管理人员较难深刻地理解创新内容，无法准确评估合规风险，也不可能提供建设性的完善建议，合规管理的作用也就无法得到有效发挥。

为解决上述问题，合规管理人员应提前介入创新活动，及时参与创新方案的设计与论证，并在创新活动正式推出之前对创新活动的合规管理有效性进行专项评估，及时向创新项目开发人员充分提示合规风险，提供合规路径分析建议，为创新活动保驾护航。随着行业创新的深入推进，针对创新活动的事前专项评估的重要性日益凸显，合规管理人员应加强创新知识储备，并主动针对创新监管环境、行业创新发展趋势开展深入的研究，以便能够胜任相关专项评估的工作。

总而言之，企业应从制度设计的合理性出发，通过合规管理体系实施过程中的监控、检查，进入再识别、再制定方案的持续改进动态监控机制。通过评估合规管理体系设计的全面性、执行措施的有效性和实践的有效性，完善合规管理长效机制，深化合规风险识别、评估及监测，保障合规管理体系全环节的稳健运行，帮助企业更好地应对日益复杂的外部监管挑战，培育企业的核心竞争优势，真正创造价值。

案例及专题报告

招商局集团合规管理体系的有效性评估

（一）招商局集团简介

招商局集团是国务院国资委管理的国有重要骨干企业，总部设于中国香港，是香港四大中资企业之一。2019 年，招商局集团实现营业收入 7177 亿元，利润总额 1625 亿元，净利润 1262 亿元；截至 2019 年年底，集团总资产 9.3 万亿元。集团利润总额、净利润和总资产在中央企业中均排名第一。2020 年发布的《财富》世界 500 强榜单中，招商局集团和旗下招商银行再次入围。

招商局集团是中国民族工商业的先驱，创立于 1872 年晚清洋务运动时期，曾组建了中国近代第一支商船队，开办了中国第一家银行、第一家保险公司等。招商局集团于 1979 年开始独资开发了中国第一个对外开放的工业区——蛇口工业区，相继创办了招商银行、平安保险公司等大批知名企业。

招商局集团是一家业务多元、高度市场化的综合企业，业务主要集中于综合交通、特色金融、城市与园区综合开发运营三大核心产业，并正实现由三大主业向实业经营、金融服务、投资与资本运营三大平台的转变。

（二）招商局集团合规管理体系建设情况概述

1. 集团合规管理体系建设的总体思路

按照国务院国资委的总体部署，紧紧围绕建设具有全球竞争力的世界一流企业的战略目标，2016 年开始，招商局集团从合规管理组织体系、合规管理制度体系、合规风险管控机制和合规管理保障机制“四大支柱”着手，持续扩大和深化合规试点工作，计划利用 3 ～ 4 年时间，实现集团合规管理体系建设全覆盖，建立与企业经营范围、组织结构及业务规模相适应的合规管理体系。

2. 集团合规管理体系建设的历程

2016 年，招商局集团作为国务院国资委合规管理体系建设五家试点央企之一，从合规管理“四大支柱”着手，开展合规管理体系建设，形成可复制经验，逐年深化和扩大合规管理体系建设的深入度和覆盖面。到 2019 年，合规管理体系建设实现集团全覆盖，基本建立了与企业经营范围、组织结构及业务规模相适应的合规管理体系，合规管理体系建设开始向纵深延伸。2020 年，招商局集团合规管理体系建设工作由前期的试点工作转化为日常经营管理工作。

3. 集团合规管理体系建设“四大支柱”

招商局集团合规管理体系建设“四大支柱”包括合规管理组织体系、合规管理制度体系、合规风险管控机制、合规管理保障机制。

在合规管理组织体系建设方面，搭建了从治理层到管理层、执行层的合规管理组织体系。通过在治理层（董事会）增加合规管理职能，解决了合规管理的顶层设计问题；通过设立主要领导担任主任的合规工作领导机构，强化了管理层对合规管理的组织领导；通过明确合规工作机构、配备专职合规工作人员，解决了执行层人力资源配备问题。

在合规管理制度体系建设方面，通过制定规章制度建设管理制度性文件和规章制度年度更新标准化流程，解决了制度建设规范性问题；通过系统更新规章制度，提高了规章制度的质量和实效性；通过制定合规管理基本制度、配套规定和专项规定，解决了合规管理工作规范性问题；通过法律事务管理信息系统建设了规章制度管理模块，实现了规章制度信息化管理。

在合规风险管控机制建设方面，通过识别合规风险，聚焦重点合规风险领域；通过开展专项合规检查和后评估，实现对重点合规领域关键事项的管控和闭环管理；通过及时研究和发布合规风险预警，防范重大合规风险发生；通过加强违规排查，避免违规问责风险；通过实施违规经营投资问责，确立对违规的惩处机制。

在合规管理保障机制建设方面，通过合规宣传，营造合规管理氛围，传播合规理念和知识；通过合规培训，提升员工合规意识和能力；通过建立合规风险报告机制，保证合规风险和防控信息的及时传达；通过将合规要求纳入绩效考核指标，激发企业和员工合规管理的内驱力；通过开展合规管理信息化建设，实现合规管理的质效提升。

（三）招商局集团开展合规管理有效性评估的实践

1. 合规管理有效性的评价标准

集团主要从以下三个方面评价合规管理的有效性。

一是合规管理是否全面覆盖集团下属所有企业和核心业务；

二是合规管理能否有效预警和防范重大合规风险；

三是合规风险发生后能否有效补救并完善管控措施，以避免同类合规风险再次发生。

2. 合规管理有效性的具体评价指标

（1）合规管理体系全覆盖方面。

指标 1：合规管理体系建设是否横向覆盖集团所有管理职能、经营管理业务和经营区域，即合规管理是否覆盖企业的战略、财务、人员管理、安全生产、风险管理等所有管理职能，是否覆盖综合交通、特色金融、城市与园区综合开发运营三大核心产业以及境内外经营区域。

指标 2：合规管理体系建设是否纵向贯通集团内所有企业，即合规管理是否从集团总部覆盖到二级公司、核心经营单元直至基层管理单位和业务单位。

（2）合规管理组织体系方面。

指标 3：治理层、管理层、执行层是否明确合规管理责任机构及其合规管理职责，且三个层级是否职责分工明确、各司其职？

指标 4：执行层人员配备是否适当？合规工作人员的配备应与企业的规模、所处行业、管理模式等相匹配，并应从人员数量和人员职业背景及能力等方面考虑人员配备的适当性。

（3）合规管理制度体系方面。

指标 5：是否制定了规范本企业规章制度建设工作的制度性文件和规章制度更新的标准化流程？规范企业规章制度建设工作的制度性文件是企业系统、规范开展规章制度建设的基础，应包括规章制度建设的原则、职责分工以及规章制度的分类、层级、体例、内容、立改废流程和审批权限等内容。

指标 6：是否明确了规章制度建设的统筹部门？明确的统筹部门是规章制度建设工作有序推进的组织基础。

指标 7：规章制度是否已覆盖全部业务领域和管理职责，且内容合法，符合企业实际？企业的规章制度是外规内化以及实现战略经营目标的工具，是企业有效管理的依据，应覆盖全面，使企业所有的业务领域和管理职责都有规可依、有章可循。

指标 8：规章制度能否根据外部法律法规监管政策的变化以及企业经营管理的实际需要及时调整更新？外部法律法规监管政策和企业经营管理需求不是一成不变的，规章制度应根据需要及时进行调整更新，适当兼顾规章制度的稳定性和更新成本。

指标 9：是否建立了合规管理基本制度及其配套规定和重点领域专项规定？企业开展合规管理体系建设，应制定合规管理基本制度、合规手册，以及规范合规管理流程和方式方法的配套规定，还应针对企业合规管理的重点领域，制定专项合规管理规定。

指标 10：规章制度是否已有效宣传贯彻？规章制度制定发布后，应针对制度的适用对象进行宣传贯彻，使企业员工充分了解其应遵守的且与其工作密切相关的规章制度。

（4）合规风险管控机制方面。

指标 11：是否已对合规风险进行有效的识别和评估，并及时调整更新？对企业合规风险进行有效管控的前提是，通过有效的风险识别发现企业的合规风险，通过有效的风险评估对合规风险进行分级，聚焦风险发生可能性大、对企业影响程度大的重大风险，并根据法律法规监管政策和企业经营管理实践及时更新。

指标 12：是否已根据合规风险级别合理配置资源，采取有效措施防控合规风险特别是重大合规风险？企业应按照合规风险级别合理配置资源，对于重大合规风险，应优先配置防控资源，并加大风险防控力度。

指标 13：是否已通过内部检查、审计等方式检验合规风险防控措施的有效性？企业应通过内部检查、审计等方式检验合规风险防控措施是否有效，并针对检查、审计发现的问题调整、完善防控措施。

指标 14：是否已建立有效的合规风险预警机制？企业应对外部立法和执法动态、市场热点和风险事件进行持续跟踪和研究，及时警示企业潜在合规风险，及早采取防控及应对措施，防范化解合规风险。

（5）合规管理保障机制方面。

指标 15：是否已持续开展合规宣传，使企业内部形成守法合规经营的企业文化？企业应通过持续不断的合规宣传，在企业内部广泛树立合规从高层做起、全员主动合规和合规创造价值的合规理念，形成自觉合规意识，使守法合规经营成为企业文化。

指标 16：是否对员工持续进行合规培训？企业应持续对员工进行合规培训，使员工了解合规的重要性和必要性，知悉并识别工作中可能涉及的合规风险，掌握合规风险管控的必要技能。

指标 17：是否已建立有效的合规风险报告机制？企业应建立有效的合规风险报告机制，使决策层和管理层能够第一时间知悉发生的风险，从而及时采取应对和补救措施。有效的合规风险报告机制应明确触发报告的情形、报告的内容、报告的责任主体、报告的层级、报告的路径、报告的时限要求等，并应根据合规风险等级确定报告的层级和时限。

指标 18：是否有专业系统和数字化手段保障合规管理要求落实？借助专业系统、数字化手段进行合规管理，不但可以提高工作效率和准确率，更重要的是可以通过系统中刚性节点和管控条件，实现管控目的，通过信息整合和分析，发现合规风险。

指标 19：是否已将合规指标纳入企业及员工的绩效考核？将合规指标纳入企业及员工的绩效考核有利于提高企业及员工对合规管理的重视程度，调动主动性和积极性，激发内驱力。

指标 20：是否已建立违规追责机制？建立违规追责机制，明确违规情形和追责方式，传递违规应付出代价的信息，这是对合规行为的反向激励，并对有违规意向的员工起到震慑作用。

3. 对下属单位合规管理有效性评估的方法

（1）在合规管理体系建设试点阶段。

招商局集团在 2016—2019 年的合规管理体系建设试点阶段，以年度为单位，对下属合规试点企业合规管理有效性进行评估。每年年初，集团制定合规管理体系建设工作方案，明确每一家合规试点企业年度合规工作的考核指标和考核评分表，设置常规项、加分项和扣分项（对发生违规事件进行扣分），下发各合规试点企业执行。每年年底，集团组织各合规试点企业合规工作人员组成考核小组，对照考核指标进行集中考核评估，对考核结果进行详细分析和总结评价，列出梯队，全集团通报，各试点企业的薄弱环节在第二年的合规工作方案和考核指标中提出要求。每年合规工作的考核验收和结果通报，不仅实现了各企业的经验共享，在增加合规管理水平压力的同时也提升了动力。

（2）在合规管理常态化阶段。

2020 年开始，招商局集团合规管理体系建设由前期的试点工作转化为日常工作，合规管理进入常态化工作阶段。集团通过要求制定合规管理体系建设工作方案、对重点领域和重点项目进行合规检查、对合规工作进行抽查审计、对违规风险进行排查、对违规事项进行追责等方式，持续对下属单位合规管理有效性进行评估。

（四）招商局集团持续推进合规管理体系优化面临的挑战

1. 全员合规意识有待加强

合规管理体系建设虽已初步实现集团全覆盖，但作用发挥有赖于全员合规意识的普及和提高。部分单位和部分管理人员对合规管理认识不到位，尚未树立“合规管理人人有责”“业务部门是合规风险第一道防线”的正确认识，不重视合规部门发出的重大合规风险警示，不注重从源头防控重大合规风险，全员合规意识有待进一步加强。

2. 合规工作力量有待加强

国际国内监管形势的严峻性、合规风险的严重性和集团的快速发展，对企业合规管理工作的前瞻能力、预防能力和救济能力提出了很高要求。招商局集团和下属二级公司虽已设立合规工作部门，配备专职合规工作人员，但现有的合规工作队伍力量弱小，人手过于紧张，工作集中度不够，无法满足合规风险防控的现实需求。此外，由于合规管理在国内尚处于起步阶段，合规领域的外部专业机构较少，且经验不足，不熟悉中央企业的内部管理情况，中央企业很难完全依赖外部机构的工作成果建设适合本企业需求的合规管理体系，加快内部合规专业团队的培养成为一项迫在眉睫的工作任务。

3. 合规管理与经营业务的融合有待深化

合规风险的源头在业务一线，业务部门是管控合规风险的第一道防线，合规管理融入经营业务、发挥作用、体现实效需要企业文化、组织架构、制度流程、人力配置、考核激励的全方位改革，需要在实践中不断探索创新，逐步推进。

4. 合规管理工具和手段亟待提升

招商局集团虽已建立了法务系统合规管理模块，初步实现了内部信息归集，但尚未实现业务合规信息化和智能化管理，与借助专业系统和数字化手段保障合规管理落实的目标仍有很大差距。

5. 合规管理内部协同有待突破

国务院国资委要求加强合规管理与法律风险防范、监察、审计、内控、风险管理等工作的内部统筹和衔接；但在实践中，通过项目联合检查、工作成果共享等方式探索内部协同方式，很难实现质的突破，尚未形成系统成熟的协同工作模式并产生理想的协同效应。

北汽集团合规管理体系建设和优化升级

依法治国是习近平新时代中国特色社会主义思想的重要组成部分，也是党的十八大以来的一项重大战略部署。国有企业是我国国民经济的重要支柱，是落实全面依法治国战略的重要主体。依法治企是提高现代企业经营管理水平的必由之路。管理现代化是实现高质量发展的基础，强化合规管理是北汽集团实现管理现代化的重要基石，也是实现高质量发展的内在要求。但合规管理作为一门新兴的管理实践，大部分企业都在积极探索适用于自己的特色的标准。北汽集团于2014年以戴姆勒入股北汽股份为契机，启动了合规管理体系建设。目前，北汽集团已初步建立起全集团统一适用的、具有一定国际先进性的合规管理体系。同时，合规管理体系不是一个封闭的体系，需要不断适应内外部环境的变化，持续优化以适应北汽集团的战略发展，为集团高质量发展提供保障。

（一）优化合规管理体系的必要性

1. 西方发达国家进一步加大合规监管力度

2008年年底国际金融危机爆发以来，各主要发达国家纷纷加大执法力度。全球监管环境趋严给企业合规经营带来了很大的压力。从各国执法部门的趋势来看，政府在对违规经营加大处罚力度的同时，进一步要求企业履行合规义务，投入资源建立合规管理体系，以防范与应对合规风险。

在经济全球化背景下，各国企业参与全球市场越来越深。在全球市场中，美国作为全球企业重要的市场，其监管环境也是最为严苛。美国凭借强大的综合国力，其国内法律不断国际化，影响着世界各国企业，特别是与之有联系的企业。尤其是美国 FCPA 加大了反腐败执法力度，在贸易限制与出口管制领域进一步强化企业合规，美国司法部引导企业建立有效的合规方案，等等。

英国、法国等国家也纷纷加大合规的推动力度。2011 年开始实施的英国《反贿赂法》将企业在预防贿赂问题上应尽的职责上升到法律义务的层次。要求企业不仅自身要合规经营，而且须对其供应商、合作伙伴、代理等的合规负责。法国《萨宾第二法案》明确要求企业建立合规制度体系。欧盟《一般数据保护条例》（GDPR）要求个人数据保护合规，对于违反 GDPR 的企业，将会被处以全球年营业额的 4% 或者 2000 万欧元的罚款，两者取最高额度进行处罚。GDPR 的颁布意味着欧盟对个人信息的保护及监管达到了前所未有的高度，堪称史上最严格的数据保护法案。

2. 国际组织推动企业强化合规管理

在以美国、英国为代表的发达国家不断强化合规监管力度的同时，联合国等国际组织也在推动企业强化合规。国际组织本身没有执法的权力，但是国际组织通过全球网络对企业开展合规管理体系建设有巨大的推动作用。联合国全球契约组织在积极推动全球企业反对商业腐败；经济合作与发展组织（OECD）促进跨国公司强化合规；国际标准化组织（ISO）为企业建立合规管理体系提供指引，在 2014 年出台了合规管理体系 指南（国际标准 ISO 19600）。

3. 中国政府进一步推动中国企业强化合规管理

党的十九大报告强调，深化国有企业改革，培育具有全球竞争力的世界一流企业。强化企业合规管理正是世界一流企业的软实力。近年来，我国政府部门发布了多个政策法规支撑性文件，中央也多次强调企业强化合规经营意识，建设合规管理体系，提升合规管理能力。

首先，政府相关部门对国有企业建立合规管理体系提出了明确要求。

2016 年 4 月，国务院国资委印发了《关于在部分中央企业开展合规管理体系建设试点工作的通知》，确定中国中铁、中国移动、中国石油、东方电气集团、招商局集团五家中央企业为试点单位开展合规管理体系建设。2018 年国务院国资委正式下发了《中央企业合规管理指引（试行）》文件，要求中央企业建立合规管理体系。

2018 年 12 月 28 日，北京市国资委印发了《市管企业合规管理工作实施方案》（京国资发〔2018〕28 号），在市管企业探索开展合规管理体系建设，拟分步骤实施、分阶段推进市管企业合规管理工作，并选定首旅集团、北控集团、建工集团、北汽集团、京东方 5 家企业开展首批合规管理工作试点，这对北汽集团的合规管理工作提出了新要求。

其次，政府部门对开展境外业务的企业强化合规管理加强引导。

为指导开展境外业务的企业建立合规管理体系，在 2018 年 12 月 26 日，国家发展改革委、外交部、商务部、中国人民银行、国务院国资委、外汇局、全国工商联共同制定下发了《企业境外经营合规管理指引》。该指引要求开展对外贸易、境外投资、对外承包工程等“走出去”相关业务的中国境内企业及其境外子公司、分公司、代表机构等境外分支机构建立合规管理体系。

2019 年 4 月，商务部发布《对外投资备案（核准）报告实施细则（征求意见稿）》，明确要求开展境外业务的企业要对合规管理体系建设情况进行申报。申报合规信息包括 5 个大类：建立合规管理体系、遵守国内法律法规、日常经营活动合规情况、保障员工合法权益、履行社会责任、落实安全责任制度。

最后，国家标准委发布了指南倡导企业建立合规管理体系。

2017 年 12 月 29 日，国家标准委已经把 ISO 19600 作为中国标准加以推进。《GB/T 35770—2017 合规管理体系 指南》作为国家标准，经国家质量监督检验检疫总局、国家标准化管理委员会正式批准、发布，于 2018 年 7 月 1 日起实施。鉴于合规管理的重要性，各国专家正在致力修订这个标准，从自愿性标准提升为认证标准。

4. 强化合规经营是企业健康、可持续发展的必然要求

强化合规经营已成为全球企业发展的普遍共识，是企业防范经营风险、提升自身信用、实现可持续发展的必然要求。强化合规管理不仅有助于企业防范控制合规风险，而且为企业培育全球竞争力、融入全球价值链提供了根本路径。强化合规关系到企业能否实现健康、可持续发展。

企业追求健康、可持续发展愿景的内在发展动力迫切要求企业进一步强化合规管理。在外部环境压力与内在发展动力的双重推动下，各国企业特别是跨国公司，主动强化合规管理，从“要我合规”向“我要合规”转变，把提升合规管理能力与合规文化建设作为企业开展国际竞争的软实力加以建设，并持续不断优化合规管理体系，从而推动了全球企业强化合规管理标准、合规管理体系不断发展。

（二）北汽集团合规管理体系建设实践

1. 北汽集团合规管理体系 1.0 版

以戴姆勒入股北汽股份为契机，北汽集团在 2014 年年底启动合规管理体系建设工作。2015 年，通过调研全集团系统内的合规管理情况，制定了《北汽集团合规体系建设方案及实施计划》，集团总部于年底颁布了《行为准则》《合规管理办法》及《合规举报管理办法》；2016 年，北汽集团下属二级企业全面推进合规管理体系建设，集团总部协助下属公司建立合规管理基本制度，并加强合规宣传贯彻与培训，开展对制度的合规审查、对商业合作伙伴的合规筛查。2017 年 6 月 6 日，为贯彻落实集团“十三五”战略规划和管理大会精神，总结北汽集团合规管理工作和经验，部署下一步合规工作，北汽集团召开了首次合规工作会议，并根据会议精神在会后制订并印发了《北汽集团合规工作实施方案（2017 年）》。以该实施方案为基础，2017 年北汽集团正式成立了集团合规委员会，任命首席合规官，将法律事务部更名为“法律与合规部”，并设置了合规管理中心，制定了中心运行规范，明确了上述机构及人员的职责。指导和协助下属公司明确了法律与合规部门的职责，协助重点子企业设立了合规委员会，设总法律顾问的单位均设置了首席合规官，合规工作有序开展。2018 年，北汽集团合规管理中心人员逐步到位，中心正式运行。

经过多年的不断探索与实践，目前北汽集团合规管理体系 1.0 版初步建立了全集团统一适用的、具有一定国际先进性的合规管理体系。体系确定了合规管理的组织架构及合规委员会、相关部门的职责，北汽集团对下属公司的合规事务管理模式——以直接管理和派出管理为主，以报备管理为辅的合规管理模式，并以 3 项基本制度、20 余项流程表单、先进信息化工具为支撑，通过五大环节的合规闭环运行机制对科学划分的 12 个合规管理领域进行管控。北汽集团的合规管理五大闭环运行机制，如图 1 所示。

图 1　北汽集团的合规管理五大闭环运行机制

北汽集团合规举报流程，如图 2 所示。

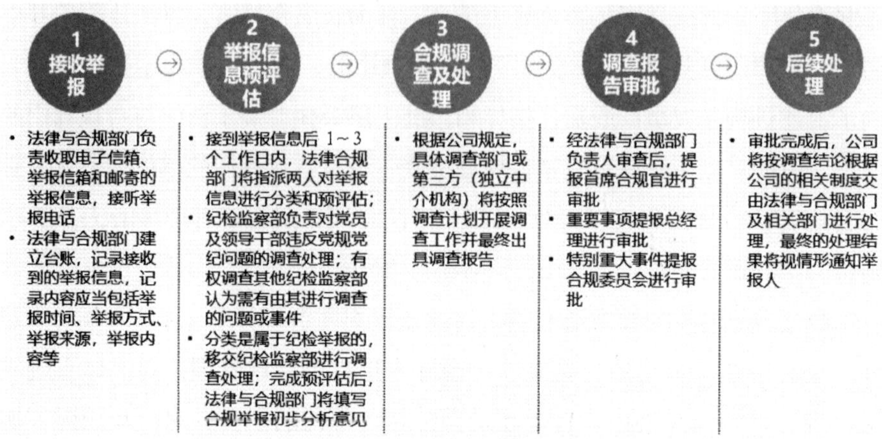

图 2　北汽集团合规举报流程

2. 打造升级北汽集团合规管理体系 2.0 版

经过多年的合规管理探索与实践，北汽集团成为北京市第一家全集团范围内建立合规管理体系的市属国有企业。作为北京市属国有企业合规管理体系建设五家试点单位之一，2018 年年底开始，北汽集团以试点工作为契机，开启从合规管理体系 1.0 向合规管理体系 2.0 蝶变跃升之路。

（1）指导思想。

以习近平新时代中国特色社会主义思想为指导，深入贯彻落实党的十九大精神和市国资委的工作部署，进一步深化改革，全面推进法治北汽建设，切实防范合规风险，有效防止国有资产流失，通过构建全员参与、全程监控、全领域覆盖的合规管理体系，全力打造“北汽集团合规管理体系 2.0 版”，助力北汽集团落实“两个转型”“集团化 2.0”等发展战略，保障北汽集团依法合规进行国际化经营，为北汽集团的高质量发展、打造“百年北汽”提供坚强的支撑和保障。

（2）工作目标。

通过倡导并践行“处处”“人人”“事事”“时时”的合规理念以及“尚法、崇德、博学、敬业”的北汽法律文化精神，采取有效措施，在“十三五”末健全完善北汽集团全面有效的合规管理体系。

（3）工作原则。

一流标准、北汽特色。通过对标借鉴世界一流企业的先进经验，结合北汽集团实际，健全完善国内一流、国际领先的能有效落地的合规管理体系。

全面覆盖、重点管控。坚持将合规要求覆盖各业务领域、各部门、各级子企业及分支机构和全体员工，贯穿决策、执行、监督全过程。对于重点领域、重点环节和重点人员进行重点管控。

有机融合、协同联动。推动合规管理与法务、内控、审计、纪检监察等工作相统筹、相衔接，将合规管理全面嵌入企业规章制度、工作标准及业务流程中，确保合规管理体系与业务有机融合并有效运行。

一体规划、分层推进。集团公司合规管理中心组织健全完善了集团公司合规管理规划，确保每一阶段目标的实现。合规管理的具体工作通过“3个层次”逐级、逐步有效覆盖，并健全完善。

（4）主要任务和具体措施。

健全完善“3个1”“3个3”“2个10”“8+N”的合规管理体系。

“3个1”包括：1个中心，即集团公司合规管理中心；1个模式，即以直接管理和派出管理为主、以报备管理为辅的合规管理模式；1个规划，即集团法律与合规管理的“十三五”规划。

“3个3”包括：“三位一体”的合规管理组织架构，即不仅健全完善了党委会、董事会、监事会及经营层的合规职责，还健全完善了合规管理综合部门、合规专项部门、合规参与部门职责及协同联动机制。有效的合规风险防控的“三道防线”，即业务部门是防范合规风险的第一道防线（业务人员及其负责人应当承担首要合规责任），法律与合规部门是防范合规风险的第二道防线（也是合规管理体系建设的责任单位），内部审计和纪检监察部门是防范合规风险的第三道防线（监督企业整体风险防控措施的有效性）。合规工作逐级完善、全面覆盖的“三个层次”（即从一级企业牵头优先健全完善，给二级企业示范、支持、指导，二级企业再健全完善，之后再覆盖到三级以下企业）。

为保证合规管理的独立性，完善的汇报机制必不可少，因此保障总法律顾问（首席合规官）等合规负责人（未设总法律顾问或首席合规官的，指法律与合规机构负责人，下同）就重大合规事务能直接向董事会（或执行董事）、监事会（或不设监事会的监事）、董事长、总经理（或总裁）汇报的机制，也是在升级打造合规管理2.0体系中重点完成的一项工作；同时，还需要保障下属公司首席合规官等合规负责人就重大合规事务直接向集团首席合规官、集团公司合规管理中心汇报的机制，如图3与图4所示。

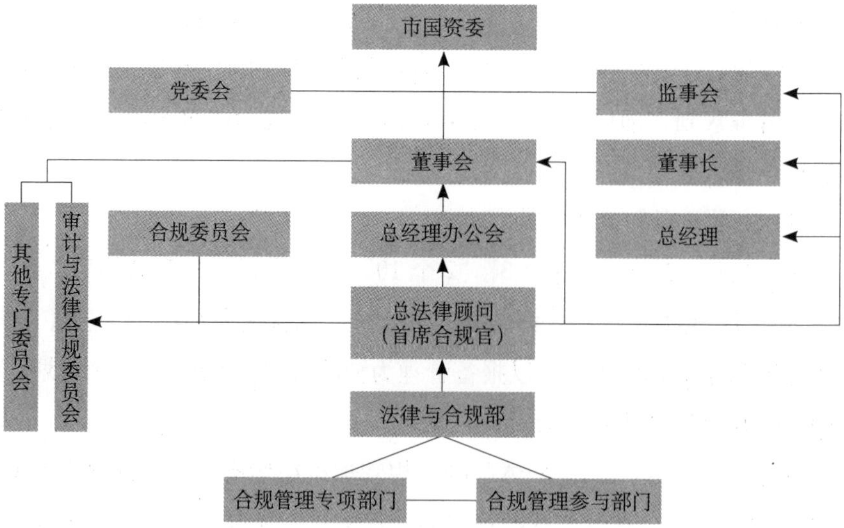

图3　北汽集团合规汇报机制

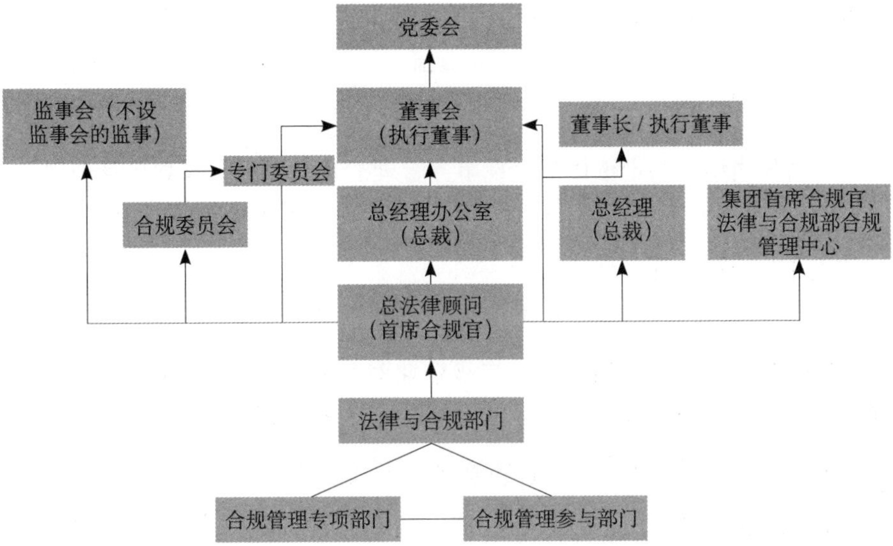

图 4　北汽集团下属公司合规汇报机制

“2 个 10”包括：十大合规管理运行机制及“十统一”的合规管理支撑手段。

为了进一步完善合规管理运行机制，在原有包含五大环节的合规闭环管理体系（合规风险评估、合规风险控制、合规监控、合规宣传及培训、合规监督与改进）的基础上进一步细化为十大合规管理运行机制，包括：合规联席会议机制、合规风险识别和评估机制、合规审查和强制咨询机制、合规风险反馈机制、合规风险嵌入机制、合规举报和调查机制、合规考核评价机制、合规宣传培训机制、合规管理信息化建设机制、合规风险报告和应对机制。

“十统一”的合规管理支撑手段及相关要求，对做好全集团的合管理管理工作是必要的，包括以下几个方面。

第一，统一的法律与合规文化。

倡导并践行“处处”“人人”“事事”“时时”的合规理念以及“尚法、

崇德、博学、敬业”的北汽法律文化精神，做好集团管控中的法律与合规文化管控。

第二，统一的法律与合规管理规划与计划。

集团公司统一制定法律与合规事务管理的“十三五”规划等管理规划，并统一制定、审定集团公司及下属公司的合规管理年度计划，形成集团统一的法律与合规管理计划。

第三，统一的合规管理模式。

集团公司对下属二级企业与二级企业对其所属三级企业的合规管理模式统一，即以直接管理和派出管理为主、以报备管理为辅。

第四，统一的合规人才引进和培养。

统一进行合规队伍的建设和管理，对于下属公司新进合规人员的招聘工作进行统一的指导、协助，并参与笔试、面试，要求其新进合规人员到集团公司法律与合规部进行为期 1 ～ 3 个月的培训。

第五，统一的合规管理职能和职责

集团公司与下属公司的法律与合规部门的基本职能由集团公司统一确定。派出法律与合规人员的职责由集团公司法律与合规部统一确定下发。

第六，统一的合规制度、流程、指引、表单、模板。

集团公司制定的合规管理制度是下属公司制定相应制度的模板，集团公司与下属公司相关合规流程、指引、表单、模板等由集团公司合规管理中心牵头组织统一制定。

第七，统一的合规管理信息化系统。

集团公司及下属公司的合规事务使用同一系统进行操作。

第八，统一的合规专业研究小组。

集团公司与下属公司法律与合规人员按专业形成了 10 余个专业小组，做好前沿理论研究、疑难复杂法律与合规问题的统一解决方案的制定和共享等，培养专业带头人；同时借助统一的经验交流微信共享平台（“北汽法律人”微信公众号、法律与合规专业微信群等）进行知识共享。

第九，统一的合规宣传与培训。

集团公司合规管理中心统一牵头组织开展各类合规宣传与培训工作。

第十，统一的合规外部资源管理。

集团公司及下属公司建立统一的合规管理外部中介机构数据库，统一整合各类资源。

“8+N”是指北汽集团需要重点关注的合规重点领域。在原有 12 个合规管理重点领域的基础上，结合北汽集团合规管理实践、外部法律法规等重新梳理合规管理重点领域，具体分为 8 大领域，并在其中市场交易与境外经营两大领域中进行具体管理内容细分，从而形成了“8+N”的合规重点领域。通过制定相关指引、制定完善相关制度等手段逐步将合规闭环管理及运行机制应用到各重点领域中，使合规管理工作与具体业务相结合并落地实施。“8+N”合规重点领域，如图 5 所示。

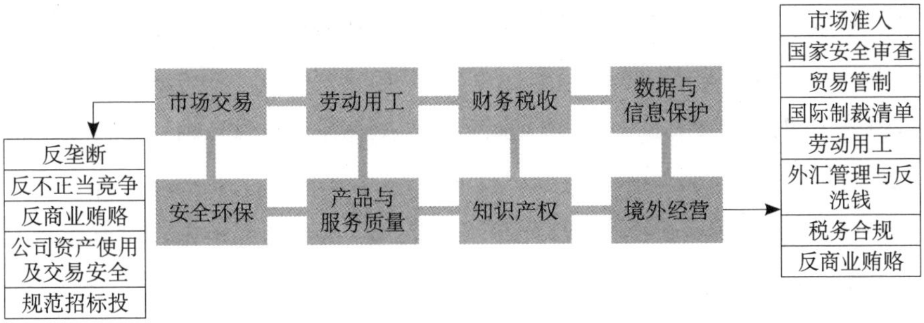

图 5 “8+N”合规重点领域

（三）北汽集团合规管理体系优化升级的保障措施

1. 加强党的领导，把握合规管理体系建设方向

在合规管理体系 2.0 阶段，细化了党组织的合规管理职责，进一步强化了各级党组织对于合规工作的领导、支持。纪检监察部门与合规管理部门将加强协作，在风险管控工作中实现互融互通，明确各自职责定位，形成合力，强化公司业务环节的事前监督、事中把控和事后问责。各下属二级企业也将按照集团的模式，强化党组织的合规管理职责，加强党对于合规管理工作的领导，为建立健全有效的合规管理体系提供坚强有力的保障。

2. 提高思想认识，落实领导责任

在2.0阶段，集团公司及各下属公司主要领导均作为推进本企业合规建设的第一责任人，把合规管理工作作为谋划、部署法治国有企业建设全局工作的重要内容，对工作中的重点难点问题，亲自研究、亲自部署、亲自协调、亲自督办。保证首席合规官等合规负责人正常履职的权利，保证首席合规官等合规负责人能够就重大合规问题向最高层领导汇报，积极为企业的合规建设提供必要的制度、机构、人员和经费等保障。

3. 加强队伍建设，提升专业技能

高标准的合规管理工作离不开一支高素质的合规管理人才队伍，北汽集团制定了统一的集团及二级企业的合规人员的编制规划方案，到2020年年末，全集团一级及二级企业专职合规人员达到69名。该方案获得了集团董事会、市国资委的批准。北汽集团根据方案着手升级打造一支高水平的合规管理人才队伍，选拔一批业务素质高、实践经验丰富的人才充实到合规管理岗位，并将合规管理人员纳入企业管理人才培养体系，做好合规管理人才职业发展规划设计。

4. 完善激励约束机制，落实合规责任

在2.0阶段，北汽集团及各下属公司应将合规管理工作作为重要内容，纳入企业法治建设综合考核评价。对于在合规管理体系建设中做出突出贡献，有效防范重大合规风险，或挽回重大损失的集体或个人，应当予以表彰和奖励。落实问责制度，企业重大经营活动因违规经营而造成重大损失的，追究企业相关领导及相关人员责任。

5. 加强组织协调，保障有效运行

北汽集团及各下属公司应把合规管理体系建设有机融入日常业务，做到“处处”“人人”“事事”“时时”讲合规。各级企业相关领导要全程协调，集团公司合规管理中心根据合规管理相关管理规范，统筹协调各下属公司的合规管理工作，牵头处理全集团的重大合规事务，各相关部门各司其职、各负其责、紧密配合，共同做好合规管理工作。

6. 加强集团管控，强化“十统一”的合规管理支撑手段

合规管理工作应坚持集团管控，在坚持“3 个 1”的同时，强化集团“十统一”的合规管理支撑手段及相关要求，这对做好全集团的合规管理工作是必要的。

（四）结束语

综上所述，企业强化合规管理对于促进企业的依法经营，有效降低企业经营风险具有至关重要的意义。北汽集团在企业经营管理实践中，建立了独具特色的有效的合规管理体系，不断加强企业合规环境控制、强化企业合规风险评估、贯彻实施企业合规培训、强化企业合规监督评价等多种策略组合，推动企业治理体系的完善，推动企业依法合规管理。北汽集团作为北京最大市属国有企业，将继续坚持以大智慧推动新时代企业合规建设，为国有企业高质量发展构筑坚实的根基。

吉利集团持续推进合规管理优化的实践

（一）企业基本情况的介绍

1. 公司简介

浙江吉利控股集团（以下简称吉利），始建于1986年，现已发展成为一家集汽车整车、动力总成以及关键零部件设计、研发、生产、销售和服务于一体，并涵盖出行服务、数字科技、金融服务、教育等业务的全球创新型科技企业集团。现资产总值超过3300亿元，员工总数超过12万人，连续八年进入世界500强企业。

2. 合规是企业文化的核心价值观

吉利长期坚持可持续发展战略，秉承奋斗者文化、问题文化、对标文化与合规文化。

李书福董事长曾说过："在经济全球化的今天，任何的不合规行为，都有可能变成严重的问题，产生严重的后果。做好一个企业很难，毁掉一个企业可能因为某一件小事。所以，做企业必须天天如履薄冰，时刻牢记合规的重要性、法律的严肃性。"

合规是吉利可持续发展的基石，合规管理的意义重大。吉利始终坚持诚实守信、合规经营，力求培育高标准、符合商业道德与合规经营原则的企业文化，以此提高企业软实力，净化企业经营环境并推动合规生态建设，这是吉利合规文化的核心价值观。

（二）企业建立合规管理体系的现状和经验分享

1. 合规管理体系搭建的历程和现状

早在2013年，李书福董事长就提出吉利要着手开展合规体系建设。2014年1月，集团成立合规体系建设领导小组及项目办公室。在北京新世纪跨国公司研究所王志乐教授团队的指导下，2014年9月，发布了试行版的合规体系制度文件，标志着吉利合规体系初步建立。

习近平总书记在2018年11月民营企业座谈会上，提出“民营企业家要讲正气、走正道，做到聚精会神办企业、遵纪守法搞经营，在合法合规中提高企业竞争能力”。吉利依据联合国全球契约组织十项原则，相关国家或地区的法律法规、《GB/T 35770—2017 合规管理体系 指南》、国家相关部委合规管理指引和全球公司合规管理最佳实践等，持续优化，完善吉利的合规管理体系，并逐步发展成现在的运行模式。

（1）组织架构。

在控股集团董事局设立合规委员会，统领集团合规工作。合规委员会主任由控股集团总裁担任，设立首席合规官，纪检、法务、财务、人资、内审和公共关系等分管领导担任委员。合规委员会下设合规办公室，作为其日常办事机构。子集团层面，包括汽车集团、商用车集团、科技集团、铭泰集团（沃尔沃汽车集团相对独立）均建立了完善的合规管理组织。目前，两级合规组织共有专职合规人员50人、合规联络员788人。

吉利实行“大合规”模式，各个业务部门、单位都是合规管理的主体，都具有业务合规风险防控和管理的职能。内审部通过日常审计发现识别合规问题及风险，纪检督察办公室负责查处严重违法违规违纪等腐败问题，内控部负责推进公司资产运营、财务报表的合规，人力部门负责人员招聘、选拔、任用、考核等方面的合规管理工作，法务部门注重反垄断调查、投资并购审查、知识产权保护、反洗钱、贸易制裁及出口管制等法律合规风险，充分发挥各职能部门的合规管理作用和风险防控能力。

（2）制度体系。

依法治企的重要特征是一切经营管理活动必须依法依规进行。吉利严格遵守法律法规、国际条约、监管规定、行业准则、商业惯例、道德规范、企业章程及规章制度等要求，按照“大合规”的理念建立了准则类、管理类、操作类、业务类四个层次的合规制度体系，建立并逐步完善了一整套内部管理制度和流程，如《合规行为准则》《廉洁自律准则及其处分实施细则》《个人信息安全合规管理办法》《合规风险管理办法》《合同管理办法》《知识产权管理办法》《招标管理办法》和《信息安全事件管理程序》等。

（3）管理运行机制。

依法合规工作的根本出发点和落脚点在于通过一整套制度和机制，确保合规管理的有效运行。吉利主要通过合规培训、风险防控、合规考核与合规调查四个方面做好机制的持续运行。

合规培训方面，吉利利用企业大学法学院合规分院健全合规培训体系，这为合规培训提供了有力支持。主要开展了如下工作：一是编制合规分院课程地图；二是开展师课共建培训活动；三是分阶段开发合规课程；四是开展课程评审和讲师认证，2018 年以来，共认证合规高级、中级、初级和助理级讲师 11 批，合计 187 人次；五是开展常态化培训宣传贯彻活动，举办专题合规培训，开展高级管理人员合规培训、合规知识竞赛；六是举办每年的合规文化月活动。吉利控股集团合规培训（2014—2019），如表 1 所示。

表1　吉利控股集团合规培训（2014—2019）

年份	合规推进范围（总员工数）	合规培训（参训员工数）	参训率（%）	培训场次
2014	18411	18063	98.11	–
2015	23405	22680	96.90	–
2016	30113	29357	97.49	513
2017	40472	39570	97.77	752
2018	61074	59584	97.56	1041
2019	60984	60984	100.00	1862

风险防控方面：一是开展重点领域的风险防控。比如开展重大工程建设、国内外差旅、日常费用报销、外来礼品管理、废旧物资管理等专项检查工作。二是开展重点环节的风险防控。比如牵头风险管控部门建立长效联防联控机制，参与重大项目监标工作，组织重大项目中标单位约谈、召开廉洁合规警示教育大会和违规案件通报会。三是开展重点人员的风险防控。比如针对高管人群签订《合同合规承诺书》《合规目标承诺书》，开展关键岗位和中高层干部的利益冲突申报，实施敏感岗位人员交流轮岗，做好特定群体的（拟任用干部、“书福奖”候选人、返聘员工等）合规性审查。

合规考核方面：吉利自2015年建立合规事件上报机制，所属各单位收到违规事件的线索或发生违规事件，在2个工作日内上报集团合规办公室。针对集团调查属实的严重违规事件，年底作为关键事项对所属单位进行年度经营绩效扣分，以此促进违规问题整改和经营管理改善。

合规调查方面：开展违规事件的调查处理。吉利对违法违规员工一视同仁，对腐败行为零容忍，依据法律法规严肃查处，对举报调查有功人员给予奖励。

2. 合规管理的重点领域和经验分享

吉利在合规管理上注重建立长效机制，坚持长期、持续地培育合规文化。

吉利崇尚人人讲合规，时时讲合规，事事讲合规。每年除了组织开展常态化的四级合规培训，以及典型违规案例警示教育活动外，还会举办每年一次的合规文化月进行集中强化教育。

合规文化月，是吉利在2017年提出的，为促进全体干部员工严格践行“廉洁自律、诚实守信、勤勉尽责、团结协作、高效透明”的合规要求，培育自觉的合规文化，由董事局合规办公室统筹、所属各单位协同、全体干部员工参与的系列合规活动。比如，举办合规知识竞赛、组织合规案例研讨、开展风险地图梳理、实行网上实名考试、制发合规宣传视频、走访优秀企业进行对标、参观地方廉政教育基地、讨论热点合规话题、推送合规电脑屏保、开展合规检查调研等。

合规文化月举办以来，收到了很好的效果，成为吉利合规工作的一个亮点，也被视为吉利人合规文化的一种传承。随着吉利合规工作的深化和发展，每年的合规文化月也被赋予新的主题。比如，2017年是“合规人人有责，合规创造价值”；2018年是“强化合规意识，打造一流企业”；2019年是“强化合规理念，助力企业发展”；2020年是“强化合规竞争力，打造世界一流企业”。

六年来，吉利不断探索合规文化建设，并将其作为一项长期工作任务，合规管理工作让吉利尝到了甜头，极大地提高了企业内部的运营效率，让更多的商业伙伴愿意与吉利开展合作，为吉利拓展业务增添了一张通行证。

董事长说，“我做合规是发自内心的，不是为了应景，不是为了给别人看，企业要想走得远，必须依法合规”，“合规就像在高速公路上开车，要想安全跑得快，就必须遵守交通规则”。董事长平时说的最多的两个关键词，一个是“合规”，一个是“人才”。仅在2018年，董事长在公开场合讲合规就达14次。2018年5月，李书福董事长亲书长文向改革开放40周年致敬，他总结了吉利30多年实践与探索的4条经验，其中最后一点谈到“企业长期可持续发展的前提必须是依法合规、公平透明，必须以人为本，合作共赢”。2019年集团经营工作大会上，董事长进一步阐述了依法合规和每一个人切身利益之间的关系；2020年中期经营工作大会上，董事长强调要以合规经营的确定性应对国际监管规则变化的不确定性，只有依法合规、公平透明，企业才能行稳致远。

领导重视，不仅仅是指吉利的最高领导，也包括下属各级子公司、各个部门、各层级的领导。2019 年合规文化月期间，共有 48 家子公司的负责人参与合规活动 96 次。重视合规不能只停留在口头上，而是要真重视、真关注、真支持，要体现在决策上、行动上、工作上，要带头学习合规、宣传合规、践行合规，既要做到自己合规，也要带动下属合规。

吉利不仅主张加强自身合规文化建设，还致力于促进产业链合作伙伴的合规生态共建，在合同中设置“诚信自律特别条款”，约定双方不得进行贿赂或者其他形式的违规行为，否则将按合同承担违约责任。在供应商合作大会上明确宣讲了吉利诚信合作的要求，在供应商管理体系中实行违规黑名单的管理机制。

（三）企业开展合规管理有效性评估的实践做法

1. 开展合规管理有效性评估的范围和内容

根据《GB/T 35770−2017 合规管理体系 指南》以及国家有关部委的合规文件要求，吉利委托北京新世纪跨国公司研究所对合规管理体系进行了全面评估。

在深入调研和广泛征求集团内部职能部门、业务部门以及子公司等单位意见基础上，董事局合规办公室提请集团合规委员会审议，经董事局批准，对四个方面的重点内容进行了修订，包括：完善合规组织架构，进一步提升合规在企业管理中的重要地位；明确合规部门的职能，进一步明晰合规与纪检、内审、内控、法务等部门的职责边界；优化合规考核办法，进一步建立与企业发展相适宜的评价机制；规范合规调查程序，进一步建立权责分离的企业监管体系。

2. 开展合规管理有效性评估的方法和程序

项目评审的总体思路是以国内外最新的合规标准和指南为依据，同时以全球企业最佳合规管理实践为指导，结合吉利合规管理实践遇到的实际问题，确定项目目标，成立项目工作组，制定项目方案。

（1）确定项目目标。

• 精准地界定合规的定位、功能、地位，促进合规管理能力螺旋上升；

• 精确地把握风险防控部门与业务部门的工作重心，处理好合规与效率的关系；

• 理顺合规部门与其他风险防控部门的职责，处理好“小合规”与“大合规”的关系；

• 优化合规管理组织架构和人员配备；

• 完善合规制度体系；

• 建立高效的合规运行机制。

（2）成立项目工作组。

为确保此次评审工作取得实效，成立吉利集团合规管理体系评审项目工作领导小组和推进小组。

领导小组组长由吉利控股集团总裁、吉利控股集团合规委员会主任担任，副组长由首席合规官和北京新世纪跨国公司研究所所长担任，控股集团合规委委员任组员。

领导小组的职责包括以下几个方面。

• 全面领导项目推进工作，对项目方向和目标提出指导意见；

• 审核、批准项目总体方案；

• 协调内部资源，提供项目实施资源保障和支持措施；

• 掌控项目实施总体进度，评审项目成果的适用性，推动项目成果的转化。

• 推进小组组长由首席合规官担任，副组长由合规办公室负责人担任。

推进小组的职责包括以下几个方面。

- 负责制定项目的总体方案，报经领导小组批准后推进实施；
- 负责项目的立项有关工作；
- 负责项目推进过程中有关事项的组织、协调、实施；
- 负责定期向领导小组汇报项目进展情况；
- 负责项目评审成果的实施和应用。

合规体系评审项目实施以来，吉利首席合规官带领项目团队开展合规访谈工作，主要面向控股集团董事局领导、合规委员会委员、经管会领导、集团副总裁、总部职能部门负责人、子公司总经理等合计 76 人。

经过 4 个多月的走访面谈，经过汇总、提炼、分类、总结谈话纪要，形成吉利合规管理体系评审报告。

（3）制定项目方案。

一是准备阶段。

- 制定项目总体方案，并报请领导小组批准后实施；
- 与北京新世纪跨国公司研究所接洽，明确项目实施方案；
- 做好项目立项和合同签订等有关工作。

二是实施阶段。

- 配合专家组做好项目推进过程中的联络、协调、资料提供等支持保障工作；
- 对内做好与其他风险防控部门的沟通、协调并获得支持；
- 开展合规访谈工作；
- 定期向领导小组汇报项目进展情况。

三是成果转化和项目总结阶段。

- 项目成果整理、汇总；
- 落实成果转化及应用。

3. 开展合规管理有效性评估中遇到的问题

近年来，随着吉利一系列并购的推进，吉利在全球越来越多的地区开展业务。从吉利管理层的结构来看，越来越多的具有国际企业任职背景的专业人才担任重要业务的负责人；从吉利转型的定位来看，吉利已经不满足做一个传统的汽车制造商，而是向以创新为引领的科技型企业转型，这些变化给合规管理提出了更高的要求，带来了更大的挑战。

在高级管理人员的实际访谈中，基于每位领导的职业经历、分管领域以及对合规的认知，都对现阶段合规工作提出了合理化意见和建议，并对未来合规工作提出了更高的期望。

（四）评估后持续推进合规管理体系优化的措施

1. 促进合规管理体系优化的计划制定

根据调研反映的情况，吉利历年来的合规管理实践基本上按照合规工作目标在不断推进落实，所属各部门、公司也在不断地探索合规管理新形式、新内容，但仍面临着合规管理跟不上业务拓展的速度，满足不了业务发展的高质量要求的挑战，还存在一些宏观和微观的具体问题。

据此，项目组根据评审意见，开展了合规制度修订、合规职责梳理等优化工作。除了内部研讨、征求意见，项目组还走访了优秀企业对标合规管理经验。

2. 促进合规管理体系优化的组织实施

集团首席合规官带领项目成员对标华为、中兴、大疆等优秀企业，学习他们先进的合规管理经验，并组织开展了与西门子、微软、戴姆勒、沃尔沃、BP 等公司的专项合规交流活动，还参加了全国企业合规委员会主办的各类会议和论坛，为修订合规制度体系提供了有益借鉴。

为了更好地适应与支持吉利的全球化发展，吉利的合规制度体系需要适应外部监管环境的变化不断更新、迭代。根据《GB/T 35770—2017 合规管理体系 指南》，通过修订删减、整合、新增与修改，形成三个层次共 15 个制度。第一个层次是准则类，适用于全体员工的“合规行为准则”；第二个层次是合规管理制度类；第三个层次是合规管理操作办法，适用于合规系统管理人员，进一步指导和规范合规管理人员开展具体的合规业务。

董事局合规办公室就优化成果提请控股集团合规委员会审议，主要有四个方面的内容：完善合规组织架构，进一步提升合规在企业管理中的重要地位；明确合规部门的职能，进一步明晰合规与纪检、内审、内控、法务等部门的职责边界；优化合规考核办法，进一步建立操作可行的评价机制；规范合规调查程序，进一步完善监管体系。

2019 年 1 月 18 日，吉利董事局发布《浙江吉利控股集团有限公司合规管理制度汇编（2019 版）》，即 2.0 版本；吉利董事局对合规办公室组织架构进行了调整，明确了职能职责。

3. 促进合规管理体系优化的持续改进

李书福董事长在集团高级管理人员述职述廉会议上明确了吉利的合规管理使命：“依法合规是我们实现理想的生命线，如果离开依法合规，我们一切理想都将成为泡影。主要领导模范合规、中层骨干自律合规、全体员工学会合规，通过依法合规的管理，持续为用户创造价值，持续提高员工素养，不断提升公司的运营效率与可持续发展能力，合规管理的目的不是为了降低公司的运营效率，而是为了提高公司的竞争力。”

吉利的合规管理体系严格执行国家标准，注重合规管理的有效性和持续性，坚持三年体系一评审、三年制度一优化，坚持以合规经营的确定性应对国际监管规则变化的不确定性，为企业的发展保驾护航。

中兴通讯反贿赂合规管理的有效性评估

（一）反贿赂合规有效性评估的实践探索

1. 反贿赂合规有效性评估的依据

中兴通讯在进行企业反贿赂合规管理的有效性评估方面主要参照《ISO 37001: 2016 *Anti-bribery management systems-Requirements with guidance for use*》（以下称《ISO 37001 反贿赂管理体系指南》）和美国司法部发布的 *Evaluation of Corporate Compliance Programs*（以下称《企业合规方案评估》）。

《ISO 37001 反贿赂管理体系 指南》是国际标准化组织（或称为 ISO）于 2016 年 10 月专门针对反贿赂管理体系发布的可认证的管理标准。该标准在 4.5 风险评估、5.1.1 治理机构职责、5.1.2 高管职责、6.1 活动规划、7.2.1 专业能力、7.3 意识和培训、7.5 文档保存、9.1 持续监督、9.2 内部审计、9.3 管理层审阅、10.2 持续提升中都涉及了体系有效性的要求，也即 ISO 37001 是一个围绕体系有效性进行全流程端到端闭环指引和验证的反贿赂合规管理标准。

美国司法部（或简称 DOJ）在长期的反海外腐败执法方面积累了丰富的经验，譬如率先发布 *A Resource Guide to U.S. Foreign Corrupt Practices*

Act（以下称《美国反海外腐败法信息指引》），翔实透明地传达美国反海外腐败执法观点，开创性地发布 *Corporate Enforcement Policy*（以下称《公司执法政策》），鲜明地提出减刑的执法条件，开辟 Opinion Release 针对企业咨询的具体事项的合规性问题，出具对个案具有执法效力的意见书。美国司法部在此基础上，又发布和持续更新《企业合规方案评估》文件。检察官在决定对企业和解或起诉与否，具体罚款金额和公司刑事和解中的合规义务（如施加监察或汇报义务）时，需要判断企业违规和起诉或和解时的合规体系有效性，《企业合规方案评估》旨在帮助监察官判断企业合规体系是否有效时给予指引支撑。[①]因此，《企业合规方案评估》是美国司法实践中一个公司合规体系有效性评估的规范性文件，具有很强的实务指引性，甚至对于一些受美国司法管辖的公司来说也具有一定的法律规范性。

2. 实践中对有效性的界定

有关有效性，公司结合上述文件做了进一步的界定。

在《ISO 37001 反贿赂管理体系指南》术语和定义部分对有效性做了简明扼要的定义，即有效性（effectiveness）是指规划活动和目标的实现情况[②]。放在企业具体的语境中，体系有效性可以做如下解读。

体系有效性评估
- 规划活动：企业建立、执行、维护、审阅和提升其反贿赂管理体系以预防、监控和应对贿赂
- 规划目标：遵守反贿赂法律，履行与其业务相关的自愿性承诺

① *Evaluation of Corporate Compliance Programs*，2020 年 6 月，第 1 页。

② *Anti-bribery management systems-Requirements with guidance for use*，2016 年 10 月，第 3 页。

《企业合规方案评估》则从三个层面逐层递进来评估公司合规体系的有效性：其一，公司合规体系是否设计良好？其二，合规体系是否有效实施？其三，合规体系是否实际有效？

《ISO 37001 反贿赂管理体系 指南》规划活动可以拆解为规划和活动两个方面，因此，从这个维度可以认为，ISO 37001 考察的合规体系有效性是对合规体系的规划、活动和目标的实现情况，本质上和《企业合规方案评估》的设计、执行和成效的有效性检查是一致的。

为避免踏入体系有效性评估的误区，需要强调，反贿赂体系的有效性并不意味着违规行为的零发生。《ISO 37001 反贿赂管理体系 指南》并没有在内部合规审计发现中要求零缺陷①，也没有在合规调查中要求零违规②，而是要求对不符合项进行及时应对和必要的整改，并保持持续提升③。《美国反海外腐败法信息指引》则更加直接地指出，美国司法部和证券交易委员会（或简称 SEC）都认为“没有一个合规体系能够防止公司员工的所有犯罪行为”“公司没有阻止单一违规行为并不意味着它的合规体系失效”④。2020 年 6 月，美国司法部在《企业合规方案评估》中，专门基于该考虑对相关表述进行了修订。在 2019 年 6 月版本的《企业合规方案评估》中规定：“基于风险评估妥善制定的合规体系，将适当的注意力和资源投入高风险交易，即使该体系未能防止低风险领域的某项违规行为，检察官也可以相信该合规体系的质量和有效性，并考虑作为从宽处理的因素。”⑤在 2020 年 6 月的版本中，美国司法部专门删除了“低风险领域”，进一步表明美国司法部对合规体系有效性的判定原则，即不以存在违规行为直接否定合规体系的有效性。我们可以在西门子的案件中看到这一原则。西门子在被美国监

① *Anti-bribery management systems-Requirements with guidance for use*，第 18 页。
② *Anti-bribery management systems-Requirements with guidance for use*，第 19 页。
③ *Anti-bribery management systems-Requirements with guidance for use*，第 21—22 页。
④ *A Resource Guide to U.S. Foreign Corrupt Practices Act*，2020 年 7 月，第 57 页。
⑤ *Evaluation of Corporate Compliance Programs*，2019 年 4 月，第 3 页。

察期间曾发生贿赂事件，但西门子基于其反贿赂合规体系及时发现了相关违规行为，并快速终止了相关交易，开除了相关员工并整改了体系的缺陷，最终被认定其体系是有效的。

因此在评估体系有效性时，需要避免变成评估完美的合规体系。正如《美国反海外腐败法信息指引》所说的，“如果合规体系经过谨慎设计、认真执行和恰当实施，公司的合规体系——无论组织大小——将使企业能够基本防范违法行为，发现发生的违法行为并及时和适当地对其进行补救”[①]，这是评估体系有效性时需要持有的务实态度。

3. 有效性评估的范围确定

从狭义的范畴上看，内部审计的工作目标就是评估反贿赂合规管理体系有效性。从广义的范畴上看，不仅仅在合规审计时需要评估体系有效性，在众多的合规建设节点都有有效性评估的要求，例如，每一次培训完成，都需要通过测试和调研的方式来评估培训是否有效，风险评估中也有对控制有效性的评价。鉴于《ISO 37001 反贿赂管理体系指南》和《企业合规方案评估》对体系有效评估的全流程端到端闭环的特点，本报告也将从广义的范畴去介绍中兴通讯反贿赂合规管理体系的有效性评估，包括但不限于风险评估、培训效果验证、持续监督、合规审计和对标差距分析等。

4. 有效性评估的方法

风险评估、培训效果验证、持续监督、合规审计和对标差距分析可能交叉使用一些共同的方法或有其特有的方法，我们在此做一个简要的介绍。体系有效性评估通用方法，如表 2 所示。

---

① *A Resource Guide to U.S. Foreign Corrupt Practices Act*，2020 年 7 月，第 58 页。

表 2　体系有效性评估通用方法

编号	检查方法	方法描述
1	文档审阅	指评估人员对纸质、电子或存储于其他介质的记录或文档或文件进行审阅（包括政策和抽选的样本），以确认合规管理的政策和执行情况。文档审阅是最常用的有效性评估方法
2	问卷调查	通过发放调查问卷的方式，在较大的范围内获取被评估单位员工对反贿赂风险及管控现状的理解、意识和期望
3	互动式研讨 / 头脑风暴	该术语经常用来泛指任何形式的小组讨论。通过组织研讨，针对部分待讨论或不确定的风险和风险评估结果进行深度讨论，刺激并鼓励一群知识渊博的人畅所欲言，以发现潜在的失效模式及相关危险、风险、决策标准及 / 或处理办法
4	观察	指评估人员在现场查看正在进行的活动或实施的程序。该方法通常用于（但不限于）： （1）检查流程在执行过程中的实际操作，以及流程执行人员对现有政策的遵循情况 （2）测试合规管理相关系统的应用控制有效性
5	穿行测试 / 随机抽样	为验证合规政策、规范和合规内部控制的执行一致性，评估人员应当执行穿行测试 / 随机抽样理解实际合规管理流程的运作方式，并确保在设计层面的有效性
6	数据分析	指评估人员使用数据分析工具，通过预先设计的合规风险指标，对财务或交易数据进行分析，以识别异常趋势或存在潜在合规风险的数据
7	重新计算	指合规检查人员对记录或文件中的数据计算的准确性进行复核。该方法适用于各类型的计算复核，例如检查对第三方的付款金额与合同约定条款是否一致、人员奖金计算是否按照公司既有政策进行等

续表

编号	检查方法	方法描述
8	询问 / 访谈	以书面或口头的方式，向被检查方询问或通过访谈获取与合规检查相关的信息。该方法通常用于（但不限于）： （1）非样本测试[①]的合规检查，例如对被检查单位的合规管理现状、员工合规意识、整体合规文化等进行检查 （2）获取未被书面记录的信息或陈述 （3）就潜在的或未经证实的信息，获得被询问人的进一步确认 （4）获得被询问人员对特定事项（如流程违规，或潜在的不合规事件）的解释或陈述
9	分析程序	指合规检查人员使用数据分析工具，通过预先设计的合规风险指标，对财务或交易数据进行分析，以识别异常趋势或存在潜在合规风险的数据。该方法通常用于（但不限于）： （1）检查前的抽样工作，以选取存在潜在合规风险的样本 （2）实时的合规监控，针对异常趋势或数据制订对应的专项审计计划
10	外部信息获取	指合规人员通过公开信息查询、外部访谈、外部走访、调研等方式，从公司外部获取与检查内容相关的信息、证据或相关人员的陈述，以在合规检查中获得更全面的信息

（二）中兴通讯反贿赂合规管理体系的设计和执行

1. 反贿赂合规管理体系八要素

中兴通讯反贿赂合规管理体系包含八要素，如图 6 所示。

① 非样本测试是指不通过审阅和测试（testing）的方式进行合规检查，通常在获取被检查人员或单位对于特定合规问题的陈述或意见时使用。

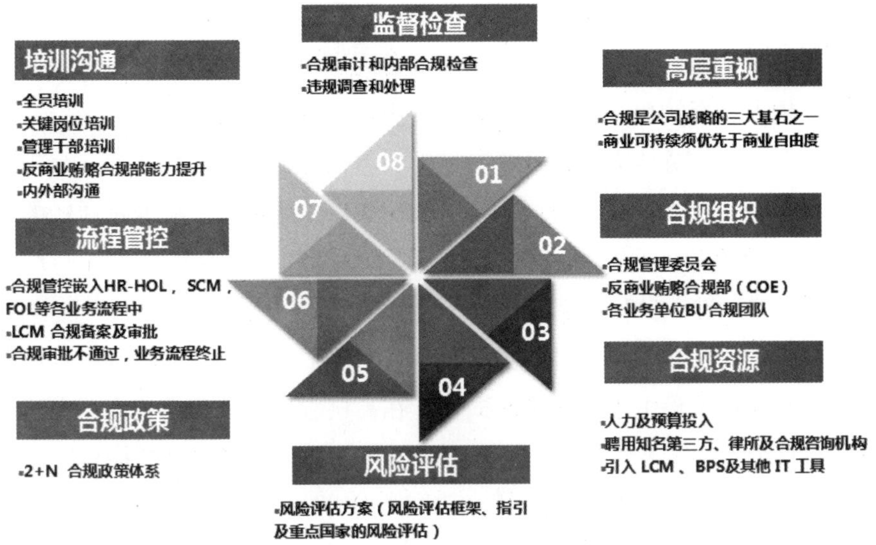

图 6　中兴通讯反贿赂合规管理体系八要素

中兴通讯反贿赂管理体系由八要素组成，对标反贿赂管理体系指南 ISO 37001 建立了一套完整的合规体系，并通过不断地执行、审查和提升，持续优化体系的有效性。

（1）高层领导的高度重视。

合规是公司战略的三大基石之一。中兴通讯战略路径分为恢复期、发展期和超越期。中兴通讯坚守合规经营、合规创造价值，秉承“敬畏规则、开放心态、专业做事”的理念。具体说来，在恢复期，守护价值，设定公司合规红线，并将合规嵌入业务流程，实现子公司穿透管理；在发展期，协同发展，完善合规规则，有效宣传贯彻，营造合规文化，促进执行落地，强化合规稽查，实现闭环管控；在超越期，带来增值，树立合规标杆，创建合规品牌，致力于构建与公司业务实践相一致的一流合规管理体系。

中兴通讯所有的规则都以商业可持续作为最优先保障，“在安全的前提下追求效率最大化、管理最优化”，以更好地守护中兴通讯客户、商业伙伴、股东、员工及利益相关方的利益。

中兴通讯高层管理人员根据《合规管理委员会章程》的议事规则和流程参与合规规划、重要规范文件和重大合规事项的决策及建议。中兴通讯高层管理人员直接对其所管辖业务的合规性负责，同时在合规意识提升和文化培养方面，身体力行，直接参与下属单位的合规培训和沟通。合规管理组织有任何合规事项，也可直接向公司高层领导汇报，有非常通畅的沟通渠道。2020 年 6 月 9 日，公司发布了《高级管理层合规行为准则》及《行为指引》，进一步明确管理层承诺的具体行为标准。

在资源投入方面，公司高层领导明确指出，公司对各部门合规运作所需的经费支持不设上限，按需求提报。在高层领导的大力支持下，中兴通讯的合规组织专职人员在 2018 年快速达到千分之六的比例，并持续优化。

（2）健全的合规组织。

对于贿赂风险的识别、防范和应对，公司员工人人有责。其中，各业务部门是识别、防范和应对贿赂风险的第一道防线，专门的合规组织是第二道防线，而合规稽查部是独立的第三道防线。在贿赂风险管理方面，各角色和职责的划分，如图 7 所示。

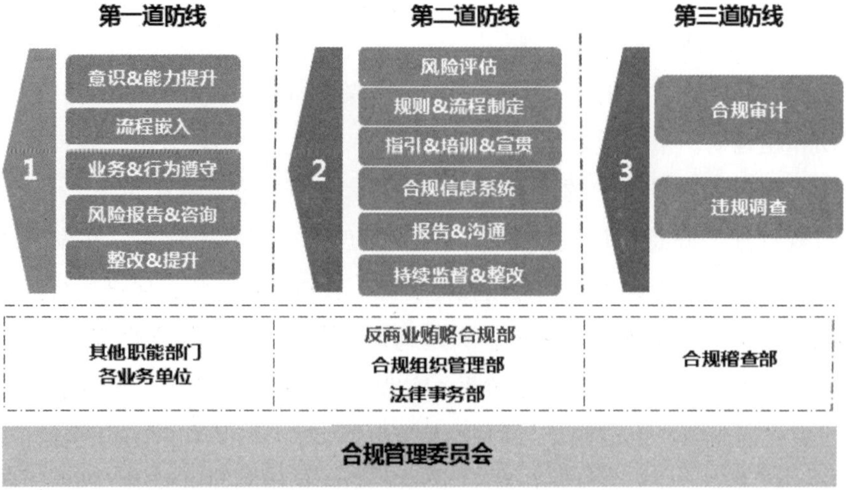

图 7　中兴通讯反贿赂合规管理三道防线

在具体开展合规工作时，公司将计划（Plan）——执行（Do）——检查（Check）——处理（Act）（全流程简称 PDCA）转化为“合理的规则→有效的宣贯→坚决的落地→有力的稽查”的闭环管理，形成了合规业务和管理的双循环。

（3）充分的资源投入。

在公司持续的资源投入下，公司反贿赂合规组织得到持续加强。在专家中心（Center of Expertise, 以下简称 COE）层面，公司反商业贿赂合规部引入多名在风险评估、尽职调查、反贿赂体系建设、持续监督等方面有着丰富经验的资深专家；在 BU 合规团队层面，公司大量吸收有丰富业务经验的人员 100 多人加入，同时将 100 多人的法务团队一并纳入一体化合规组织，并且在业务一线进一步设立了合规联系人，为公司的合规体系建设打下坚实的人才基础。

公司已引入并持续优化法律及合规管理系统（Legal & Compliance Management，以下简称 LCM）、商业伙伴扫描系统（Business Partner Screening，以下简称 BPS）等 IT 系统和工具，大大提升了公司合规管理的幅度、效率和水平。

此外，公司还长期与知名的律师事务所、会计师事务所和其他咨询机构保持合作，为公司合规工作提供及时、准确的专业服务。

（4）系统的风险评估。

反商业贿赂合规部和 BU 合规团队每年定期开展相关地区或领域的风险评估，不断刷新公司风险库，及时、准确地根据实际业务变化和风险变化调整合规管理策略和措施，坚决落实以风险为导向的合规管理原则。

在风险评估过程中，采取文档审阅、数据分析、访谈、问卷调查、头脑风暴等方式，综合考虑业务规模、商业模式、营业地、交易主体、交易类型、对商业伙伴的使用、政府关系、当地习俗等相关因素，尽可能全面、准确地评估实际的合规风险，最终形成风险评估报告，将风险评估结果与相关经营单位充分沟通，协调实施针对该地区或该领域实际情况的相应的政策、规范和流程。

（5）全面的合规政策体系。

中兴通讯对标反贿赂管理体系指南 ISO 37001，结合自身实际，发布了全面的反贿赂合规政策体系，并定期进行维护，如图 8 所示。

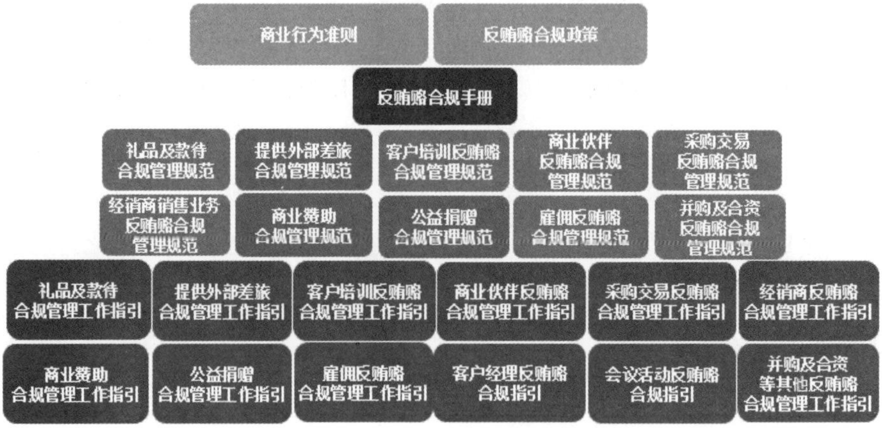

图 8　中兴通讯反贿赂合规政策体系

（6）有效的流程管控。

根据风险评估情况，公司在合规管理规范中设置了相应的管理流程、措施和要求。在落地过程中，通过 LCM、团队协作管理系统（Team Share，以下简称 TS）等系统设立合规审批流程，同时将合规审批流程嵌入公司的销售、采购、财务、雇佣和投资等业务及 IT 流程，确保合规管控实际贯穿于业务活动全过程的主要节点之中。合规审批流程不通过，相关业务不得继续进行，除非消除相关的禁止性合规事项或风险信号。中兴通讯合规流程控制，如表 3 所示。

表 3　中兴通讯合规流程控制

重大风险领域	法律合规	业务需求单位	供应链	工程服务	人事	财务
礼品及款待	LCM合规审批	LCM合规审批	/	/	/	FOL支付审核
提供外部差旅	LCM合规审批	LCM合规审批	/	/	/	FOL支付审核
客户培训	ECC合同评审	合同执行	/	/	合同执行	FOL支付审核
商业伙伴	LCM & SRM审批	LCM & SRM审批	SRM审批	SRM审批	/	/
采购交易	LCM & SCM & TS会签审批	LCM & SCM & TS会签审批	SCM审批	TS会签 & ECC审批	/	FOL支付审核
商业赞助	LCM合规审批	LCM合规审批	/	/	/	FOL支付审核
公益捐赠	TS会签审批	TS会签审批	/	/	TS会签审批	FOL支付审核
雇佣	合规监督和检查	HOL合规审批	/	/	HOL合规审批	/
并购及合资	尽职调查	TS会签审批	/	/	/	/
政治献金	严格禁止	严格禁止	/	/	/	严格禁止
疏通费/通融费	严格禁止	严格禁止	/	/	/	严格禁止
索取贿赂	严格禁止	严格禁止	/	/	/	严格禁止
支付敲诈勒索款项	例外情况	例外情况	/	/	/	FOL支付审核
援助东道国	例外情况	例外情况	/	/	/	FOL支付审核

（7）全方位的培训与沟通。

培训宣传贯彻是中兴通讯构建反贿赂管理体系的重要一环。为提升全员反贿赂合规意识和能力，中兴通讯定期向全员开展基于风险的反贿赂合规培训，并向新员工、管理层、合规团队、营销、财务、采购、HR 等重要岗位人员以及外部商业伙伴提供专项培训。与此同时，中兴通讯还通过内部邮件、LCM 系统、MOA 等定期向员工提供相关法律法规、案例及公司政策的宣传贯彻，并在中兴 E-learning 平台开通线上的培训和考试。

公司于 2019 年向全员开展反贿赂合规意识培训，学习人数逾 6.4 万人。

公司于 2019 年要求全员签署《反贿赂合规承诺函》，完成率达 99.95%。

同时，中兴通讯也会在内外部环境变化、合规政策更新、业务或地区的重要业务活动开展等重要环节上向员工开展专题宣传贯彻。

公司呼吁全体员工及其商业伙伴，能够与中兴通讯一道，秉持对贿赂的“零容忍”态度；倡议商业伙伴，能够与公司携手，保持充分的合规交流和分享，共同打造诚信、透明、廉洁的合规生态圈，共享合规给企业健康经营与可持续发展创造的价值。

（8）持续的监督与改进。

反商业贿赂合规部和BU合规团队对体系设计和执行的有效性开展持续监督，对缺陷和不足项进行自我整改；同时，合规稽查部根据年度计划定期开展合规审计，以发现体系缺陷和不足，并督促完成整改。对于通过举报线索或审计发现识别到的潜在违规行为，合规稽查部按照相关流程和要求进行调查，并根据调查结果，做出是否采取纪律处分措施的建议。

2019年至今，中兴通讯共对8名员工基于其违反公司反贿赂合规政策、规范、流程等要求，给予不同程度的处罚（主要是内部通报批评或诫勉谈话）。

（三）中兴通讯反贿赂合规管理体系有效性评估实践

中兴通讯反贿赂合规管理体系有效性评估分为两个维度：一是公司自我评估，二是第三方独立评估。

1. 公司自我评估

2016年10月，《ISO 37001反贿赂管理体系 指南》发布后，中兴通讯邀请外部咨询机构对公司的反贿赂合规管理体系进行了全方位的差距分析，并发布了相关审阅报告。基于该报告发现，立足于公司的八要素，对其中存在的缺陷和不足进行了全方位的整改。

2019年，随着第二道防线的持续监督机制和第三道防线的合规审计机制的建立和有效运转，有效性评估顺利进行。当前主要是基于持续监督和合规审计进行合规管理体系的有效性评估，同时常态化开展的风险评估也是从风险管控有效性的维度来评估体系的有效性。

最后，公司着手对《企业合规方案评估》进行对标性评估。

（1）风险评估示例。

中兴通讯2020年上半年风险评估结果，如表4所示。

表 4　中兴通讯 2020 年上半年风险评估结果

类别	风评单位	风评对象	风险评估结果			需提升风险项	提升建议数
			低风险	中风险	高风险		
风险评估	某事业部	Q 国子公司	51	0	0	1	1
	某事业部	R 国子公司	48	3	0	3	4
	五营	S 国子公司	51	0	0	0	0
		T 国子公司	51	0	0	3	4
		U 国子公司	46	5	0	7	22
合计			247	8	0	14	31

2020 年上半年反商业贿赂合规部对 5 个国家开展了风险评估工作，对每个风评国家的 51 个贿赂风险项均进行了风险评估，并分别进行了低、中、高风险的风险评级，在相关风险评级工作中共发现需进行提升的风险项合计 14 项，相关的提升建议共 31 项。风险项主要体现在商业伙伴管理、合规培训与沟通、市场活动的开展以及部分国家可能面临的索贿风险等领域，建议业务单位需对这些领域的反贿赂合规风险情况予以重点关注。

（2）持续监督示例。

持续监督是由合规第二道防线开展的体系有效性评估，由反商业贿赂合规部和 BU 合规团队承担。

2020 年上半年，由 BU 合规团队主导完成 7 个经营单位的持续监督工作，共发现 33 项缺陷或不足项；反商业贿赂合规部主导完成 9 个经营单位的持续监督工作，共发现 20 项缺陷或不足项。综上，合计发现缺陷或不足项共 53 项，主要分布在合规培训与意识、礼品及款待、商业伙伴及采购交易、商业赞助等领域，都按照计划完成整改。中兴通讯 2020 年上半年持续监督发现，如表 5 所示。

表 5　中兴通讯 2020 年上半年持续监督发现

检查类别	检查单位	检查对象	问题发现项
BU 合规自查	某事业部	A 国子公司	6
		B 国子公司	4
	某事业部	C 国子公司	5
		D 国子公司	6
	某事业部	E 国子公司	3
	某事业部	F 国子公司	2
	某事业部	G 经营单位	7
合计			33
反贿赂合规内部检查	某事业部	H 国子公司	1
	某事业部	I 国子公司	2
	某事业部	J 国子公司	3
		K 国子公司	3
	某事业部	L 国子公司	1
		M 国子公司	3
		N 国子公司	4
		O 国子公司	2
		P 国子公司	1
合计			20

53 个缺陷或不足项中，礼品款待相关的合计 33 项，合规培训与意识相关的合计 10 项，商业伙伴及采购交易合计 7 项，商业赞助合计 3 项。从问题项的业务类型分布来看，目前问题项主要集中体现在礼品款待上，业务单位须加强关注礼品款待领域的合规问题。

经过对发现的问题项进行原因分析，问题项主要分为以下三大类：执行缺陷与不足 27 项、体系政策缺陷与不足 2 项、潜在违规事项 24 项。现阶段的问题项主要体现在执行层面上，业务单位在业务活动开展过程中须严格遵循反贿赂合规要求，避免出现违规行为。持续监督发现分类，如图 9 所示。

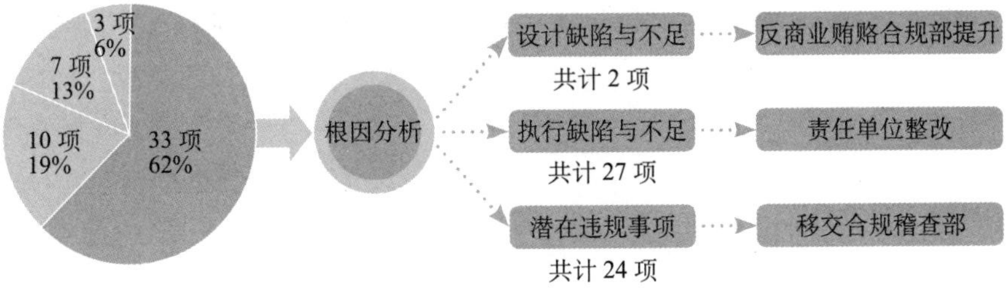

图 9　持续监督发现分类

(3) 合规审计示例。

合规审计是由合规第三道防线开展的体系有效性评估，由合规稽查部开展。

以 2019 年至 2020 年 3 月 31 日的数据为例，合规稽查部当年共完成 8 次反商业贿赂合规审计工作（含 2 次供应商反商业贿赂合规审计），识别并提示缺陷或不足项总计 57 项，并按照计划完成相应的整改。

2. 第三方独立评估

第三方有效性评估包括客户组织的外部合规审计、银行及投资机构进行的独立尽调、独立评估机构开展的评估及我司组织参与的合规体系认证等。整体上，中兴通讯反贿赂合规管理体系在各方独立的有效性评估中都获得了积极的肯定，确保公司达到利益相关方的合规要求，持续进入合作伙伴的采购短名单、投资名单，有效地促进了彼此的互信。可在公开渠道查询的信息中，2016 年 7 月，在透明国际（Transparency International）针对新兴市场大型跨国企业出具的调查报告中，中兴通讯排名第 8 位，成为唯一跻身该报告排名前 25 位的中国企业。其中，反腐败体系得分（88%）远高于被调研企业平均水平（48%）。2019 年，中兴通讯入选显示企业良好社会责任度的英国富时社会责任指数，其中反腐败合规模块获得 5 分满分，领先于中国国内 1.9 的平均分，高于全球电信设备行业 3.2 分的均值。2020 年，中兴通讯继续入选富时社会责任指数，而在反腐败合规模块继续保持

5 分满分，与此同时，国内平均分降为 1.7 分，全球电信设备行业为 2.7 分，实现了逆流前行。英国富时指数反腐败合规及公司治理评估结果，如图 10 所示。

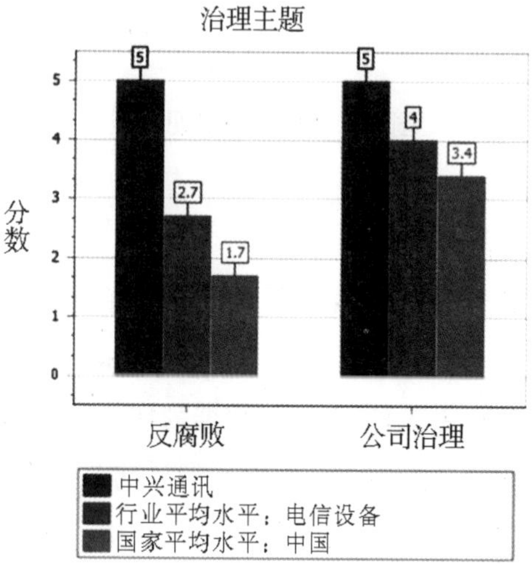

图 10　英国富时指数反腐败合规及公司治理评估结果

中兴通讯充分参照《ISO 37001 反贿赂管理体系指南》开展反贿赂合规体系的设计，完整实施，并通过维护、审阅和提升确保了体系实现公司确立的遵守法律法规与履行相关合规承诺的目标，同时参照《企业合规方案评估》中对于体系设计、执行和成效来综合评估并提升体系的有效性。

Export Control Compliance in Siemens

（西门子公司出口管制的合规管理实践）[①]

1. Introduction

Trade Compliance and in particular Export Control Compliance is becoming a more and more important part of corporate compliance for companies operating in China and globally.

Why we do Export Control at Siemens?

Siemens is committed to comply with all applicable export control laws and regulations. Violations of Export Control Sanctions and Embargo regulations can lead to.

- Large Penalties and fines.
- Criminal Charges.
- Exclusion from business activities for the company.
- Cancelation of licenses and simplified procedures.

① 本文原文是英文稿件，后翻译成中文稿件。

• Media / reputational damage

What needs to be Controlled?

The Controls that are required to be managed from an Export Control perspective can be subdivided into 3 main areas.

(1) End Use & End user Controls.

a. End Use：Is the transaction in relation to Civil, Military, Nuclear use.

b. End user：Is the partner on a Sanctioned party listing.

c. Country of destination Controls：Are there any restrictions for country of end use.

(2) Product Specific controls.

a. Dual Use Goods：Items that can be used for both civil / military purposes.

b. Military goods：Items categorized as military items.

(3) Non product specific controls.

a. Digital Exports.

b. Technology Transfers and Technical assistance.

How do we manage export control risks?

Siemens has adopted an approach in line with global best practices to develop and implement an Export Control Compliance program built upon 5 essential components of compliance.

(1) Management Commitment.

(2) Risk Assessment.

(3) Internal Controls.

(4) Testing and Auditing.

(5) Training.

To achieve export control compliance, Siemens mandates the company-wide use of ICP (Internal Control Program) as well as associated company-wide use of IT tools to evaluate the integrity of all potential export control compliance transactions on the basis of risk considerations. The export control review on business transaction are based on checking of partner restriction, product restriction, end use restriction as well as country related restriction within business transaction. Only transaction which fulfill all export control compliance requirement are allowed within the company.

2. Principles of Export Control

Siemens is committed to comply with all applicable export control laws and regulations in China, European Union, Germany, USA and any other related countries. We establish compliance regulations for various export control topics e.g. warning list checking, license arrangement, critical business handling, workflows to be integrated into business process, in order to ensure that all our business transactions are in line with international, national and company internal export control requirements.

Key export control requirements.

• In accordance with legal requirements, a member of the Siemens Managing Board is appointed Export Compliance Officer（ECO）. The ECO has all rights necessary to perform the responsibilities assigned to him or her – in particular, the unlimited right to issue directives regarding export controls for all parts of the company. The ECO has charged the Export Control group in Siemens with implementing the associated obligations.

• Compliance with the relevant export control rules and the corresponding Siemens internal regulations must be ensured by the Export Control function in Siemens and by the CEOs of the various businesses and countries in Siemens.

• All employees are obliged to comply with the applicable statutory provisions and internal guidelines. Employees who are deemed to be "U.S.

persons" must also comply with the US sanctions provisions which additionally apply to them. These regulations apply not only to employees who are directly and indirectly involved in the delivery of goods and services. Violations of legal regulations may have consequences under labor law – in addition to statutory sanctions.

• To prevent the unapproved use of our products and services by third parties, the ultimate destination and end use of goods and services must always be checked in accordance with the guidelines for export control. Business transactions are not to be entered into if there are indications of any illegal use of our goods and services, especially if use for the purposes of proliferation cannot be excluded. The Export Control group must be contacted in cases of doubt.

• Key export control processes are supported by uniform company-wide IT solutions. The implementation of these company-wide IT solutions is mandatory.

3. End Use and End User Controls

End-Use Controls

Certain business transactions (e.g. deliveries, services) may be subject to restrictions in the form of prohibitions or authorization requirements in terms of final destination and end-use, especially in connection with.

• Military end-use.

• Military partners.

• Partners active in both civil and military sectors.

• Nuclear end-use.

• Free zones / free warehouses.

• Certain industries / projects in certain countries.

If authorizations are required, they must be requested on time. No transactions may be carried out until the necessary export authorizations have been obtained.

End–Use / End–User Controls versus Product–Specific Controls：

The end–use restrictions must in principle be observed independently of the technical specification of the goods. They also apply to transactions with goods which are not captured on any of the respective export lists（ie goods not under the control of various regulatory listings）. For example, simple screws from the construction market, which are intended for use in military products, may be subject to export license requirements. The technical specification of the goods may indicate possible critical use（e.g. camouflage coatings of products may indicate military use）.

End–Use / End–User Controls versus Sanctioned Parties：

End–use restrictions are often related to end–users of the goods. For example, various sanctions programs restrict the sale of goods to certain listed recipients for specific purposes. An example of this is OFAC SSI Directive 4 in connection with users in the Russian Federation. U.S. Persons are prohibited from doing business with partners listed under the Directive 4 if the goods are to be used for the exploration or production of oil in deepwater, Arctic, offshore or shale formations in the Russian federation.

Diversion of goods

The unauthorized transfer of goods is one of the main risks in the area of export control, which must be minimized. Unauthorized diversion occurs when goods are resold by third parties without knowledge and without any necessary export authorization to a prohibited country of destination, to a sanctioned end–user or for critical end–use. So–called Red Flags may provide hints to the possible illegal use of goods and services.

Military End-Use

Military end–use may be subject to restrictions in the form of prohibitions and licensing requirements.

Military End–Use under EU Regulations：

• incorporation into military items listed on the Munition List of the EU Member States（for Germany：goods in Part I, Section A of the export list）.

• use of production, testing or analytical equipment and components therefor, for the development, production or maintenance of military items listed on the Munition List of the EU Member States（for Germany：goods in Part I, Section A of the export list）.

• use of any unfinished products in a plant for the production of military items listed on the Munition List of the EU Member States（for Germany：goods in Part I, Section A of the export list）.

Military End–Use under U.S. Regulations：

• Incorporation into military items listed on the U.S. Munitions List（USML within ITAR）, within the International Munition List（IML）or in the ECCN numbers ending with "A018" or under an ECCN of the 600 series of the Commerce Control List（CCL）.

• the development, manufacture or use of military items listed in the above mentioned lists.

• use of production, testing or analytical equipment and components therefor, for the development, production or maintenance of military items listed in the above mentioned lists.

Military User under U.S. Regulations：

the national military forces（army, air force, navy, coast guard）, National Guard, police, intelligence and intelligence services, and any person or organization providing technical assistance in the areas designated as "military end–use".

Indications of military end–use under EU and U.S. law may include：

- unambiguous military nature of the goods.
- a military use, obvious to Siemens or specified by the customer.
- planning measures in a clear military context.
- unusual military guarding of a production plant.
- previous military use of the same product by the same recipient.

Nuclear End-Use

Nuclear end–use may be subject to restrictions in the form of prohibitions and licensing requirements.

Nuclear end–use is generally considered to be：

- the construction or operation of a nuclear plant.
- the installation of goods of any kind in a nuclear facility.

Indications of nuclear end–use may include：

- unambiguous nuclear nature of the goods.
- a nuclear end–use, obvious to Siemens or specified by the customer.
- planning measures in a clearly nuclear–related context.
- unusual guarding of a production plant.
- previous nuclear use of the same product by the same recipient.

Free Zone / Free Warehouse

Free zones and free warehouses are primarily used for handling of the foreign–trade–related transshipments and storage of goods. Free zones and free warehouses are areas delimited from the rest of the customs territory. The international exchange of goods should be hampered as little as possible by customs formalities. Any import duties will in principle not be levied until the goods enter the respective economic cycle of the relevant internal market. Until then, the goods, which are located in free zones / free warehouses, are deemed not to have been imported into the country with regard to the collection of any import duties.

Free zones and free warehouses are not to be mixed up with other industrial or commercial free zones which use tax advantages, labor and social law facilitations to promote production for the corresponding country.

Deliveries to a free warehouse / free zone indicate a possible transshipment of the goods to other countries as it rarely occurs that the end–use actually takes place in a free warehouse or in a free zone.

Deliveries that are to be made to a free warehouse / free zone are generally unproblematic as long as they only include goods for which, due to their technical nature, no export licenses are required.

However, if the goods are controlled on an export list（AL / ECCN unequal N），deliveries to a free warehouse / free zone can be restricted. General Export Licenses often cannot be used and an automatic assignment of the General Export Licenses in the context of the DAMEX–P check may not be possible. In these cases, an individual evaluation is necessary.

End User Controls：Sanctioned Parties

Transactions with persons and entities named on applicable sanctions lists are restricted or prohibited, depending on the nature of the sanction. Sanctions usually restrict or prohibit the provision of goods, services, money or other economic resources to a sanctioned party. This provision relates to both direct as well as indirect making available of funds or economic resources. "（Economic resources" comprises almost all types of goods）. The checking of partners against the relevant sanctions lists is carried out by means of company–wide use IT tool.

4. Country of Destination Controls

There are particular countries where Export Control related risk need to be monitored on a continuous basis.

In execution of the assigned task.

• the monitoring of countries of risk with respect to the legal situation, the relevant sanctions regimes, the political situation and the potential reputational risks of business activities for Siemens.

• the set-up and implementation of an appropriate evaluation process, if required.

• the evaluation process of transactions relating to Countries of risk with due consideration of both the interests of the Company Units and the Siemens' overall interest.

Various different countries maintain different sanction regimes regarding certain countries of risk.

EU Embargo Specific Restrictions：Generally, EU sanctions do only need to be considered and applied by EU persons.

U.S. Embargo Specific Restrictions：Basic principles of US specific restrictions.

• U.S. persons are generally prohibited from participating in, directly or indirectly, any activities, including shipping items, where a party to the transaction is located in a U.S. embargoed country（e.g. Cuba, Iran, Syria, Crimea Region of Ukraine, see EAR part 746）. This "indirect" prohibition applies, in part, to deliveries to an intermediary country where it is known or reasonably known, that these items are meant for reshipping or integration into foreign made products destined for a U.S. embargoed country. This provision is subject to some exceptions based on the country specific embargo regulations.

• Under the "knowledge standard", a non-U.S. person who intentionally places an order on a U.S. person, when that non-U.S. person will deliver onward an embargoed country, is a punishable offense ("causing a violation") under the US laws.

Due to shared jurisdiction between the Office of Foreign Assets Control (OFAC) and the Bureau of Industry and Security (BIS) and the resulting differences in regulations, each embargo country must be analyzed specifically.

5. Product-specific Controls

Dual Use Goods / Military Goods

Dual-use items are items that can be used for both civil and military purposes depending on their nature.

The export control classification, i.e. the coding of items (hardware, software, technology) in accordance with the applicable export lists (e.g. dual-use lists, list of military items) is the fundamental requirement for the determination of export/reexport prohibitions and license requirements, the applicability of general licenses, license exceptions and for the de minimis calculation according to U.S. regulations. Classification requirements are in place for Items including goods (hardware) , software and technology.

General Principles

In general, items can be controlled under export control laws for one of the following reasons：

(1) Military items – items on the respective military lists (e.g. USML – U.S. Common Military List, Common Military List of the European Union) , Local country military list.

(2) Dual Use Items – items, which can be used for both civilian and military purposes (e.g. U.S. CCL, Annex I to the Regulation (EC) 428/2009) , China Administrative Measures for the Import and Export License for Dual-Use Items and Technologies.

(3) Items controlled according to embargo/sanctions regulations – embargo/sanctions regulations may contain references to certain items that are restricted for sale / supply / transfer to or for procurement from certain countries. Items controls in embargo/sanctions regulations are often based on the Harmonized System codes (HS Codes) .

One item can be subject to multiple export control laws at the same time.

• National export control law of the country from where the export is taking place. It must to be determined on a country specific level (depending on the scope of the national law) whether an item is subject to a national export control law.

U.S. export control law

Items (including services) , over which the Department of Commerce, Bureau of Industry and Security (BIS) , exercises regulatory jurisdiction, are called "items subject to the EAR" . The term "subject to EAR" itself is defined in the U.S. Export Administration Regulation (EAR) Part 734.3.

All Siemens businesses and employees globally are required to adhere to U.S. rules related to the items that are subject to the EAR.

Note:

• The export/reexport of items and services that are not "subject to EAR" may nevertheless be controlled by other U.S. authorities, e.g. OFAC.

• The term "subject to the EAR" does not necessarily mean that a licensing requirement exists. Such a requirement only applies when the EAR expressly states such requirement.

Items that are "subject to the U.S. EAR" :

• All items in the United States, regardless of country of origin (including items in transit or in a U.S. Foreign Trade Zone) .

• All U.S. origin items wherever located.

• Foreign Made Products (FMP) produced outside of the United States that contain a certain threshold (De Minimis Rule) of U.S. content, components, materials or other commodities.

• U.S. origin software/technology combined with foreign software/technology, if the U.S. content exceeds the de minimis level (see De Minimis Rule) .

• Some Foreign Made Direct Products which are produced outside the United States directly using U.S. origin software or technology.

Activities of U.S. persons that are "subject to the U.S. EAR" :

• Related to NBC weapons.

• Related to persons listed on the Denied Persons List.

• Technical assistance related to encryption.

Foreign Made Product — FMP :

Items (software, hardware, technology) that are manufactured outside the U.S. using U.S. primary products (e.g. a printed circuit board populated with U.S. components) .

They are subject to US export control regulations, if the U.S. proportion exceeds a certain level. The U.S. proportion needs to be calculated by means of the De Minimis Rule.

Foreign Made Direct Product — FMDP:

Items (software, hardware, technology) produced outside the U.S. directly by the use of U.S. technology or software (e.g. a printed circuit board produced in Germany according to US structural design) or at U.S. manufacturing plants.

These items are subject to the EAR, if they are exported to a D : 1, E : 1 or E : 2 country and if they are "NS–controlled" (National Security) and if for the export of the U.S. technology or software a written assurance as supporting document for an Individual Validated License (IVL) or as precondition for the use of the License Exception TSR is required.

Products manufactured outside the U.S. with combined software / technology (e.g. non–U.S.–technology is commingled with U.S. technology), are not subject to the EAR, because there won't be a "pure" direct product out of the US–technology/ software.

Should the foreign made direct product be incorporated in a "foreign made product" (FMP) without including other U.S. parts or materials, then this new product is not subject to the EAR.

Foreign made direct products do not have to be included in the de minimis calculation.

Military Items

Military items are any item or technical data designated on a specific munitions list. These items are not normally part of any civilian companies portfolio but companies need to be aware of any obligations if engaged with any 'military' products.

6. Digital Exports, Technology Transfer and Technical Assistance

Cross–border or in–country transfer (including Deemed Export / Deemed Reexport) of export control relevant technology or software / source code may constitute an export or import and thus be subject to license requirements and prohibitions. This also applies to the electronic transfer of technology, e.g. on servers or development platforms.

In order to ensure compliance with the export control regulations, the controlled technology and software / source code must be identified and classified as such and protected against unauthorized transfers and access.

Certain forms of technical support may also be subject to license requirements or prohibitions.

In addition to the U.S. and the EU regulations, there may also be further national regulations in the area of export control of technology and software / source code. The Export Control Business Partners of the respective countries are responsible for compliance with the local national regulations.

7. Export Authorizations

Prior to export, items must be checked for any possible licensing requirement. An export license may be necessary both for the physical export of hardware as well as for digital transfer of software and/or technology（e.g. via e–mail）.

The licensing requirement depends on the following criteria：

- Items.
- Country of destination.
- Intended use.
- Recipient, end recipient.

The applicable legal regulations are reflected in the Siemens wide IT systems to the extent possible. With these systems, a possible license requirement is determined automatically to a large extent. The legal regulations of other countries can be reflected in the IT systems, completely or in part, under separate legal areas.

It should be noted that export licenses may also be required in the following special situations：

- temporary export.
- delivery free of charge.
- reexport after repair.
- personal carriage of items in hand luggage.
- financial transfer.

- software and technology transfer.
- technical assistance (e.g. on the phone) .
- brokering services and facilitation.

In some cases, Export Control laws may also apply outside its own territories. Consequently, items which are manufactured and produced outside of a given territory. may also be subject to the laws of that territory. Example is the US laws whereby as a result, it can therefore happen that a license by a U.S. authority may be required for the export (or reexport) of U.S. items in trade between countries which are not part of the U.S. jurisdiction.

8. Export Control clauses in contracts

Siemens is subject to various regulatory requirements stemming from foreign trade laws. Compliance with such requirements inter alia requires that the contractual partners of Siemens commit to act accordingly. This is the reason why Siemens has some clauses for export control and customs in a variety of contracts.The contractual clauses / declarations on export control to be used differ depending on the type of transaction to be regulated by the contract.

9. Export Control in IT Systems

Business processes, such as Order–to–Cash and Purchase–to–Pay, typically occur through ERP systems (Enterprise Resource Planning Systems) supporting the business, e.g. SAP or Oracle. The Siemens IT tool performs certain mandatory export control checks. Use of the Siemens Export control tool in the business processes is mandatory. In order to integrate export control checks into the business processes and to enable automated process controls, certain export control functionality is required directly in the ERP systems.

10. Monitoring and Auditing

The organization and monitoring of the internal export control system is one part of export control system. The framework is specified in the Internal Control Program Export Control（EX）. The correct application and implementation of the EX within the company is checked and documented through appropriate control mechanisms, consisting of self–assessments and internal audits.

11. Training

Many national and international regulations and programs in the area of export control require regular training of employees, In addition, the company's obligations（e.g. responsibility for organization and supervision）include company–wide requirements to train all employees involved in the export control process. The nationally applicable laws and regulations must be observed as appropriate and also feature in the training programs.

An Export Control Training concept must be developed by the Export Control group that identifies：

- the target groups that require Export Control training.
- the core competencies of and respective levels expected of the target groups.
- the training cycle per target group.
- the planning and documentation procedure.

An Export Control training program should be the output of the training concept and these programs are defined on an annual basis and added to or changed as required during the year.

12. Mergers and Acquisitions

Compliance Assurance for Mergers and Acquisitions is a mandatory task performed by the Compliance Organization including Export Control to ensure that Export Control considerations are included in the M&A process.

13. China Export Control regulations

There exists already in China many Dual-Use & military/chemical regulations such as the below.

• Administrative Measures for the Import and Export License for Dual-Use Items and Technologies 2006.

• Regulations of the People' s Republic of China on the Administration of Controlled Chemicals (1995 and amended 2011).

• Regulations of the People' s Republic of China on the Administration of Nuclear Exports (2006).

• Regulations of the People' s Republic of China on Export Control of Missiles and Missile-Related Items and Technologies (2002).

• Regulations of the People' s Republic of China on Export Control of Dual-Use Biological Agents and Related Equipment and Technologies (2002).

• Regulations of the People' s Republic of China on Administration of Arms Export (2002).

• Regulations of the People' s Republic of China on Control of Nuclear Dual-Use Items and Related Technologies Export (2007).

• Regulations on the administration of the import and export of technology. Order of the State Council of the People's Republic of China No. 331.

• Foreign Trade Law of the People's Republic of China 2004 (2016 Amendment).

• China Forbidden Export Restricted Export Technology List_Changes2020.

• Regulations on the administration of the import and export of technology 2002.

Currently China is in the process of developing its first comprehensive Export Control Law. The First Draft of China Export Control Law for comment was published in June 2017 / Second Draft published for comment in December 2019, and the 2nd Draft published for review on June. 2020, The new law will take the form of a Statute to be adopted by the National People's Congress The new law scope is dual–use items, military items, nuclear and other goods, technology, services, and other items that are related to the fulfillment of international obligations and safeguard of national security. State Council and the Central Military Commission remain the primary competent authorities

Main elements of the new China Export Control Draft law

• The concept of a ‘Blacklist’ is in the new draft of which the basis for blacklisting is as per below:

(i) Violation of end–use / end–user commitment.

(ii) endanger national security.

(iii) use controlled items for terrorism.

• Certificates of end–use are now stipulated to be issued by end–user or Government agency of end–use country.

• Concept of Deemed Export is referred to in the draft law.

• Catch–all or ‘supposed to know’ principle included in the new draft.

• Operators with ‘Internal Compliance review system’ may avail of simplified export procedures.

• Additional licensing requirements will follow from law being introduced.

• Extraterritoriality. The new draft also establishes that any organization or individual outside Chinese territory violating this law or endangering the national security and interest of China through obstructing its international obligations and "the violator shall be dealt with and subject to legal liability according to law."

• Larger penalties and broader investigative powers introduced in new draft：fines and penalties have been raised in some cases to 10–20 times the illegal turnover and 500k to 5m RMB and revocation of exporter rights.

China Unreliable Entity List

China’s Ministry of Commerce (MOFCOM) issued the Provisions on the Unreliable Entity List (Provisions), which immediately came into effect in Sept 2020. The Unreliable Entity List (UEL) regime is now enacted to capture foreign entities that damage fundamental interests of China or Chinese enterprises, organizations or individuals.

The UEL is designed to capture “foreign entities”, a term referring to enterprises, other organizations or individuals of a foreign country, which have taken actions in international economic, trade and other relevant activities that:

- Endanger China's national sovereignty, security and development interest;
- Suspend normal transactions with or apply discriminatory measures against Chinese entities (enterprises, other organizations, or individuals) in violation of normal market transaction principles and cause serious damage to the Chinese entities.

Foreign entities or individuals on the list could face severe punishment, including restrictions or bans on export and import activities involving China, investing in China, and entry into China.

14. Summary

The requirements of Export Control have become more complexin recent years due to the continuous addition of new Export Control regulations from different authorities. Additionally, enforcement actions being taken by authorities have been increasing with harsher sanctions and penalties being handed out for Export Control breaches.

It has become more important than ever to ensure that an organizations Export Control risks are understood and that a risk based Export Control Internal Compliance Program is established which is adequately resourced and receives sufficient management support as part of the overall compliance program for a company.

西门子公司出口管制的合规管理实践

（中文翻译稿）

（一）引言

贸易合规尤其是出口管制合规正日益成为中国及全球运营公司企业合规的重要组成部分。

西门子公司为何遵守出口管制？

西门子公司致力于遵守所有适用的出口管制法律法规。违反出口管制制裁和禁运条例可能会导致以下情况。

- 巨额罚款及罚金。
- 刑事起诉。
- 公司的业务活动被排除在外。
- 许可证和简化程序的取消。
- 媒体 / 声誉受损。

需要控制什么？

从出口管制的角度需要管理的管制物项可以分为三个主要领域。

（1）最终用途和最终用户管控。

a. 最终用途：交易是否涉及民用、军用和核用。

b. 最终用户：合作伙伴是否名列被制裁方清单。

c. 目的国管制：最终用途国家有什么限制。

（2）与有形产品相关的特定管制。

a. 两用物项：可同时用于民用 / 军事用途的物项。

b. 军用物项：被分类为军品的物项。

（3）非有形产品特定管制。

a. 数字化出口。

b. 技术转让和技术协助。

我们如何管理出口管制风险？

西门子公司采用了一种符合全球最佳范例的方法，开发并实施了基于五个合规核心要素的出口管制合规程序。

（1）管理层承诺。

（2）风险评估。

（3）内部控制。

（4）测试和审计。

（5）培训。

为实现出口管制的合规性，西门子要求全公司使用 ICP（内部控制程序），在全公司范围内使用相关 IT 工具，从而以风险考量为基础，评估所有潜在出口管制合规交易的诚信度。商业交易的出口管制审查为基于商业交易中对合作伙伴限制、产品限制、最终用途限制以及国家相关限制的检查。公司内部仅允许符合所有出口管制要求的交易。

（二）出口管制原则

西门子公司致力于遵守所适用的所有出口管制法律法规，包括中国、欧盟、德国、美国和其他相关国家的。我们建立了各种出口管制主题的合规性政策，如警告列表检查、许可证协议、关键业务处理、待整合至业务流程中的工作流程，从而确保我们所有的业务交易符合国际、国内和公司内部的出口管制要求。

主要出口管制要求如下。

• 根据法律要求，任命西门子管理委员会的一名成员为出口合规官（ECO）。出口合规官拥有所有必要的权利来履行其责任，尤其是不受限制地发布对公司各部分的出口管制指令的权利。出口合规官由西门子出口管制组协助履行其相关义务。

• 西门子的出口管制职能以及西门子各不同业务和各国家的 CEO 必须确保其符合相关的出口管制规则及相应的西门子内部规章。

• 所有员工均有义务遵守适用的法律规定和内部指导方针。被认定为“美国人”的员工也必须额外遵守适用的美国制裁条款。这些规定不仅适用于直接参与提供商品和服务的员工，也适用于间接参与提供商品和服务的员工。违反法律法规可能会承担法定制裁之外劳动法项下的后果。

• 为防止第三方未经批准使用我们的产品和服务，必须始终按照出口管制指导方针检查商品和服务的最终目的地和最终用途。如果存在非法使用我们的商品和服务的迹象，特别是不能排除其用于核扩散的目的，则不得达成商业交易。如有疑问，必须联系出口管制组。

• 关键的出口管制流程由统一的全公司 IT 解决方案提供支持。这些全公司 IT 解决方案的实行是强制性的。

（三）最终用途和最终用户管控

最终用途管控

某些商务交易（例如交货、服务）在最终目的地和最终用途方面可能会受到禁例或授权要求的限制，特别是在下列各个方面。

- 军事最终用途。
- 军事用户。
- 在民用和军事领域均活跃的合作伙伴。
- 核最终用途。
- 免税区 / 保税仓库。
- 某些国家的某些行业 / 物项。

如需授权，必须按时申请。未取得必要的出口授权，不得从事任何交易。

最终用途 / 最终用户管制与产品相关的特定管制：

最终用途限制原则上必须独立于货物的技术规范之外被遵守，其同样适用于与未列入任何有关出口控制目录的货物（即不受各种监管清单管控的货物）进行的交易。例如，来自建筑市场用于军工产品的简易螺钉，可能需要遵守出口许可证要求。该货物的技术规范可指示其可能的关键用途（例如，产品的伪装涂层可暗示其军事用途）。

最终用途 / 最终用户管制 vs 被制裁方：

最终用途限制通常与货物的最终用户有关。例如，各种制裁方案为特定目的限制向列在清单上的某些接收方销售商品。例如，美国财政部海外资产控制办公室行业制裁识别指令 4 与俄罗斯联邦境内的用户有关。如果这些商品将用于俄罗斯联邦深水区、北极区、近海或泥岩地层的石油勘探或生产，美国人将被禁止与指令 4 所列的合作伙伴进行业务往来。

货物转运

未经授权的货物转运是出口管制领域的主要风险之一，这种风险必须被降至最低。未经授权的转运是指在不知情和未获得任何必要的出口授权的情况下，第三方将货物转售给被禁止的目的国、被制裁的最终用户或被用于关键的最终用途。所谓的“危险信号”会为潜在非法使用商品和服务提供线索。

军事最终用途

军事最终用途可能会受到以禁止的形式或许可证要求的形式的限制。

欧盟条例下的军事最终用途：

• 纳入《欧盟成员国军品管控清单》上列示军品（对于德国：出口商品目录 A 节第一部分的商品）。

• 为研发、生产或维护《欧盟成员国军品管控清单》上列示军品（对于德国：出口商品目录 A 节第一部分的商品）而生产、测试或分析设备和部件的使用。

• 在生产《欧盟成员国军品管控清单》上列示军品（对于德国：出口商品目录 A 节第一部分的商品）的工厂里使用任何半成品。

美国条例下的军事最终用途：

• 纳入《美国军品管控清单》（国际武器贸易条例范围 ITAR 内的“美国军品管控清单 USML”）、《国际军品管控清单（IML）》所列示军品，或纳入以“A018”结尾的出口管制分类编号（ECCN）范围或商品管制清单（CCL）600 系列 ECCN 项下列示军品。

• 上述清单中列示军品的研发、制造或使用。

• 为研发、生产或维护上述清单上列示军品而用于生产、测试或分析设备和部件。

美国条例下的军事用户：

国家军事力量（陆军、空军、海军、海岸警卫队）、国民警卫队、警察、情报和情报机构，以及在指定为“军事最终用途”领域提供技术协助的任何个人或组织。

根据欧盟和美国法律，军事最终用途的迹象可能包括以下几个方面：

- 货物明确的军事性质。
- 对西门子而言明确的军事用途或由客户指定的军事用途。
- 在明确的军事背景下的规划措施。
- 对生产场地不同寻常的军事防护。
- 相同接收方先前将相同产品用于军事用途。

核最终用途

核最终用途可能会受到以禁止的形式或许可证要求的形式的限制。

核最终用途一般被认为是以下两个方面：

- 核电厂的建造或运行。
- 在核设施中任何种类货物的安装。

核最终用途的表示可包括以下几方面内容：

- 货物明确的核性质。
- 对西门子而言明确的核用途或由客户指定的核用途。
- 与核有关的规划措施。
- 对生产场地不同寻常的防护。
- 相同接收方先前将相同产品用于核用途。

免税区 / 保税仓库

免税区和保税仓库主要用于处理与对外贸易有关的货物转运和存储。免税区和保税仓库指与其他关税领域划分开来的区域。国际货物交换应尽可能少地受到海关手续的阻碍。在货物进入相关国内市场的相应经济循环之前，原则上不征收任何进口关税。在此之前，在进口税征收方面，位于免税区和保税仓库内的货物均被视为未进口至该国。

免税区和保税仓库不得与其他利用税收优惠、劳动和社会法律便利促进相应国家生产的工业或商业免税区混为一谈。

交货至免税区和保税仓库表明货物可能转运至其他国家，因为最终用途几乎不会在免税区或保税仓库内实现。

只要拟交付的货物只包括由于货物的技术性质不需要出口许可证的货物，则交货至免税区和保税仓库通常是没有问题的。

但是，如果货物在出口控制清单（AL/ECCN 不等于 N）上受管制，则向免税区和保税仓库交货可被限制。通用出口许可证通常不能使用，而且在 DAMEX−P 检查的情况下不可能实现通用出口许可证的自动分配。在这些情况下，有必要进行单项评估。

最终用户管控：被制裁方

根据制裁的性质，限制或禁止与列名在制裁名单上的个人和实体进行交易。制裁通常限制或禁止向被制裁方提供货物、服务、资金或其他经济资源。此项规定涉及双向即直接和间接提供资金或经济资源（“经济资源”几乎包括所有种类的商品）。通过全公司使用 IT 工具按照相关制裁名单核查合作伙伴。

（四）目的国管制

有一些特定的国家需要持续监测与出口管制有关的风险。

在执行已分配任务时，

• 就西门子的法律情况、有关制裁制度、政治局势和商业活动的潜在声誉风险监测有风险的国家。

• 如需要，建立和实施适当的评估程序。

• 在适当考虑公司各部门利益和西门子整体利益的情况下，对与风险国家有关的交易采取的评估程序。

不同的国家对某些风险国家采用不同的制裁制度。

欧盟禁运特定限制：一般而言，欧盟制裁仅需要欧盟人员考虑和实施。

美国禁运特定限制：美国特定限制的基本原则如下。

• 通常情况下，美国人会被禁止直接或间接参与交易一方位于美国禁运国家（如古巴、伊朗、叙利亚、乌克兰克里米亚地区，见 EAR 第 746 部分）的任何活动，包括装运物项。这一“间接”禁令部分适用于向已知或合理已知的中间国家的交货，即这些物项是用于重新装运或集成运往美国禁运国家的外国制造产品中。该规定受根据特定国家的禁运条例执行的例外的影响。

• 依据“知道标准”，当非美国人为了向禁运国交货，蓄意向美国人下订单，按照美国法律，该非美国人应受到惩罚（“造成违法”）。

由于海外资产控制办公室（OFAC）和工业安全局（BIS）拥有共同的管辖权，以及由此产生的监管差异，因此必须对每个禁运国进行具体分析。

（五）特定产品管制

两用物项 / 军用物项

两用物项是指按照其属性可用于民用 / 军事用途的物项。

出口管制编码，即根据适用的出口清单（例如，两用清单和军品清单）

对物项（硬件、软件、技术）进行编码，是确定出口/再出口禁令和许可证要求、通用许可证适用性、许可证例外以及根据美国法规进行最小计算的基本需求。对商品（硬件）、软件和技术等物项均有编码要求。

一般原则

一般来说，出于下列某一项原因，物项会受到出口管制法律的管制。

（1）军品。相应军事清单上的物项（例如，USML——美国共同军事清单、欧盟共同军事清单、当地国家军事清单）。

（2）两用物项。可用于民用和军事目的的物项（例如，美国 CCL、欧盟理事会条例第 428/2009 号附件一以及《中华人民共和国两用物项和技术进出口许可证管理办法》）。

（3）根据禁运/制裁条例管制的物项。禁运/制裁条例可能包含某些限制向某些国家出售、供应、转让或从某些国家采购的物项。禁运/制裁条例中的物项管制通常以调和关税系统代码（HS 代码）为基础。一个物项可同时受多个出口管制法律管制。

- 出口发生地国家的出口管制法律。必须在特定国家层面（根据本国法律的范围）确定该物项是否受国家出口管制法的约束。

美国出口管制法

美国商务部、美国工业安全局（BIS）行使监管管辖权的物项（包括服务）被称为“受控于 EAR 的物项”。“受控于 EAR”一词本身在美国《出口管制条例》（EAR）第 734.3 部分中被定义。

西门子在全球范围内的所有业务和员工都必须遵守与受控于 EAR 的物项相关的美国规定。

备注：

- 非“受控于 EAR”的物项和服务的出口/再出口可能仍受其他美国当

局的控制，例如，海外资产控制办公室。

•“受控于 EAR”一词并不一定意味着存在许可证要求。这样的要求只适用于 EAR 明确规定的情况。

“受控于美国 EAR”的物项：

•所有在美国的物项，不论其原产国（包括过境或在美国自由贸易区内的物项）。

•所有产自美国的物项，不论其位于何处。

•在美国境外生产的外国制造产品（FMP），其中包含美国成分、部件、材料或其他商品的一定阈值（De Minimis 规则）。

•美国原产软件或技术与外国软件或技术相结合，如果美国成分超过最小级别（参见最小计算规则）。

•一些外国制造的直接产品，直接在美国境外使用美国原产软件或技术生产。

“受控于美国 EAR”的美国人的活动：

•与核生化武器有关。

•与 Denied Persons List 列示人士相关。

•与加密相关的技术协助。

外国制造产品——FMP：

使用美国初级产品在美国境外制造的物项（软件、硬件和技术）（如装有美国部件的印制电路板）。

如果美国部件占比超过一定水平，则它们受美国《出口管制条例》的约束。美国部件占比需要通过 De Minimis 规则来计算。

外国制造的直接产品—FMDP：

使用美国技术或软件（例如，根据美国结构设计在德国生产的印刷电路板）或在美国制造工厂直接在美国境外生产的物项（软件、硬件、技术）。

如果这些物项出口到 D：1、E：1 或 E：2 国家或地区，并且它们受“NS 控制”（国家安全），并且对于美国技术或软件的出口，需书面保证作为个人验证许可证（IVL）的支持文件，或作为使用许可证例外 TSR 的先决条件，则这些物品受控于 EAR。

在美国以外的国家或地区制造的结合软件或技术（例如，非美国技术与美国技术混用）的产品不受控于 EAR，因为美国技术或软件不会有“纯粹”的直接产品。

如果国外生产的直接产品纳入“国外生产的产品”（FMP）中，且不包含其他美国零部件或材料，则该新产品不受控于 EAR。如果外国制造的直接产品被纳入“外国制造产品”（FMP）中，而不包括其他美国零件或材料，则此新产品不受 EAR 的控制。

外国制造的直接产品不必包括在最小计算中。

军品

军品是指在特定军品管控清单上指定的任何物项或技术数据。这些物项通常不属于任何民用公司的产品组合，但如果涉及任何“军用”产品，公司需要意识到自身应该承担的义务。军事物品是特定弹药清单上指定的任何物品或技术数据。这些项目通常不是任何民用公司投资组合的一部分，但如果从事任何“军事”产品，公司需要注意任何义务。

（六）数字出口商品、技术转让和技术援助

出口管制相关技术或软件 / 源代码的跨境或国内转让（包括视同为出口 / 视同为再出口）可能构成出口或进口，因此会受许可证要求或禁令的管制。

这也适用于技术的电子传输，例如服务器或在开发平台上等。

为确保遵守《出口管制条例》，必须识别和编码受管制的技术和软件 / 源代码，并保护其免遭未经授权的转让和访问。

某些形式的技术支持也可能受许可证要求或禁令的约束。

除美国和欧盟的条例外，在技术和软件 / 源代码的出口管制方面，还可能有进一步的国家法规。各国的出口管制业务合作伙伴负责遵守当地的国家法规。

（七）出口授权

在出口之前，必须对物项进行任何可能的许可证要求的检查。无论是硬件的实物出口，还是软件和 / 或技术的数字化转让（如通过电子邮件），都可能需要出口许可证。

许可要求取决于以下标准：

- 物项。
- 目的国。
- 预期用途。
- 接收方，最终接收方。

适用的法律条例尽可能地反映在西门子 IT 系统中。使用这些系统，在很大程度上可自动确定潜在的许可证要求。其他国家的法律条例可以完全或部分地反映在单独法律领域项下的 IT 系统中。

需要注意的是，在下列特殊情况下，还可能需要出口许可证：

- 临时出口。
- 免费发货。
- 修理后再出口。

- 以手提行李方式进行的个人物品运输。
- 财务划拨。
- 软件及技术转让。
- 技术协助（例如，通过电话进行）。
- 代理服务和协调。

在某些情况下，出口管制法也可以适用于其本国领土之外。因此，在特定领土以外制造和生产的物项可能也会受到该国法律的约束。例如，根据美国法律，在不属于美国司法管辖范围的国家之间进行贸易的美国产品的出口（或再出口）可能需要获得美国当局的许可证。

（八）合同中的出口管制条款

西门子受各种对外贸易法律制度监管要求的约束。遵守上述要求尤其需要的是，西门子的合同合作伙伴必须承诺采取相应的行动。这就是为什么西门子公司在各种合同中都有一些出口管制和海关条款的原因。有关出口管制的合同条款 / 声明会因合同所规管的交易类型而有所不同。

（九）IT 系统中的出口管制

订单到现金和采购到付款等业务流程通常通过支持业务的 ERP 系统（企业资源计划系统）进行，例如 SAP 或 Oracle 系统。西门子公司的 IT 工具可执行某些强制性的出口管制检查。在业务流程中使用西门子出口管制工具是强制性的。为将出口管制检查整合至业务流程中，并启用自动化流程控制，某些出口管制功能在 ERP 系统中是直接要求的。

（十）监督和审计

内部出口管制系统的组织与监控是出口管制系统的组成部分。该框架在内部控制程序出口管制（EX）中有明确规定。通过适当的管控机制，包括自我评估和内部审核，检查和记录 EX 在公司内部的正确应用和实施。

（十一）培训

许多国家和国际出口管制方面的法规和方案要求对员工进行定期培训，此外，公司的职责（如组织和监督的责任）包括对所有涉及出口管制流程的员工进行全公司范围的培训，应适当遵守国家适用的法律法规，并将其纳入培训方案。

出口管制组必须制定出口管制培训概念，从而确定：

- 需要进行出口管制培训的目标群体。
- 目标群体的核心能力和各自的预期水平。
- 每个目标群体的培训周期。
- 规划和文件编制程序。

出口管制培训方案应是培训概念的输出，每年都对这些方案进行定义，并在一年期间根据需要进行内容的增加或更改。

（十二）合并与收购

合并与收购的合规保证是包括出口管制在内的合规组织执行的一项强制性任务，确保在合并与收购过程中包括出口管制方面的考虑。

（十三）中国出口管制法规

中国已经制定了许多两用和军事 / 化学品法规，具体内容如下。

- 《两用物项和技术进出口许可证管理办法》（2006 年）。
- 《中华人民共和国监控化学品管理条例》（1995 年发布并于 2011 年修订）。
- 《中华人民共和国核出口管制条例》（2006 年）。
- 《中华人民共和国导弹及相关物项和技术出口管制条例》（2002 年）。
- 《中华人民共和国生物两用品及相关设备和技术出口管制条例》（2002 年）。
- 《中华人民共和国军品出口管理条例》（2002 年）。
- 《中华人民共和国核两用品及相关技术出口管制条例》（2007 年）。
- 《中华人民共和国对外贸易法》（2016 年修订）。
- 《中国禁止出口限制出口技术目录》（2020 年调整）。
- 《中华人民共和国技术进出口管理条例》（2002 年）。

目前，中国正在制定第一部综合出口管制法。《中华人民共和国出口管制法（草案征求意见稿）》已于 2017 年 6 月公布征求意见，《中华人民共和国出口管制法（草案二次审议稿）》于 2019 年 12 月公布征求意见，草案二次审议稿已于 2020 年 6 月公布审议。新法律将采用法令的形式由全国人民代表大会审议通过。新法律适用的管制物项范围涵盖两用物项、军用品、核，其他产品、技术、服务以及其他与履行相关国际义务和维护国家安全相关的物项。国务院和中央军事委员会仍然是主要的主管机关。

新的中国出口管制法草案的主要元素

• 在新草案中，建立“黑名单”概念，列入黑名单的标准如下。

（i）违反最终用途/最终用户承诺的。

（ii）危害国家安全的。

（iii）将管制物项用于恐怖主义目的的。

• 规定最终用途证书由最终用户或最终用途国政府机构签发。

• 该法律草案提到了“视同出口”的概念。

• 新草案中包含了“总体管制”或“应该知道”的原则。

•“内部合规审查制度”内的出口经营者可以利用简化的出口程序。

• 随着该法律的颁布，将会提出更多的许可证要求。

• 治外法权：新草案还规定，在中国境外任何组织和个人违反本草案规定，或通过妨碍中国承担国际义务而危害中国国家安全和利益的，“均应依法予以处理并承担法律责任”。

• 新草案明显加大对违法行为的处罚力度并赋予更广泛的执法权限：某些案件的罚款和处罚金额已提高到违法营业额的10～20倍、50万～500万元人民币，并撤销出口权。

中国不可靠实体清单

商务部发布《不可靠实体清单规定》（以下简称《规定》），于2020年9月生效。建立“不可靠实体清单”制度，并将严重损害中国或中国企业、组织或个人正当权益的外国企业列入该清单。

建立不可靠实体清单制度旨在列示“外国实体”（本规定所称外国实体包括外国企业、其他组织或者个人），对外国实体在国际经贸及相关活动中的下列行为采取相应措施。

• 危害中国国家主权、安全和发展利益。

• 违反正常的市场交易原则，中断与中国实体（企业、其他组织或者个人）的正常交易，或者对中国实体（企业、其他组织或者个人）采取歧视性措施，严重损害中国实体合法权益。

名单上的外国实体或个人可能会面临严厉惩罚，包括限制或者禁止其从事与中国相关的进出口活动，限制或者禁止其在中国境内投资，限制或者禁止其入境，等等。

（十四）结语

近年来，由于不同政府执法机构不断增加新的出口管制条例，出口管制的要求变得愈加复杂。此外，执法机构采取的执法措施力度也在加强，对违反出口管制的行为将给予更严厉的制裁和处罚。

比以往任何时候都更需要确保的是，了解组织出口管制风险，建立基于风险的出口管制内部合规程序，从而具备足够的资源，得到充分的管理支持并成为公司整体合规程序的一部分。

反商业贿赂与企业合规管理的导向与要点

反腐败不仅是一国之内的事，更是国际社会重点关注的事，因为腐败会腐蚀社会运行，破坏法治，打击公平竞争，也大大增加了商业和社会治理成本。因此，国际上耳熟能详的，不仅有美国的《反海外腐败法》(1977/1988/1998)（以下称 FCPA），英国的《反贿赂法》(2010)，法国的《萨宾第二法案》(2016)，更有经济合作与发展组织（OECD）制定的《国际商业交易活动反对行贿外国公职人员公约》，（以下简称《反贿赂公约》）(*OECD Convention on Combating Foreign Public Officials in International Business Transactions*, 简称 OECD *Anti-bribery Convention*)(1999)，以及《联合国反腐败公约》(2005)，等等。国内和国际反腐败立法往往互相影响、互相促进。美国在其 FCPA 实施后，推动 OECD、美洲国家组织、国际商会、世界银行、非洲开发银行、国际货币基金组织、联合国等出台反贿赂公约。《中华人民共和国刑法》（以下简称《刑法》）修正案（九）中增加的第 164 条第二款（为谋取不正当商业利益，给予外国公职人员或者国际公共组织官员以财物的，依照前款的规定处罚）也可以视为中国 2006 年加入《联合国反腐败公约》后对公约义务的履行。

打击腐败、反商业贿赂既是中国政府打造营商环境的需要，也是中国企业走出去参与全球经营和竞争的必然要求。在国际政治、经济、安全和法律环境更加复杂，国际管辖竞争和商业竞争更趋激烈，各国加强监管执法，惩处更加严厉，尤其是中美贸易摩擦爆发并全面升温的背景下，企业合规管理会面临更多挑战。值得注意的是，2018 年 11 月 1 日，美国司法部提出了“中国行动计划”，其包括“找出与美国企业竞争的中国公司参与的违反 FCPA 的案子”。

2020 年当地时间 1 月 31 日，空中客车公司（Airbus SE）因贿赂行为与法国、英国和美国司法机构达成和解协议，被罚款 40 亿美元而登顶美国 FCPA 执法罚金榜。2019 年的 14 件 FCPA 案件中，有 8 件案件和中国有关，继续敲打着我们敏感的神经。

中国企业走出去的“一带一路”沿线国家，不少为腐败中高风险区，从事境内和跨境商业，面临严峻的商业贿赂风险。有效的合规管理是中国企业稳健经营和可持续发展的紧迫需要，势在必行。

本文将从我国的反商业贿赂法律框架说起，一并对照美国的 FCPA 以及有关司法实践，探讨我国反商业贿赂有效合规管理的立法导向和企业实践要点。

（一）中国目前反商业贿赂的法律框架

中国目前反商业贿赂规则体系主要包括刑事法、一般法律法规、主管机构的部门规章，以及有关司法解释。

1. 刑法（包括其修正案）

商业贿赂犯罪见《中华人民共和国刑法》（以下简称《刑法》）分则第八章（贪污贿赂罪第 385 条至 393 条），涉及国家工作人员（《刑法》第 93 条对“国家工作人员”有规定），以及《刑法》分则第三章（破坏社会主义市场经济秩序罪）第三节（妨害对公司、企业的管理秩序罪）。共八种罪名：非国家工作人员受贿罪、对非国家工作人员行贿罪、受贿罪、单位受贿罪、行贿罪、对单位行贿罪、介绍贿赂罪、单位行贿罪。

2. 法律法规和行政规章

我国全国人大常委于2017年修订，并于2018年1月1日施行的《中华人民共和国反不正当竞争法》，工商行政管理总局于1996年颁布的《关于禁止商业贿赂行为的暂行规定》，国务院办公厅2011年5月23日下发《国务院办公厅转发人民银行监察部等部门关于规范商业预付卡管理意见的通知》（国办发 [2011]25 号），商务部2012年9月21日发布，并于同年11月1日施行《单用途商业预付卡管理办法（试行）》，都涉及对商业贿赂的禁止和行政执法。

3. 司法解释

我国最高人民法院和最高人民检察院也通过相关司法解释。比如，2000年12月22日发布的《最高人民检察院关于行贿罪立案标准的规定》，2008年11月20日发布的《最高人民法院、最高人民检察院关于办理商业贿赂刑事案件适用法律若干问题的意见》，以及2016年4月18日施行的《最高人民法院、最高人民检察院关于办理贪污贿赂刑事案件适用法律若干问题的解释》，对有关法律适用明确做出解释，如对“财物”的界定，以及针对不同情节的量刑，等等。

（二）美国《反海外腐败法》

关于美国反腐败的法律，最为我们所知和所关切的是《反海外腐败法》，全称是 The Foreign Corrupt Practices Act，简称 FCPA。这部法律是美国于1977年制定，并于1998年修订，禁止向外国政府官员行贿，并要求证券发行人保持准确的账簿和记录，维护适当的财务控制系统，如管理层授权交易，管理层控制资产，恰当记录交易。

1. FCPA 禁止贿赂

FCPA 禁止的贿赂行为构成如下。

（1）主体。包括证券发行人、国内实体，以及在美国境内，通过跨州商业（注：通过美国服务器发邮件，以及使用美元清算系统也足以确立跨州商业的联结）或其他推进腐败行为的（证券发行人或国内实体以外）任何其他人。

（2）主观。为了获得或保留业务。

（3）客观。在明知的情形下直接或间接，腐败地（在此语境下，“腐败地”〈corruptly〉指该提议、承诺、授权或付款行为必须意图诱使接受方违反法定职权，或获得不适当好处，以便协助给予方获得商业优势）向政府官员（任何政府雇员，包括民选官员、任命官员等，包括外国政府所有企业〈如国有企业〉员工，还包括政治候选人、政党或者国际组织〈如联合国或世界银行〉官员）提供、支付或承诺支付任何有价之物。

美国安然公司和世通公司大规模财务欺诈暴露后，美国在 2002 年颁布《萨班斯－奥克斯利法案》(Sarbanes–Oxley Act)，加强会计监管和公司治理，要求公司高级管理人员保证公司财务报表准确无误；根据该法案第 404 条款，公司要保证对交易进行财务记录的每一个环节都有相应的内部控制制度。

FCPA 是美国实行长臂管辖的重要支撑。违反 FCPA 的公司不但被美国司法部或 / 和证监会处罚，也可能同时受到相关国家监管机构的处罚，而且会引发巨大的社会反响，如 2008 年西门子公司（SIEMENS）贿赂案，2009 年哈里伯顿公司（Technip FMC）案，2010 年英国宇航公司（BAE）案，阿尔卡特－朗讯（Alcatel–Lucent）案，2013 年道达尔公司（Total）案，等等。

2. 相关动态

（1）关于公司不当行为中的个人责任（Yates Memorandum：Individual Accountability for Corporate Wrongdoing）。

2015 年 9 月 5 日，美国司法部副部长 Sally Yates 提出加强对公司违规行为中个人责任的追究，这已成为美国司法部执法的重要导向和趋势。根据有关统计，2019 年，FCPA 执法机关对个人处罚案件数量达到了 31 件，其中美国司法部有 25 件，为历来最高。

（2）2016年4月5日，美国司法部刑事司欺诈科发布《欺诈科反海外腐败法执行计划及指南》，表示要增加FCPA执法部门的资源，包括美国联邦调查局以及司法部的人力，强化与国外执法部门加强跨境合作，并在Yates备忘录的基础上，提出试行一年的执法试验计划，要求以自愿性自我披露、充分合作以及及时和适当的整改，作为获得相应罚责减免的条件。

3. 特别关注

正是在这些经验积累的基础上，美国司法部在2017年5月发布《公司合规程序评价》（*Evaluation of Corporate Compliance Programs*），于2019年4月进行系统更新，并在2020年5月根据经验和实践中的反馈，对一些方面做出更准确切实的补充调整。本文件是对《美国检察官守则》中《联邦对商业组织刑事追诉准则》（*Principles of Federal Prosecution of Business Organizations in the United States Attorney's Manual*），以及美国《联邦量刑指南》（*The U.S. Sentencing Guidelines*）中有关"有效的合规程序"考虑因素的进一步明细化，旨在帮助检察机关就合规建设是否有效以及在何种程度上有效做出正确的判断，以确定合适的处理或追诉形式，如罚款、公司刑事处罚中的监督或报告等合规义务。他们虽然不采用刻板的公式，但确实常在做出各个独立决定过程中问到一些共同的问题，通过提出问题，直击本质，揭开公司合规管理的面纱，判断公司合规是否真诚，还是纸面或表面形式，对企业进行有效的合规管理也具有很强的指导性和操作性。

《公司合规程序评价》整部文件以问题导向，分别围绕三个主要问题，逐层在不同方面细化，分析和提出具体问题。

（1）公司合规制度是否设计良好。

- 风险评估；
- 政策和程序；
- 培训和交流；
- 保密报告体系和调查程序；

• 第三方调查；

• 并购。

（2）该制度是否被认真、真诚执行？换句话说，该计划“是否有足够的资源和权力来有效运作？”

• 中高层管理者的承诺；

• 合规自主权和资源，如对数据资源的使用和访问；

• 奖惩措施。

（3）该合规程序是否在实践中有效？

• 对合规程序的持续改进、定期测试和评审；

• 对不当行为的调查；

• 分析和纠正任何潜在的不当行为。

FCPA 案中，不少公司此前数年多次出现大金额，甚至系统性的行贿行为，未保持和维护内部控制系统，这些都被纳入处罚考量范围；同时，公司是否有主动披露的情况，配合美国司法部调查，高级管理人员在相关事件中是否有质疑或发出声音，也会最终影响到处理结果，如罚责减免、处罚金额、个人责任承担、加强合规体系建设和监督等。

FCPA 违法处罚金额走势一路向上。2008 年的西门子行贿案中 8 亿美元罚金曾经让人咂舌，如今已被不断超越。近有 2017 年 Telia Company AB 案处罚 9.65 亿美元，2018 年巴西石油（Petrobra）案罚金 17.8 亿美元，2019 年爱立信（Ericsson）腐败案罚金 10.6 亿美元，以及 Mobile TeleSystems 案件罚金 8.5 亿美元，更有 2020 年空中客车公司腐败案罚金达到 40 亿美元。

在中美贸易摩擦不断扩大和日趋激烈的情势下，可能受制于美国长臂管辖的企业，尤其要对此给予充分的关注。像其他合规管理理念和实践一样，该文件对于我国企业的合规建设，也有很大的参考作用。

（三）中国企业合规管理导向和探索

根据“合规管理体系 指南”（Compliance management systems–Guidelines）（ISO 19600：2014）的定义，合规是指满足组织所有的合规义务（meeting all the organization’s compliance obligations），而合规义务指组织应该遵守的合规要求或选择遵守的合规承诺；管理体系则指组织制定政策和目标以及实现这些目标的过程的相互关联或相互作用的一组要素。

随着国家立法监管的日趋严密，合规管理覆盖从最初的反腐败、反垄断，一直到今天更广范围的反洗钱、数据安全与隐私、出口管制与贸易合规、质量安全和环保等。

合规管理体现一种事先预防、事中监控和事后纠正的管理思路。一套成功的公司合规管理体系应该不仅能够预防腐败行为，而且有助于及时发现腐败，更能够确保追责和整改。商业贿赂只是合规管理的一个方面，反商业贿赂的合规管理，关涉公司合规管理体系建设的有效性，并在一个更大层面上关涉我国有关立法导向。

1. 我国企业合规管理的现行立法框架

早在 2006 年，银监会以巴塞尔银行监管委员会通过的《合规与银行内部合规部门》为蓝本，发布了《商业银行合规风险管理指引》；2007 年，保监会颁布了《保险公司合规管理办法》。

国务院国资委在 2015 年 12 月 8 日发布的《关于全面推进法治央企建设的意见》（国资发法规 [2015]166 号）中，要求中央企业加快提升合规管理能力，由总法律顾问领导，法律事务机构作为牵头部门，研究制定统一有效、全面覆盖、内容明确的合规制度准则，加强合规教育培训，努力形成全员合规的良性机制，建立法律、合规、风险、内控一体化管理平台。

随着中国企业在海外经营的合规风险日益暴露，通过中外交流合作，外资及合资企业合规管理实践，中国政府在近两年密集出台了企业合规管理方面的指引，充分吸收了国际先进的合规理念和良好实践，明确了合规管理的基本原则和清晰的合规管理体系，如《中央企业合规管理指引（试行）》规定合规的独立性原则，且合规管理负责人的主要职责包括向董事会和总经理汇报合规管理重大事项。该规定为合规管理负责人赋能，树立其权威，是典型的、国际化的企业合规管理架构安排。

（1）证监会2017年6月6日发布《证券公司和证券投资基金管理公司合规管理办法》，于2017年10月1日施行。

（2）中华人民共和国国家质量监督检验检疫总局和中国国家标准化管理委员会以国际标准化组织发布的《ISO 19600合规管理体系 指南（2014）》为蓝本，于2017年12月29日发布并于2018年7月1日实施《GB/T 35770–2017合规管理体系 指南》国家标准。

（3）国务院国资委于2018年11月2日发布《中央企业合规管理指引（试行）》。

（4）国家发改委、外交部、商务部、中国人民银行、国务院国资委、外汇局、全国工商联于2018年12月26日发布《企业境外经营合规管理指引》。

我国目前的合规管理文件有很强的原则性。因此，《中央企业合规管理指引（试行）》附则第29条要求中央企业根据该指引，结合实际制定合规管理实施细则。该等实施细则，能否满足合规管理的要求，国务院国资委怎样跟进、审查和监督，有待实践中探索。同时，合规管理文件作为部委规章，约束力、执行力和震慑力有限。在合规有效性方面，国内还没有相关文件对此进行明确和指引。

国务院国资委于2019年10月19日发布了《关于加强中央企业内部控制体系建设与监督工作的实施意见》，其依据文件中没有已出台的合规管理指引，提出要"建立健全以风险管理为导向、合规管理监督为重点，严格、规范、全面、有效的内控体系"，实现"强内控、防风险、促合规"的管控目标，"切实全面提升内控体系有效性"。该意见体现了一种综合的内控统领思路，其中还明确要健全内控体系中的监督评价体系，加大企业监督评价力度，强化整改落实工作，加大责任追究力度，更是在多处强调内控体系的有效性。

我国企业内部控制规范体系，建立在财政部、证监会、审计署、银监会、保监会于 2008 年 5 月 22 日发布的《企业内部控制基本规范》，以及于 2010 年 4 月 26 日发布的《企业内部控制配套指引》基础上，基本原则包括全面性、重要性、成本效益原则，尤其是制衡性和适应性，目标是“合理保证企业经营管理合法合规、资产安全、财务报告及相关信息真实完整，提高经营效率和效果，促进企业实现发展战略”。这张防控大网对反商业贿赂应有裨益。中央企业主要领导人员作为内控体系监管工作第一责任人，统筹内控体系工作职责的部门或机构怎样安排，怎样保证合规管理要求的独立、权威性和有效性，需要进一步探索。

2. 对标国际有效性合规管理，加强刑事法导向

面临国际与国内多法域管辖带来的合规风险，合规制度建设的有效性得到越来越多的关注。国务院国资委在 2020 年 6 月 13 日发布的《关于开展对标世界一流管理提升行动的通知》中，明确“加强管理是企业发展的永恒主题，是企业实现基业长青的重要保障”，要“以加强管理体系和管理能力建设为主线”，在作为 8 个方面的重点任务之一的风险管理方面，提出“针对风险防范意识不强、内控体系不完善、合规管理不到位、责任追究力度不够等突出问题”，要“健全合规管理制度，加强对重点领域、重点环节和重点人员的管理，推进合规管理全面覆盖、有效运行”。

前阿尔斯通集团锅炉部全球负责人弗雷德里克·皮耶律齐，在 2013 年抵达美国纽约肯尼迪国际机场时被美国联邦调查局探员逮捕，后被美国司法部指控涉嫌商业贿赂，判处 30 个月的监禁，而阿尔斯通也被处以 7.72 亿美元罚款，其电力部门被行业内的主要竞争对手美国通用电气公司收购。皮耶律齐直到 2018 年 9 月才出狱，恢复自由。根据皮耶律齐先生的著作《美国陷阱》，法国政府在阿尔斯通事件后，将当时的指引性合规要求上升为立法，从而对企业产生强制执行力。该种经验值得思考。相信中国政府会以同样开放和务实的精神推动中国企业的合规管理体系建设向着更有效的方向发展，就像中国引进国际化的合规管理一样，带有域外理念和实践的合规管理并不会因为中国制度、国情、文化等因素而被拒之门外。有关增强企业合规的压力和动力的本土化制度体系有待进一步探索。

我国刑法中，既有个人和单位的行贿罪，也有国家工作人员、企业有关人员和单位受贿罪。这套法网的编织是严密的。但是就反商业贿赂的执法和司法而言，却缺少对有商业贿赂嫌疑的单位和个人做出起诉和审判，就其公司合规管理中积极建设性方面做出减免的鼓励性安排，反之则从重或加重处理的规定，也因此无法从最严厉的刑事立法和执法上鼓励企业和个人的积极合规行为。

我们可能在多大程度上借鉴美国、法国等前述合规管理及个人责任追究？我们于各自路径上又能在多大程度上从技术层面走向融合？不同国家政府机构的架构和职能不同，从而其立法文件的思维方式也有差异，如美国司法部发布的有效合规管理评价文件中体现出的问题导向和经验主义、操作性，我们已有的文件更强调定性和系统性，而细节性指导和程序性安排不够。我们很难一一比照，将美国的司法操作尽数移植过来。但如果我国最高检察院和最高法院发布反商业贿赂案件中单位合规管理有效性评价指引，尤其是考虑到我国刑法中有存在单位犯罪的规定，将涉事单位的合规管理情况纳入检察机关起诉、人民法院量刑和后续整改考量，我们也不会觉得突兀，因为这不仅与我国现有的合规管理指引规章形成衔接，而且有利于提升企业合规管理指引的执行效力和导向价值。

（四）中国企业反商业贿赂有效合规管理的要点

我国目前有关合规管理的立法，旨在建立一套以风险管理为导向，内控为统领，多管齐下的企业管理系统，主要针对中央企业和国有企业，它们被期待发挥带头和示范作用；这并不意味着对民营企业没有合规管理要求，相反，我国现有的合规管理规定对民营企业一样有参照和指引作用，因为他们同样面对商业贿赂合规风险。这是一个不断探索、不断系统化和完善的历程。

1. 公司反商业贿赂需要搭建有效的内控与合规管理体系

建立有效的公司合规管理体系，应在一个更大的有效内控体系中探索，坚持内控的基本原则，如全面性、系统性和制衡性原则，在治理结构、机构设置及权责分配、业务流程等方面相互制约、相互监督，使一个岗位或一个部门对一项或多项存在较大风险的决策及业务活动，必须经过不相容的其他岗位或部门的查验、审核，同时应兼顾运营效率。

合规管理体系建设也需要考虑公司所在行业、经营范围、商业模式、管理架构、人员、经营规模等因素，遵循重要性、适应性要求，实践中以下方面需要予以更多关注。

（1）合规风险识别和评价。

合规管理以风险管理为导向，具体合规风险与公司所在行业及业务相关，应基于最新的立法和执法动态，审视商业模式、业务及管理实践、内部制度。

（2）制度制定和流程化。

在把握公司合规要求的基础上，通过梳理和制定公司的制度和流程，将合规管理融入企业业务及经营，明确各相关部门如何分工合作，并严格推行，强化违规问责是关键。

（3）合规管理架构。

①对决策层、管理层和执行层赋能明责。根据国务院国资委有关负责人就《中央企业合规管理指引（试行）》发布回答记者提问，规定合规管理架构是“倡导企业在决策、管理和执行三个层级上均明确合规责任，决策层应充分发挥表率作用”。

②合规管理牵头部门的设置。目前的合规管理规定并没有明确合规管理牵头部门，或许可以认为是将空间给予企业，所以实践中有法务部门作

为合规管理牵头部门，有内控负责部门同时作合规管理牵头部门，但同时需要考虑合规的独立性和权威需要。

③部门分工与合作。企业业务部门必须确保本部门及各岗位的工作合规，监察、审计、法律、内控、风险管理、安全生产、质量环保等相关部门，在职权范围内履行合规管理职责，实践中需要厘清彼此的分工与合作关系，增强协同和联动，避免各自为政。

（4）完善合规管理运行机制。

①实时追踪外部合规要求变化。根据合规风险识别和预警机制，加强合规风险应对；建立健全合规审查（包括咨询和调查）机制，强化违规问责；由于我们的文化意识，合规报告制度实施不易，因此应包括有关的保密、举报人保护和激励措施。

②跨境经营合规管理。对公司在境外设立的分支机构（子公司、分公司和代表机构等），建议在满足当地合规管理要求的同时，纳入母公司合规管理系统，加强信息沟通，加强督促和考核。

涉及具体措施，需要考虑不同法域下行为的边界和应对之策。如在内部调查中，有关信息的收集、处理、审查、传输和保存的问题，是否存在数据隐私或保密义务，工作成果规则（Work-product Rule），这些都值得引起充分的注意。

③定期开展管理体系评审，根据内外部环境变化动态调整管理制度和运行机制。

（5）合规管理保障。

信息化建设、人才队伍培养、完善考核评价、合规培训、合规汇报以及培育和倡导言行合一的合规文化。

2. 反商业贿赂合规管理要点

（1）建立健全反贿赂合规制度，如单项反商业贿赂制度，以管控礼品、款待、差旅，甚至捐赠的合规风险，特别注意跨法域经营中可能涉及的加速费、人身安全费等问题。

（2）基于内部制衡要求的流程建设和审批是关键。反贿赂合规需要在公司员工招聘及管理（如员工守则或公司商业行为守则）、合同管理、采购、市场和销售，以及财务管理等方面设置相应的制度和流程安排。

（3）人员管理重点。

①员工管理。在员工聘用、劳动合同、员工手册、公司政策、对违规员工的纪律处分、举报、调查取证、劳动纠纷／仲裁等方面应做好充分的风险评估和反商业贿赂安排。2016 年高通公司因违反 FCPA 被罚，被指控行为中包括聘用中国政府官员的亲属以获得中国通信市场中的商业优势；拉斯维加斯金沙集团（Las Vegas Sands）2016 年被美国证监会处罚，主因也是未能阻止员工规避公司政策和程序，向中间人支付高额款项。

②商业伙伴管理。在很多商业贿赂案件中，都有第三方，如代理人或机构的不法身影。比如，阿尔卡特－朗讯贿赂案，葛兰素史克在中国的商业贿赂案，沃尔玛和爱立信利用第三方行贿，等等。因此，应通过尽职调查，全面评估交易风险与可行性，制定《商业伙伴行为准则》或签署《反贿赂协议》以及在相关合同中完善反贿赂条款，定期提供有效的合规培训，持续监管商业伙伴。

③管理层承担合规责任。应根据有关法律法规以及公司制度在岗位职责上切实履行合规义务，并承担促进企业合规的责任。应注意保存证据以证明公司管理层和主要相关方是否参与了旨在正确行事的过程。

（4）契合公司需要的反商业贿赂风险识别和预警机制以及危机管理，加强危机应对。通过外部和内部调查、内部监督、内部和外部审计、定期和不定期自查以及进行相应的追责等，促进整改和制度完善。

（5）通过定期和不定期的系统而有针对性的反商业贿赂培训，提升管理层和员工反商业贿赂的合规意识和敏感度。明确工作中的流程和合规要求，强化个人责任意识，学会在利益和合规面前做好衡量及风险管理预案，这也是公司和个人安全及健康发展的要求。注意保留好相关书面材料。

（五）结语

商业贿赂体现个人与所在组织利益，或个人、组织利益与他人及社会利益的冲突，利益冲突是核心问题。因此，怎样施以压力或动力，以调动员工和管理层合规的积极性，怎样在制度建设上构建对权力的制约和监督，增强制度有效性，不仅需要专业和经验，更需要做正确事情的诚意和勇气。

我国政府基于对企业合规管理的专业性和重要性认识，探索我国国情下有效的企业合规之路，从立法和执法高度积极促进企业合规管理，明确更加有效的引导、激励以及追责措施，对打击商业贿赂、对中国企业和经济行稳致远及提升国际竞争力，都具有深远意义。

在国际监管更加严峻的形势下，在全球范围内的企业合规管理得到更多关注，并得以达成理念、原则和良好实践的进一步共识情况下，顺应时势要求，构建企业合规管理体系，有效防控商业贿赂给公司带来的经营风险，是企业管理的战略举措；同时，公司中高级管理层作为公司的大脑和执行层，积极履行合规管理职责，是对公司和个人可持续发展的最好保障。

反垄断合规与中国企业的合规管理实践

垄断是市场经济发展到一定阶段的产物。反垄断法，就是反对垄断和保护竞争的法律制度，又被称为国家的“经济宪法”。反垄断法的发展始自19世纪的美国，发展于20世纪的欧盟、日、韩等OECD国家，目前全球已有140多个国家和地区颁布并实施反垄断法。随着市场经济体制的不断完善，我国反垄断法于2008年开始施行，目前已成为公认的全球反垄断三大执法领域之一。

正如我国反垄断法所述，反垄断的目的包括保护市场公平竞争，提高经济运行效率，维护消费者利益和社会公共利益，等等。应该说，反垄断的法律逻辑在全球都具有较大程度的相似性，但执法重点和具体要求又有不同。对于企业尤其是行业头部企业来说，要做好反垄断这一专业板块的合规，首先要了解全球反垄断立法和执法的基本情况和最新发展。

（一）美国反垄断立法和执法实践

美国反垄断法代表着世界领先水平，其法律渊源主要包括三部法案以及相关司法判例。其中，三部法案分别是1890年颁布的《谢尔曼法》（*Sherman Antitrust Act*）、1914年颁布的《克莱顿法》（*Clayton Antitrust Act*）

与《联邦贸易委员会法》（*Federal Trade Commission Act*）。因法案用语概括性强，司法判例对法案的解释也极大地推动了美国反垄断法的发展。同时，美国司法部（Department of Justice, DOJ）与美国联邦贸易法委员会（Federal Trade Commission, FTC）作为联邦反垄断执法机构，其发布的指南以行政解释的形式澄清现有法律与政策的含义。虽然指南不具有强制性法律效力，但极大地提高了执法的可预见性。

1. 限制竞争的协议

（1）横向垄断协议。

现代市场竞争中，竞争对手之间需要相互合作，共同推动成本降低，促进创新。然而，当竞争对手间共谋统一行动时，就可能因违反《谢尔曼法》第 1 条而受规制。第 1 条规定："任何合同、以托拉斯形式的联合或共谋，如果妨碍洲际或对外贸易，都被视为违法。"司法实践中，最高法院在 1911 年美孚石油公司案中进一步确定，仅"不合理"（unreasonable）妨碍贸易的联合或共谋才会被认定为违法，"合理原则"（Rule of Reason）就此确立。依据该原则，执法者应进行个案分析，分别确定涉案行为促进与限制竞争的影响，从整体上判断一项行为合法与否。《竞争者间合作行为反垄断指南》为鼓励竞争者间的合作，指出若合作的竞争者占相关市场总额小于 20%，其合作行为被认定为违法的可能性很小。与之相对，固定价格、串通投标、划分市场、联合抵制等行为在任何情况下都会妨碍竞争，应适用"本身违法原则"（Rule of Per Se），即不考虑其所占市场份额，实施行为本身即被认定为违法。

参考案例

2012 年，美司法部裁决友达光电、奇美电子、LG、夏普等亚洲液晶面板商操纵市场价格，并对其开出数亿美元的罚单。调查中发现，2006 年，各涉案液晶面板商的高级管理人员会晤逾 60 次，商讨如何避免因供过于求而跌价，商定降价时机与幅度，共谋暂停生产，调整供需，达成横向垄断协议。此外，中国与欧盟也对该系列液晶面板商的串谋行为进行了反垄断制裁。

（2）纵向垄断协议。

美国反垄断法不仅规制竞争对手间的横向协议，同时也规制处于产业链上下游经营者间的纵向协议，具体包括纵向价格协议与纵向非价格协议。纵向价格协议中限制销售商最低转让价格协议最为典型。2007 年美国最高法院通过 Leegin 案，推翻了“纵向价格协议应适用本身违法原则”的先例，改而适用合理原则。这是因为纵向价格协议虽有抑制竞争的作用，但同时也有促进竞争的积极作用，比如“限定转售最低价格”政策可阻止下游销售商通过降低价格争抢客源，鼓励其提供更多附加服务吸引消费者。零售服务质量的提升，变相增加了不同品牌间的竞争，最终将惠及消费者。但是，当多个制造商横向联合与下游销售商签订该类协议时，就会因构成横向价格垄断从而违反《谢尔曼法》第 1 条。对于纵向非价格协议，如排他交易，仅当具有垄断地位的经营者以此为手段，维持其垄断地位时才会构成违法。

参考案例

Leegin 公司要求下游经销商不得以低于规定的零售价销售其产品。联邦最高法院认定，该行为虽有蚕食下游销售商自由定价权的抑制竞争效果，但同样具有促进不同品牌间的竞争与利于新经营者进入相关市场等促进竞争的积极作用。2007 年 6 月法院做出裁决，认定对转售价格维持协定应适用“合理原则”进行个案分析，经分析认定 Leegin 公司的行为不构成违反《谢尔曼法》第 1 条的规定。

2. 滥用市场支配地位

《谢尔曼法》第 2 条规制滥用市场支配地位行为，即一般对单方垄断行为的规制。该条规定：“任何人若从事垄断或谋求垄断，或与他人联合或者合谋，以实现对洲际或对外贸易或商业的任何部分的垄断，都应视为犯有重罪。”基于该条规定，美国判例法逐步确立了滥用市场支配地位行为的分析步骤。首先，应确定该经营者的市场支配力。市场支配力不仅体现在所提供商品的市场份额上，更体现在这种支配力是可持续的，不会因其他竞争者进入市场而轻易丧失。其次，具有垄断地位的经营者实施了滥用其垄断地位的行为，包括排他性购买或销售协议、搭售、掠夺低价与拒绝交易等。最终，经营者提出正当商业理由用以抗辩，由法院裁定其在相关市场所取得的成就，究竟是因其非法取得或维持垄断地位还是源于正当商业竞争。2019 年起，美国司法部对四大互联网巨头 Amazon、Apple、Google、Facebook 发起了反垄断调查，调查其是否以及如何获得市场支配力，是否有进一步的削弱竞争、扼杀创新或损害消费者利益的垄断行为。

参考案例

Dentsply 是人造牙龙头生产商，占据 75% ~ 80% 的市场份额。1993 年，Dentsply 决定实施一项排他交易政策：若发现经销商同时销售其竞争者的产品，即终止与该经销商的关系。因 Dentsply 在该行业中的地位无可取代，各大经销商纷纷决定独家销售 Dentsply 的产品。2005 年，美国第三巡回法院裁定 Dentsply 违反《谢尔曼法》第 2 条，认定其从事旨在维持垄断的非法行为。

3. 经营者集中

经营者集中即并购，由《克莱顿法》第 7 条规制。其规定："若企业并购可能实质上减少竞争或形成垄断，应禁止该并购。"就程序而言，经营者集中前应向反垄断执法机构通报。事实上，已完成的并购若损害了消费者利益，执法机构同样有权对此展开调查。从并购双方在产业链所处环节的相互关系上，并购具体分为横向合并、纵向合并与混合合并。横向合并，即存在竞争关系的经营者之间的合并。其直接导致相关市场竞争者数量减少，达成横向垄断协议的可能性陡增，同时也因相关市场内可替代商品种类减少，更加不利于消费者权益的保护。相比之下，纵向合并，即产业链上下游经营者间的合并，对相关市场竞争的危害相对较小，对其规制的力度也远小于横向合并。随着经济学理论的发展，以及实践中规制纵向合并的新需求，2020 年 6 月，DOJ 与 FTC 联合发布了新版《纵向合并指南》，对纵向合并带来的单边效应予以确定，提高了纵向合并执法的可预见性。

参考案例

2018 年 6 月，美国哥伦比亚特区联邦法院法官否决美司法部指控，批准美国传统电信运营商 AT&T 与跨国媒体企业时代华纳的纵向合并。合并后，作为产业上游内容公司的时代华纳，可能会针对下游 AT&T 播放渠道降价；抑或是 AT&T 针对其他内容公司使用其播放渠道涨价，从而有损消费者利益，抑制行业创新。然而，法院裁定司法部指控证据不足，合并所产生的影响远小于其预估。这昭示着在互联网内容运营商冲击之下，传统播放渠道与传统内容制造商合并的大势。

4. 反垄断执法与中国

美国联邦与各州都享有其各自的反垄断执法权，联邦执法机构主要负责域外与州际反垄断执法。联邦执法机构为美国司法部（反垄断局）与联邦贸易委员会，二者共同承担反垄断民事执法与并购控制的职责，司法部单独负责反垄断刑事执法。若垄断行为造成其他法人或自然人主体损害，受害人可能获得三倍损害赔偿的判决。图 11 反映了联邦执法机构近 5 年的执法情况。

反垄断合规是中国企业进行涉美并购与贸易时需考虑的重要一环。近年来，几起涉华反垄断案件引起广泛的关注。维生素 C 案作为首例涉华反垄断案件，所体现的中美对竞争行为规制的差异尤其引人深思。该案中，河北维尔康制药有限公司等中国 4 家制药公司被诉至美国法院，原告诉称 4 家中国维生素 C 制造商通过达成固定价格协议、减少供给量，致使维 C 价格大幅攀升。该价格共谋与数量限制的行为违反了美国反垄断法。事实上，中国企业被指的“价格操纵”仅是商务部下属中国医药保健品进出口商会为避免海外倾销指控，于 2001 年组织国内 4 家主要维 C 生产企业达成的维 C 出口数量和价格相关协议。

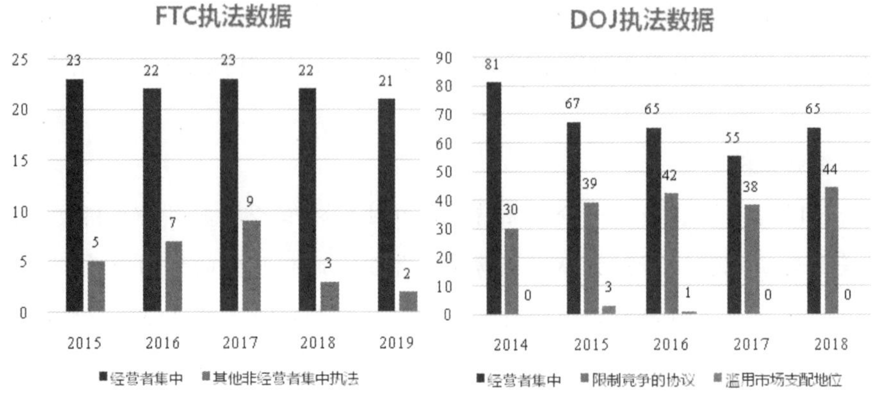

数据来源：https://www.ftc.gov/competition-enforcement-database

数据来源：Antitrust Division Workload Statistics FY 2009–2018

图 11　美国总体执法情况

本案所经历的审理过程可谓跌宕起伏。2005 年被起诉至纽约东区联邦地区法院，中国企业败诉并被开出 1.47 亿美元的天价罚单；2016 年联邦第二巡回上诉法院采纳“国际礼让原则”，推翻一审判决；2018 年美国最高法院认为中国商务部的陈述应予以尊重，但不应对法院具有约束力，因此驳回原判，发回重审。该判决过程引人深思、促人警醒：反垄断违法后果严重，涉外企业若不重视反垄断合规，则无时无刻不面临着不可预测的海外贸易风险。

（二）欧盟反垄断立法和执法实践

《欧盟运行条约》（*Treaty on the Functioning of the European Union, TFEU*）是欧盟反垄断法律体系中的基本法，其意图是建立一个“商品和服务都可以自由流通的统一内部市场”。但条约仅是宽泛和框架性地规定了欧盟的目标和架构，对于反垄断法的实施而言，还需要依赖条例、指令、决议等次级法，如《欧盟并购条例》《纵向限制集体豁免条例》。

欧盟委员会竞争总司（Directorate-General for Competition）负责反垄断执法工作。如果企业对欧盟委员会的决定不服，可上诉至欧洲普通法院（General Court）；对欧洲普通法院的判决仍不服的，可继续上诉至欧洲法院（Court of Justice）。

和大多数国家一样，欧盟反垄断法主要规制三种垄断行为：垄断协议、滥用市场支配地位和经营者集中。除此之外，国家补贴（State Aid）属于广义上的国家限制竞争的行为，作为广义的欧盟反垄断法的一部分，欧盟还对欧盟成员国间的国家补贴进行审查。

欧盟总体执法情况，如图 12 所示。

年份	案件数量（个）
2017	151
2018	165
2019	138

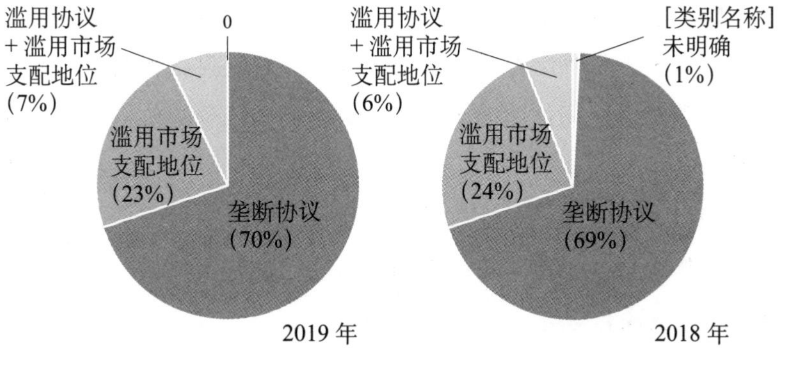

图 12　欧盟总体执法情况

1. 垄断协议

《欧盟运行条约》第 101 条对垄断协议做出规定：凡可能影响成员国间贸易，并以阻碍、限制或扭曲共同市场内的竞争为目的或有此效果的企业间协议、企业联合组织的决定或协同行为，均被视为与共同市场不相容而禁止，主要包括下列行为。

- 直接或间接固定购买、销售价格或其他交易条件；
- 限制或控制生产、销售、技术进步或投资；
- 划分市场或供应来源；
- 对同等交易的其他交易相对方使用不同的条件，从而使其处于不利的地位；
- 合同缔结条件取决于交易伙伴对额外义务的接受程度，但无论是依据其商业性质或交易惯例，该额外业务均与合同标的无关。

（1）横向垄断协议。

横向垄断协议是指在生产或销售中，处于同一经济环节、具有相互竞争关系的经营者之间签订的共同控制价格、产量、技术、产品、设备、交易对象、交易地区等内容的协议，或虽没有协议但共谋采取协同一致的行为。

主要的横向垄断协议类型包括固定价格、产量限制和划分市场。固定价格是指竞争对手之间达成固定或者变更商品和服务的价格水平、变动幅度、手续费、计算公式等行为。产量限制通过约定限制、固定产量或停止生产、拒绝供货或限制商品投放量等方式限制生产数量。划分市场表现为划分商品销售地域、销售对象或者销售商品的种类、数量，划分原材料采购的区域、供应商，等等。

参考案例

一直以来，欧盟对横向垄断协议的执法都非常严格。2016 年 7 月欧盟委员会宣布对曼集团、沃尔沃 / 雷诺、戴姆勒、依维柯和 DAF 处以总额高达 29.3 亿欧元的罚款。原因是 1997—2011 年间，上述企业就卡车制造达成了横向垄断协议，协调卡车出厂价格并约定统一延迟使用新排放技术的时间。

（2）纵向垄断协议。

欧盟纵向垄断协议是指两个或两个以上处在生产或分销链条中不同环节的经营者（如供应商、经销商）达成的关于购买、销售或转售商品或服务的条件的协议或协同行为。

与中国仅规范限制转售价格不同，欧盟还对地域或客户限制做出规定。限制转售价格是指限制经销商的自主定价权，包括任何导致固定转售价格或限定最低转售价格的约定，如在合同中约定对不遵守定价要求的经销商可中止交货等。

就地域和客户限制而言，欧盟十分重视商品和服务在各成员国之间自由流通，因此在欧盟不能随意对经销商的销售地域或客户进行限制，包括限制欧盟各成员国经销商交叉供货，限制欧盟一成员国经销商从另一成员国进货，等等。但欧盟反垄断法规定了两种例外情况：一是对独家经销商的保护，二是允许对批发商的限制。

对独家经销商的保护是指欧盟允许公司将一个区域或某类客户独家保留给某个经销商，规定其他经销商不得在该区域或向该类客户进行主动销售，但不得限制被动销售，比如其他经销商应客户的主动要求，向该客户交付商品等。允许对批发商的限制是指允许公司限制其批发商直接向终端用户销售。

参考案例

2019年3月，欧盟委员会对耐克公司限制授权经销商在欧洲经济区内跨境销售特许商业化产品的行为处以1250万欧元的罚款。据悉，耐克在协议中明确要求授权经销商将跨区域销售的采购需求直接移交给耐克或就跨区域销售支付双倍许可费；明确禁止授权经销商向可能跨区域销售的客户（通常为零售商）供应特许产品。欧盟委员会认为耐克持续约13年的违法行为阻碍了授权经销商在欧洲跨境销售产品，且最终导致消费者无法在不同成员国间自由跨境购物。

2. 滥用市场支配地位

在欧盟，滥用市场支配地位的前提是在欧盟的市占率达到 40% 及以上。《欧洲运行条例》第 102 条对滥用市场支配地位做出规定：在共同市场内部或者在共同市场的某一重要部分占据支配地位的一家或者多家企业的滥用行为，若可能影响到成员国之间的贸易，则应当因其与共同市场不相容而予以禁止。

此类滥用行为主要包括以下内容。

- 直接或者间接施加不公平的采购价格、销售价格或者其他不公平的贸易条件；
- 限制生产、市场或者技术开发，以致损害消费者的权益；
- 在同等交易中，对于其他交易方适用不同的条件，因此使这些交易方在竞争中处于不利的地位；
- 以对方当事人接受附加义务为条件订立合同，而这些附加义务在本质上或者依据商业惯例与此类合同的标的不存在关联。

2009 年，欧盟颁布《查处滥用市场支配地位执法重点指南》，详细列举了几种滥用行为，包括排他性购买、搭售和捆绑销售、低于成本定价、拒绝供应和价格挤压。

参考案例

2019 年 3 月，因谷歌迫使其 AdSence 业务的客户签订排他条款，声明他们不会接受谷歌竞争对手的搜索引擎广告，阻止其他搜索引擎在第三方网站的广告投放，欧盟委员会认定谷歌滥用其在线搜索广告市场中的支配地位，并对其处以 15 亿欧元的罚款。

3. 经营者集中

根据《欧盟并购条例》，经营者集中是指将导致企业控制权发生持续性变化结果的各类交易，包括三种形式，即企业合并、获得企业全部或部分控制权、设立合营企业。其中“控制”是指对一家企业的经营决策施加决定性影响。

欧盟经营者集中要求事前申报，在投资并购项目实施前，达到规定的门槛，就必须进行申报；只有执法机构批准申报后，才能实施投资并购项目。欧盟经营者集中一般不考虑参与投资并购项目的企业在市场上的地位（如市占率），申报门槛为营业额，且是整个集团的营业额。

在欧盟，反垄断申报门槛的设置机制与中国类似，一般性申报门槛为项目中所有公司上一会计年度全球范围内营业额合计超过 50 亿欧元，且其中至少 2 个公司上一会计年度欧盟境内的营业额超过 2.5 亿欧元（除非在欧盟境内营业额的 2/3 均来自同一个成员国）。除此之外，就规模较小的项目，欧盟设定有更为复杂的门槛标准。

参考案例

2019 年 2 月，欧盟委员会否决了法国阿尔斯通公司与德国西门子公司关于合并铁路制造部门的商业计划。尽管此项并购交易获得了巴黎和柏林的政治支持，但欧盟委员会认为此项并购有损于铁路信号设备和高铁列车市场的竞争，并购后可能引起火车及信号系统价格的上涨，最终导致铁路公司及乘客的损失。

4. 国家补贴（State Aid）

《欧盟运行条约》第 107 条构成了欧盟关于国家补贴的核心条款，该条规定：除非另有约定，欧盟成员国提供的或通过无论何种形式的国家资源给予的，在优待某些企业或某些产品生产的情况下，扭曲或威胁扭曲竞争的补贴，如果此项补贴已阻碍成员国之间的贸易，则此项补贴与欧盟内部市场竞争机制相抵触。

2020 年 6 月 17 日，欧盟委员会发布《关于在外国补贴方面创造公平竞争环境的白皮书》（以下简称《白皮书》），意图填补欧盟对由非欧盟成员国向在欧盟开展业务的公司提供补贴的监管空白，以解决某些企业可能基于非欧盟成员国补贴获得不公平竞争优势的问题。根据《白皮书》，欧盟委员会可依职权对获得非欧盟成员国补贴的企业进行调查，并实施要求受补贴企业退还补贴等救济措施。除此之外，《白皮书》还规定了强制申报制度，要求交易企业申报已获得或将获得外国补贴的收购活动，进行交割前审查。如交易企业应申报而未申报，其可依职权在交割后进行审查。当企业作为公共采购投标人时，若该企业投标前三年获得外国补贴金额超过特定门槛的，须向欧盟委员会申报；一旦调查发现上述补贴会导致市场扭曲，申报人可能会失去参与公共采购程序的资格。

违反欧盟反垄断法会导致严重的后果。在日常经营活动中违反欧盟反垄断法主要体现在垄断协议和滥用市场支配地位行为。对于这两种行为，欧盟委员会有权发布决定，对违法企业处以总额不超过其上一年度营业额10% 的罚款。

在投资并购中违反欧盟反垄断法的行为主要体现为未按规定进行申报和在申报过程中提供虚假或误导性信息。若未按规定进行申报，欧盟委员会有权对相关企业处以最高不超过交易各方营业总额 10% 的罚款。若在申报过程中违反如实提供材料义务，欧盟委员会有权对企业处以不超过营业额 1% 的罚款。

如上所述，《欧盟运行条约》第 101 条和 102 条构成了欧盟反垄断法的主要内容，也为个人和公司创设了直接适用的效力，个人和公司可以依据这两条规定直接向成员国法院提起反垄断民事损害赔偿诉讼。2005 年，欧盟委员会发布了《违反欧盟反垄断规则的损害赔偿诉讼绿皮书》（以下简称《绿皮书》），强调保护个人和公司免受欧盟市场上限制竞争行为所导致的任何损害。2008 年，欧盟委员会发布《违反欧盟反垄断规则的损害赔偿诉讼白皮书》（以下简称《白皮书》），明确了完全赔偿原则、欧盟化原则和补充性原则。然而，《绿皮书》和《白皮书》并不具有法律约束力，无法解决相关改革方案在成员国实施的问题。2014 年，欧洲议会和欧盟理事会签署了《关于违反欧盟及其成员国竞争法的损害赔偿诉讼若干规则的第 2014/104 号指令》，要求各成员国必须在 2016 年 11 月 27 日之前完成对该指令的转化，确保欧盟市场内反垄断民事损害赔偿诉讼在各成员国国内法规则上保持一致。

2018 年，英国上诉法院（the Court of Appeal）就 iiyama 和三星电子之间关于《欧盟运行条约》第 101 条适用范围的判决，具有重要的意义。iiyama 是一家日本电视和显示器制造商，它认为三星电子与其竞争公司在欧盟之外达成的 CRT 和 LCD 卡特尔协议损害了 iiyama 在欧盟境内的利益。据悉，三星电子的相关卡特尔产品在欧盟之外（主要是亚洲）供应给某些公司，再由这些公司供应给 iiyama 在欧盟外的控股公司，由这些控股公司进一步加工成电视和显示器，最后运输到欧盟境内进行分销。三星电子认为相关卡特尔行为未发生在欧盟境内，不受欧盟反垄断法的管辖。最终，英国上诉法院支持了 iiyama 在关键问题上的意见，认为旨在对欧盟内部市场产生实质性间接影响的全球卡特尔行为可以满足管辖权中关于合格效果的检验（qualified effects test for jurisdiction）。

（三）中国反垄断立法和执法实践

《中华人民共和国反垄断法》（以下简称《反垄断法》）自 2008 年实施以来，已有 12 个年头。随着中国市场竞争日益激烈，其在保护市场公平竞争、维护消费者利益等发面发挥着日益重要的作用。为更好地适应近年来中国社会主义市场经济的发展，《反垄断法》即将迎来新一轮的修订，其修订草案已于 2020 年 1 月对外公布。

类似于欧盟，中国反垄断法的实施主要通过行政执法。2018 年《国务院机构改革方案》发布以前，反垄断执法权由中华人民共和国商务部、国家发展和改革委员会、国家工商行政管理总局联合行使，2018 年起由新组建的国家市场监督管理总局单独行使。执法机构同时负责出台配套规章制度，2019 年国家市场监督管理总局相继公布了《禁止垄断协议暂行规定》与《禁止滥用市场支配地位行为暂行规定》；2020 年正式公布了《关于汽车业的反垄断指南》《横向垄断协议案件宽大制度适用指南》《垄断案件经营者承诺指南》《关于知识产权领域的反垄断指南》4 部指南，为未来执法与企业合规提供了重要指引。

1. 垄断协议

《反垄断法》第 13 条将“垄断协议”规定为“排除、限制竞争的协议、决定或者其他协同行为”，其核心是共谋，具体包括横向垄断协议与纵向垄断协议。横向垄断协议又名卡特尔，是指与具有竞争关系的经营者达成的，固定或者变更商品价格、限制商品的生产数量或者销售数量、分割销售市场或者原材料采购市场，限制购买新技术、新设备或者限制开发新技术、新产品与联合抵制交易等协议。因固定价格、数量限制与分割市场一般只会产生阻碍竞争的效果，被严格禁止，又称为“核心卡特尔”。

纵向垄断协议是指与交易相对人达成的，固定向第三人转售商品的价格或限定向第三人转售商品的最低价格的协议，此规定在《反垄断法》第 14 条。依据该条，纵向垄断协议达成于处于供应链上下游的供应商与销售商之间，且明确禁止纵向价格垄断协议；对于纵向非价格协议，主要将其归入“国务院反垄断执法机构认定的其他垄断协议”的范畴予以规制。立法的侧重点即为执法的侧重点，自 2008 年以来，执法机构还未对纵向非价格协议进行规制。

同时，若满足《反垄断法》第 15 条规定的情形之一，即可豁免适用第 13、14 条对垄断协议的禁止性规定。豁免事由包括达成协议是为促进创新、实现标准化、增强中小经营者竞争力等情形。此类证据，应由被调查企业在执法部门调查期间提供。

截至 2020 年 8 月末，反垄断执法机构共查处垄断协议案件 98 件。其中，深圳理货公司案与黄冈旧机动车市场垄断案同时涉及固定或者变更商品价格、分割销售市场；重庆市烧结砖生产经营行业垄断协议案同时涉及固定或者变更商品价格与限制商品的生产数量或者销售数量；杭州市混凝土企业垄断案同时涉及固定价格、限定数量、分割市场，均统计在“固定或者变更商品价格”项下。垄断协议类型，如图 13 所示。

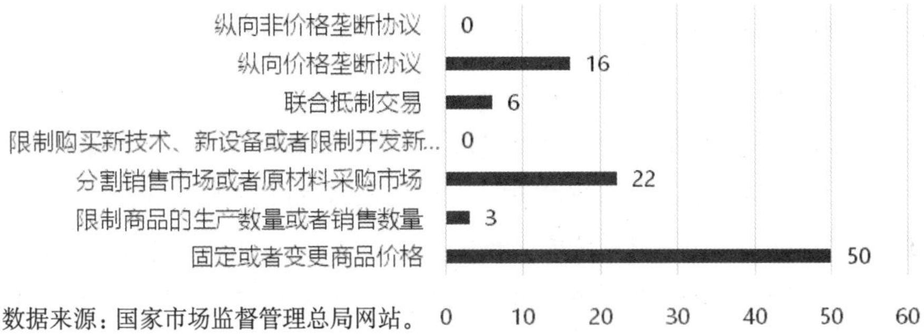

数据来源：国家市场监督管理总局网站。

图 13　垄断协议类型

参考案例

（1）横向垄断协议

2000 年 1 月至 2010 年 2 月，日立、三菱电机、住友等 8 家汽车零部件生产企业频繁进行会谈，协商价格，多次达成订单报价协议并实施。2000 年至 2011 年 6 月，不二越、精工、NTN 和捷太格特 4 家轴承生产企业在日本和上海讨论亚洲地区和中国市场的轴承涨价方针、涨价实际和幅度，交流涨价情况。国家发改委对上述行为对 12 家企业合计罚款 12.354 亿元。

（2）纵向垄断协议

2012 年年底，茅台酒类销售有限公司为稳定价格、维护品牌形象，发布限价令，严格限定经销商零售最低价格，并且对 6 家违反该限价令的经销商做出严厉的惩罚措施。五粮液酒类销售有限公司也曾批评了 15 家低价销售的经销商。2013 年，贵州省物价局与四川省发改委分别认定茅台公司与五粮液公司构成纵向价格垄断，并开出 2.02 亿元与 2.47 亿元罚单。

2. 滥用市场支配地位

与垄断协议相比，对滥用市场支配地位的规制主要针对经营者的单独行为。根据《反垄断法》第 17 条，滥用行为主要包括：以不公平价格销售或购买产品；没有正当理由，掠夺性定价、拒绝交易、限定交易、搭售商品或者附加其他不合理条件、差别待遇等行为。市场支配地位的判断需要综合衡量多方面因素，根据《反垄断法》第 18 条，考量因素包括但不限于该经营者在相关市场所占份额与相关市场的竞争情况、经营者对销售或原材料市场的控制力、经营者的财力与技术条件、其他经营者对其依赖程度以及进入市场的难易程度。其中，可直接依据经营者在相关市场所占份额推定其是否具有市场支配地位，但该推定在互联网等新经济业态领域不能简单应用，《禁止滥用市场支配地位行为暂行规定》第 11 条强调，应考虑相关行业竞争特点、经营模式、用户数量、网络效应、锁定效应、技术特性、市场创新、掌握和处理相关数据的能力及经营者在关联市场的市场力量等因素。

截至 2020 年 8 月底，执法机构共查处滥用市场地位案件 46 起。具体滥用行为如图 14 所示，其中，扑尔敏原料药垄断案同时涉及以不公平高价销售商品、拒绝交易、搭售行为；葡萄糖酸钙原料药垄断案同时涉及以不公平的高价销售商品与附加不合理交易条件，同一案件仅统计一次，均统计在以“不公平高价销售商品”项下。

参考案例

2015 年，国家发改委认定高通公司分别在无线标准必要专利许可市场和基带芯片市场具有支配地位，并利用其地位实施了滥用行为，具体为：不公平高价行为，即以整机作为专利许可费计价基础收取高费率并对过期专利收费；要求免费反许可的不公平低价行为；将标准必要专利与非标准必要专利进行捆绑许可行为；拒绝对芯片生产商许可专利的拒绝交易行为。基于以上事实认定，对高通公司处以 60.88 亿人民币的罚款。

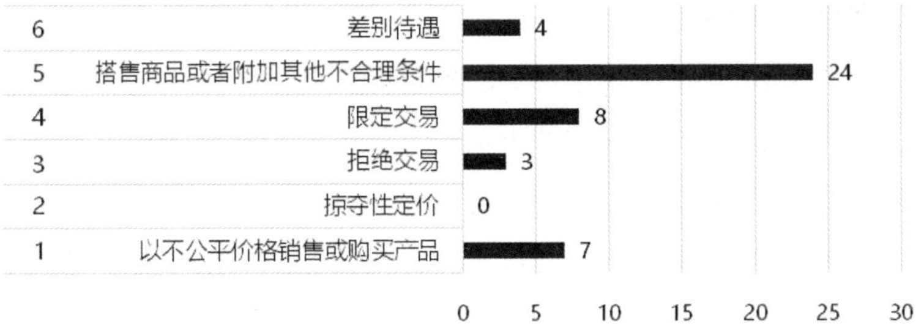

数据来源：国家市场监督管理总局网站。

图 14　滥用行为类型

3. 经营者集中

中国对经营者集中的监管主要采取事前审查制，若经营者达到《国务院关于经营者集中申报标准的规定》第三条所列标准，应当事先申报，未经申报不得实施集中。根据《反垄断法》第 20 条，经营者集中的形式主要有三类，即经营者合并、经营者通过取得股权或者资产的方式取得对其他经营者的控制权、经营者通过合同等方式取得对其他经营者的控制权或者能够对其他经营者施加决定性影响。

截至 2020 年 8 月底，依据商务部与国家市场监督管理总局网站公布的数据，我国反垄断执法机构无条件批准集中 3107 件，做出附加限制条件批准的审查决定 48 个，针对未依法申报的集中所做出的行政处罚共 56 个。

参考案例

韩国奥瑟亚和日本德山株式会社同时签署三份交易协议。根据相关协议，韩国奥瑟亚将在 6 个月内分三步收购其持有的德山马来西亚的全部股权，构成《反垄断法》第 20 条规定的经营者集中。2016 年 10 月，韩国奥瑟亚完成第一阶段的收购交易，并完成股权变更登记手续，但在此之前却从未向商务部依法申报。构成《反垄断法》第 21 条规定的“未依法申报违法实施的经营者集中”，商务部决定对韩国奥瑟亚处以行政罚款。

4. 反垄断民事诉讼

垄断行为不仅会阻碍市场竞争，同时也会剥夺其他市场主体公平竞争的权利。因此，根据《最高人民法院关于审理因垄断行为引发的民事纠纷案件应用法律若干问题的规定》（以下简称《垄断民事司法解释》）第 1 条，可在因垄断行为受到损失，或因合同内容或行业协会的章程违反反垄断法而发生争议时提起诉讼。同时，根据《垄断民事司法解释》第 14、15 条，提起民事诉讼后可获得三类救济，分别是请求停止侵害、赔偿损失，以及认定违反强制性法规的合同、行业协会章程无效。如今，反垄断民事诉讼已成为公司寻求救济的重要途径。

参考案例

2011 年 11 月，奇虎向广东高院起诉腾讯，诉称腾讯滥用市场支配地位。首先，腾讯要求用户必须卸载 360 软件才能登录 QQ ，属于“二选一”类型的限定交易行为；其次，安装 QQ 的同时捆绑安装“QQ 管家”，属于搭售。原告奇虎公司提供了艾瑞咨询关于腾讯在 2010 年中国即时通信整体市场的份额统计，主张腾讯在相关市场具有市场支配地位。法院认为，市场份额不是认定存在市场支配地位的唯一证据。腾讯不具有控制商品价格、数量或其他交易条件的能力，也不具备阻碍、影响其他经营者进入相关市场的能力。因此，判决驳回奇虎的诉讼请求。

（四）企业反垄断合规管理实践建议

企业合规管理，“一分在规，九分在合”。因此，对于上述我国和欧美国家反垄断立法和执法的了解只是合规的基础。反垄断合规的重点还是如何将外部监管要求在企业有效落地和运行，这也是国内外执法和监管部门的共同要求 。

企业反垄断合规管理主要包括体系建设和执法应对两个方面，前者强调加强以反垄断合规审查为核心的日常管理，后者主要要求企业要做好调查应对预案，积极配合执法调查。

1. 反垄断合规体系建设

（1）结合公司现有体系设置合规部门。

欧美和我国政府部门的合规指南或指引中一般均要求设置专门的合规管理部门、合规负责人，配备合规队伍并做出高层的合规承诺。企业在合规实践中如何将上述基本要求（标配）落地，首先取决于现有的组织架构。据笔者了解，目前大多数公司均将反垄断合规工作放在大的法务组织之下，也有将反垄断合规放在公司合规部门下，作为一个独立的合规分支来设置。其实只要配备专业的人员，能将合规要求融入业务流程，两种方式都可以满足监管要求。也就是说，关键看合规控制的实际效果，以“疗效”来评判“治疗方式”。

（2）结合市场地位和业务场景制定合规指引。

制定反垄断合规指引是指导法务和业务做好专业合规的基础。一方面，反垄断合规官首先要了解企业所在行业和市场竞争状况。需要做的具体工作包括以下几个方面。

- 收集整合公司生产销售数据，开展基础性产业研究；
- 结合反垄断法专业知识，准确定位公司在市场竞争中的情况，如产业链位置、核心竞争力产品或服务、主要竞争对手；
- 根据商品需求和供给替代情况，高度概括公司参与竞争的相关商品和地域市场，并分析在相关市场中企业的市场地位。

另一方面，基于上述基本判断，反垄断合规官要牵头制定企业的反垄断合规指引，以对应监管机构的合规要求。在制定指引过程中，要特别注意以下三点。

• 应根据企业业务场景展开，将垄断协议、滥用市场支配地位和经营者集中的法律要求分配到企业采购、销售、投资、技术合作和市场推广等几个场景中去，把法律语言转换为业务语言；

• 指引的基本内容应具备合规风险、合规要求、合规应对措施等几个方面，确保合规动作能够落地，即具备实操性；

• 根据企业经营区域和业务重心，决定分别制定中、美、欧反垄断合规指引还是合并在一起。从业务角度出发，可能按照业务类型合并编写更符合实际需要。

(3) 结合业务流程嵌入内控体系。

合规管理中最重要也是最难的一环是如何嵌入现有管理体系，反垄断合规也是如此。笔者认为，明确合规边界后，只有在内控流程中嵌入合规控制点，才能确保各方面高风险业务的有效管控，实现合规体系的有效运行。因此，在完成合规指引的制定后，建议反垄断合规官联系经营法务人员、业务人员和 IT 人员，结合企业业务和合同审批情况，将重点领域中的日常业务流程、合同条款、合规咨询邮件梳理出来，推动流程合规化和表单化管理。具体包括以下两种方式。

• 在重点领域的经营合同中嵌入独立的反垄断审查流程，与合同审查相关联，规定一定的合规审查触发点，例如合同条款类型、市场份额门槛、客户和供应商规模等，一旦触发，马上要求业务填写表单，与合同审查并线启动反垄断合规审查；反垄断合规审查意见根据不同情况分为禁止、提示意见两类。

• 在投资并购等流程中嵌入反垄断咨询和控制点，在相关协议谈判阶段，在涉及交易后控制权变化以及超过申报营业额或交易金额门槛时，需邀请反垄断合规官进入，讨论全球各法域的反垄断申报和适用程序问题。

(4) 结合重点领域做好培训宣传。

培训方面，一是要注意结合高管、采购、销售、技术研发、海外业务等不同的对象和业务场景来安排相关内容，有的放矢；二是反垄断合规对于业务人员来说比较专业，涉及相关市场等经济法概念以及替代性分析、竞争分析等经济学内容。因此，合规官要注意把法言法语“翻译”成直观朴素的业务语言，然后通过生动形象的PPT、简明的合规视频或其他产品呈现出来，才能达到培训落地的效果。

宣传方面，也应该通过通俗简明的方式进行定期宣传，例如国际案件预警（Alert）和国内案件速递等；此外，针对市场宣传推广等重点风险领域，公司市场地位（“市占率”“市场份额”“业界最大”等）为反垄断法中关注的敏感信息，因此必须要求公司市场部门具备基本合规意识，将明确的合规要求导入该部门内控程序和具体场景。

(5) 持续检查更新确保有效运行。

根据国际公认的内控、合规管理PCDA模型，即Plan（计划）、Do（执行）、Check（检查）和Action（处理）四个环节，且形成闭环。Check（检查）是其中的重要组成部分。上述合规指引和审查流程需要结合外部法规变化情况持续更新，也需要定期检查合规审查和风险管控落地情况，实践中一般可通过检查表单（checklist）的方式把检查点明确告知业务，先进行业务自查，再由合规部门进行重点检查和指导。制作反垄断合规风险检查表单可以基于以下主要内容。

- 横向垄断协议：竞争者协议价格、分割市场；
- 纵向垄断协议：对下游经销商维持最低转售价格（中国、欧盟国家）；
- 滥用市场支配地位：过高定价、搭售、限定交易安排（供货比例条款、排他条款等），拒绝交易、附加不合理交易条件。

2. 反垄断执法调查应对

在反垄断调查中，执法机构很有可能未经事前通知，对公司进行当场检查和搜查，这种突然造访调查方式在欧美被称为“黎明突袭”（Dawn Raid）。

（1）不得阻碍执法。

我国《反垄断法》第 52 条规定了经营者在被调查过程中提供虚假材料、隐匿或销毁证据等情形的法律责任，情节严重的，依法追究刑事责任。 执法实践中，在我国个别省份也出现了暴力抗法被重罚甚至追究刑事责任的极端案例。欧美对于提供虚假材料或者不配合执法的情形处罚更加严厉，例如在欧盟可以处罚整个集团营业额的 1%。因此，无论境内境外，公司应对反垄断调查的首要原则就是不得阻碍执法，包括提供虚假证据或隐匿证据。

（2）妥善应对调查。

除了不得阻碍调查外，在应对突袭检查时，公司还应按照提前部署的预案有序进行，包括查验执法证件和调查令、通知合规官 / 外部律师、陪同检查、记录重要证据调取情况等。总之，就是既要积极配合检查，又要固定并还原调查过程及收集的相关证据情况。

建议公司法务合规部门牵头，制订反垄断调查应对流程，并配套调查记录表，由陪同调查的人员填写，包括调查时间、地点、事由、调取人员、调取的证据、后续执法配合要求等，为下一步专业、有效应对调查做好准备。

吉利集团商业秘密数据保护合规的有效性评估

（一）概述

1. 背景介绍

浙江吉利控股集团（以下简称吉利或集团）始建于 1986 年，并于 1997 年进入汽车行业，目前已发展成为一家集汽车整车、动力总成、关键零部件设计、研发、生产、销售及服务于一体，并涵盖出行服务、线上科技创新、金融服务、教育、赛车运动等业务在内的全球型集团。集团旗下拥有吉利汽车、领克汽车、沃尔沃汽车、Polestar、宝腾汽车、路特斯汽车、伦敦电动汽车、远程新能源商用车、太力飞行汽车、曹操专车、荷马、盛宝银行、铭泰等众多国际知名品牌，现有超过 12 万名员工，其中包括 2 万多名研发和设计人员，集团总资产超过 3300 亿元，连续八年成为《财富》全球 500 强企业。

作为一家全球性企业，吉利在战略规划、经营决策、汽车设计、研发、生产、销售等环节产生了大量企业商业秘密数据，包括股东会决议、公司战略发展规划、经营规划、对外重大投资、原材料清单、项目合同、客户名单、员工个人信息、研发项目资料、科研成果、产品设计图纸、工艺资料、知识产权等，这些商业秘密数据是企业的宝贵财产，对企业的发展至关重要，如被泄露、窃取、篡改或删除，将直接影响企业的生存和发展。为了保护企业商业秘密数据不被泄露、窃取、篡改或删除，吉利很早就建立了信息安全管理的组织机构和规章制度，并于 2017 年 7 月启动核心数据资产保护工作，2018 年 1 月成立合规信息安全督查室，制定了《业务信息安全合规管理办法》和《核心涉密信息管理办法（试行版）》，明确了各管理部门的职责，完善了商业秘密数据产生、使用、保存、传输、变更和删除的全生命周期的各项保护措施。

吉利开展商业秘密数据保护工作多年，为了检验工作成果，查找问题和差距，并制定、实施相应的改进措施，急需开展商业秘密数据保护合规管理的有效性评估工作。

2. 评估目标

开展商业秘密数据保护有效性评估的主要目标包括以下几个方面。

- 反映企业商业秘密数据保护合规管理工作的真实情况；
- 对标 ISO 27001 体系标准要求，查找企业商业秘密数据保护合规管理的实际问题和风险；
- 建立风险手册，优化制度，制定改进措施并组织实施；
- 明确下一步企业商业秘密数据保护合规管理的工作方向。

3. 评估原则

（1）实事求是原则。

开展有效性评估应严格遵守实事求是的原则，真实反映各评估对象的商业秘密数据保护情况，不弄虚作假。

（2）普适性与差异性相结合的原则。

有效性评估活动既要考虑 ISO 27001 体系标准的通用要求，又要兼顾各评估对象业务、发展阶段不同的特点，要将普适性与差异性相结合。

（3）可操作性原则。

需制定并开展具有可操作性的有效性评估活动，收集、量化评估数据以得出评估结论。

（二）评估准备

1. 确定评估参数

（1）评估组织形式。

开展有效性评估的组织形式包括访谈、问卷调查、现场检查、攻击等，具体描述如下。

- 访谈。通过与企业数据保护管理的相关人员谈话，获取企业数据保护管理机制、技术措施等信息；
- 问卷调查。制订详细周密的问卷，要求被调查对象据实回答以收集本组织数据保护现状及存在问题等；
- 现场检查。检查人员直接深入被调查对象内部，检查了解该组织数据保护的实际情况及存在问题等；
- 攻击。从内部或外部对组织进行管理或技术手段攻击，查看组织在数据保护管理方面的真实效果。

结合企业现状，本次有效性评估采用访谈、问卷调查与现场检查相结合的组织方式。

（2）评估对象与内容。

本次有效性评估的对象是集团总部和已开展核心数据资产保护的主体单位（吉利汽车集团研究总院、动力总成研究院和商用车研究院），评估内容具体如下。

- 数据保护管理机构、管理团队的设置情况；
- 数据保护管理制度的制定情况；
- 数据保护管理机制、技术措施、运维规范等；
- 在建数据保护管理项目和下一步规划项目；

• 上述内容与 ISO 27001 体系标准要求的差距。

(3) 评估程序与方法。

有效性评估的程序包括以下几个方面。

• 组建有效性评估小组，明确小组成员的职责分工，并指定一人担任评估负责人；

• 制定有效性评估工作方案，一般包括评估目标、评估原则、评估内容、评估方法、工作计划等内容；

• 按照方案开展访谈、问卷调查等有效性评估活动，并收集、整理有效性评估相关资料；

• 现场检查以核实评估对象反馈情况的真实性和有效性；

• 选择合适的评估方法，对评估对象反馈的情况进行分析、评估；

• 根据上述分析和评估结果，撰写有效性评估报告，给出有效性评估结论；

• 针对报告中反馈的问题，制定改进措施并组织实施。

有效性评估方法包括标准评估法和权变评估法两种，具体描述如下。

• 标准评估法。根据国家有关商业秘密数据保护的法律法规，以及 ISO 27001 体系标准中的指导要求，对照 ISO 27001 体系标准来评估组织的商业秘密数据保护有效性。

• 权变评估法。是指从组织资源的投入、内部运作过程和产出成果三个方面来评估组织的商业秘密数据保护有效性。

从 2009 年开始，吉利按照 ISO 27001 体系标准开展信息安全体系建设，故本次有效性评估采用标准评估法的方式。

2. 组建评估小组

集团信息安全委员会负责企业商业秘密数据保护合规管理工作，其执行机构是集团董事局合规办公室，从合规办公室信息安全督查室选取 4 人组建有效性评估小组，包括 1 名组长和 3 名组员。评估小组负责制定有效性评估方案，开展访谈、问卷调查等有效性评估活动，收集、整理有效性评估相关资料，核实评估对象反馈情况的真实性，对评估对象反馈的情况进行分析、评估，撰写有效性评估报告，指导评估对象制订改进计划并组织实施。

3. 制定评估方案

征求、讨论有效性评估的相关内容，并制定有效性评估方案。方案除明确评估目标、评估原则、评估组织形式、评估对象与内容、评估程序与方法外，还要拟订可行的工作计划，具体如下。

- 评估小组下发商业秘密数据保护合规管理有效性评估的调查问卷，由评估对象的相应管理人员填写并反馈调查问卷；
- 由评估小组对集团商业秘密数据保护归口管理部门领导、主体单位的分管领导进行访谈，了解企业商业秘密数据保护合规管理的相关内容；
- 评估小组对评估对象进行现场检查，核实上述内容的真实性和有效性；
- 评估小组组织召开有效性评估会议，对评估对象反馈的情况进行分析、评估，然后组织撰写有效性评估报告；
- 针对有效性评估报告中反馈的问题，由评估小组指导评估对象制订改进计划并组织实施。

（三）评估实施

1. 制定并下发调查问卷

为了解企业商业秘密数据保护的合规管理情况，根据归口管理部门和主体单位管理范围、内容等的不同，分别制定了归口管理部门调查问卷（见

图 15）和主体单位调查问卷（见图 16），并下发至相应评估对象。两份问卷分为三个部分，第一部分是了解企业商业秘密数据保护的管理机构、人员配置、管理制度、数据分类分级管理等，第二部分是介绍企业商业秘密数据的保护策略，第三部分是介绍企业商业秘密数据在全生命周期或关键业务场景的管控要求。

调查问卷

为了解企业商业秘密数据保护的合规管理情况，特制定本调查问卷，并请您积极回复相关问题。

一、管理部分

1. 企业是否设置商密数据保护的管理机构，并配置管理人员？如有，请列出管理机构及管理人员的工作职责。

2. 企业是否制定商密数据保护的管理制度？如有，请列出管理制度名称，以及主要管理内容和要求。

3. 企业是否对商密数据进行分类分级？如有，请具体描述各类、各级商密数据的基本定义，以及相应的防护要求。

4. 为更好地开展商密数据保护管理工作，企业都有哪些管理机制或保障措施？

图 15　归口管理部门调查问卷

调查问卷

为了解你单位商业秘密数据保护的合规管理情况，特制定本调查问卷，并请您积极回复相关问题。

一、管理部分

1. 你单位是否设置商密数据保护的管理机构，并配置管理人员？如有，请列出管理机构及管理人员的工作职责。

2. 你单位是否了解集团商密数据保护管理制度，并遵照执行？请结合实际情况，具体说明。

3. 你单位是否遵照集团要求对商密数据进行分类分级，识别和防护？请提供识别清单和防护措施。

二、技术部分

1. 请介绍本单位用于商密数据保护的相关产品及其功能。

图16　主体单位调查问卷

收集、整理调查问卷，了解企业商业秘密数据保护合规管理情况如下。

• 吉利是依托现有的信息安全管理机构管理商业秘密数据保护。集团信息安全委员会是吉利信息安全最高决策机构，负责制定集团信息安全中长期发展规划和年度计划并组织实施，集团信息安全执行组负责信息安全具体工作的落实，日常办事机构是集团合规办信息安全督查室，其承担着制定战略规划、体系建设与管理、风险防控、事件调查、应急演练、宣传贯彻培训等职责。各领域/单位成立信息安全领导组，承接集团信息安全工作要求，并负责信息安全工作的本地化管理。各领域/单位信息安全执行组负责本组织内信息安全具体工作的落实，并对各业务部门的履职情况进行监督、考核。

• 集团现有专兼职信息安全管理人员 85 人。其中负责商业秘密数据保护的有 15 人，除日常信息安全管理工作之外，还负责企业商业秘密数据保护机制建设、管理和运行等。

• 集团制定了《业务信息安全合规管理办法》和《核心涉密信息管理办法（试行版）》。其中《业务信息安全合规管理办法》指导各领域 / 单位建立以业务为中心的信息安全合规管理体系，保护集团信息资产安全，确保重要业务数据的合规使用；《核心涉密信息管理办法（试行版）》保护集团核心涉密信息资产安全，控制人员知密范围，防范窃密活动，消除泄密隐患。核心数据资产保护主体单位还制定并发布了《技术文件控制程序》《数据信息密级管理制度》等管理规范，规定了技术文件的管理要求以及文件密级的分级情况。

• 集团设置了多项管理机制，为商业秘密数据保护管理工作保驾护航。例如，周例会机制，每周三组织各领域 / 单位负责商业秘密数据保护、参与核心数据资产保护的人员召开工作会议，反馈上周工作完成情况、分析存在问题以及布置下一阶段工作任务；“计划——执行——考核”相结合机制，各领域 / 单位根据集团年度计划对本单位工作计划进行细化和分解，每月在本单位经管会上汇报工作完成情况、存在的问题以及下一阶段工作任务，并将工作完成情况同步反馈给集团总部，结果纳入集团月度合规绩效考核。

• 集团在商业秘密数据保护方面设置了三道防线。第一道防线是在数据产生时进行分级管理和文档加密，分级管理是指为实现适度防护，防止防护不足或防护过当，按照数据的重要程度不同，将集团商业秘密数据分为几个等级，并制定相应的防护措施；第二道防线是在数据应用、传输等情况中设置防窃取或损毁的保护策略，包括通信加密、水印、USB 权限管控、容灾备份、磁盘加密等；第三道防线是对违规操作的审计和阻断，包括数据审计、数据防泄露（DLP）系统等。

• 按照数据的重要程度不同，将集团商业秘密数据分为绝密、机密、秘密三个等级。绝密数据是指集团最重要的数据，对集团的商业利益有着决定性影响，如泄露会造成灾难性后果，例如公司战略规划、核心技术、知识产权等；机密数据是指集团重要的数据，对集团的利益有极大影响，如泄露会造成严重后果，例如财务总报表、纳税总表等；秘密数据是指可以在集团内部公开的数据，对外使用可能对集团利益造成损害，例如未上市产品、即将公开的各类信息等。针对不同等级的商业秘密数据，分别采用不同程度的技术防护措施和管理模式实施保护。秘密数据流转的审批人是部门领导，可以通过内网邮件批量审批；机密数据流转的负责人为单位领导，一般是一事一批，必须通过流程审批；绝密数据是集团最重要的数据，适用公司最高级别的安全保护措施，必须通过集团业务分管副总裁审批，而且是一次一批（单次有效），并以纸质签字审批为宜。

• 集团已识别出十类跨载体的数据使用场景，分别是系统上传、数据同步、账号权限、即时通讯、电子邮件、移动介质、文件打印、现场查看、口头告知、实物转换；识别出五类跨组织区域的数据使用场景，分别是跨部门流通、跨公司流通、跨集团流通、集团外流通、跨境流通，并对不同数据使用场景采用不同的保护策略，既确保安全，又保证业务高效运转。

2. 开展合规访谈

评估小组分别对集团商业秘密数据保护的归口管理部门和业务主体单位的领导进行访谈，询问是否熟悉国内外、行业、企业的商业秘密数据保护规章制度和标准规范，是否统筹制定商业秘密数据保护的中长期规划和年度行动计划，是否清楚商业秘密数据保护管理与技术措施的落实情况，是否参与问题分析、改进措施制定和实施跟踪等。访谈结果如下。

• 各位领导均谈到了欧盟《通用数据保护条例》（GDPR）中有关数据保护、《中华人民共和国刑法》和《中华人民共和国反不正当竞争法》中有关商业秘密的描述和要求，集团《核心涉密信息管理办法（试行）》和《信息安全奖惩实施细则》中有关商业秘密数据保护的管理要求，同时还提到了集团《知识产权管理办法》《商标管理办法》《专利管理办法》和《著作权管理办法》对专类数据的特殊管理要求。

- 各位领导详细介绍了本组织负责商业秘密数据保护的组织机构和工作职责，商业秘密数据保护的行动计划和目前的工作开展情况，并分析了存在的具体问题以及正在开展或下一步要开展的工作的改进措施。

通过访谈，清晰地反映出各位领导非常重视商业秘密数据保护合规管理工作，清楚有关商业秘密的规章制度、标准规范，以及本组织的工作计划、完成情况和存在问题，并在积极推动改进措施的制定和落实。

3. 现场检查

依托 ISO 27001 体系外审，由外审老师对集团总部、吉利汽车集团研究总院、动力总成研究院和商用车研究院进行现场检查，实地了解检查对象商业秘密数据保护的实际情况及存在问题等。检查发现各单位商业秘密数据保护情况基本符合要求，但也存在以下两个问题。

- 个别单位对商业秘密数据保护管理的保障力度不够；
- 个别单位已对数据资产进行密级划分，但没有完全执行落地，且已划分的数据资产颗粒度不够。

4. 有效性评估

完成问卷调查、访谈和现场检查后，评估小组收集、整理商业秘密数据保护有效性评估相关资料，并组织召开有效性评估会议，对评估对象反馈的情况进行分析、评估，形成吉利商业秘密数据保护的有效性评估表，如表 6 所示。

表 6　吉利商业秘密数据保护有效性评估表

序号	评估内容	评估要点	评估结果	存在问题
1	企业是否设置商业秘密数据保护的管理机构，人员配置情况如何	集团依托现有的信息安全管理机构管理商业秘密数据保护，在集团总部、子公司均设置有领导组和执行组，目前集团从事商业秘密数据保护的专兼职人员有 15 人，指导本单位业务部门对数据全生命周期进行管理	符合	1. 具体执行层面，对商业秘密数据执行的是全生命周期管理，但现有制度只覆盖了公司所有绝密信息和部分特定机密信息 2. 个别单位对商业秘密数据保护的保障力度不够 3. 个别单位已对数据资产进行密级划分，但没有完全执行落地，且已划分的数据资产颗粒度不够
2	企业是否制定商业秘密数据保护的管理制度	集团已经制定并发布了《业务信息安全合规管理办法》和《核心涉密信息管理办法（试行版）》，规定了各组织机构、人员的职责，商业秘密数据的分级分类和相应的保护策略，以及产生、使用数据等业务场景的管理要求	部分符合	
3	企业是否设置管理机制，为商业秘密数据保护管理工作保驾护航	集团正在运行周例会、“计划、执行、考核”相结合机制，将计划、执行、考核统一起来，有效促进商业秘密数据保护合规管理	符合	
4	是否识别出企业商业秘密数据使用的场景，不同场景的管控要求是怎样的	集团已识别出十类跨载体和五类跨组织区域的数据使用场景，并对不同数据使用场景采用不同的保护策略，既确保安全，又保证业务高效运转	符合	

续表

序号	评估内容	评估要点	评估结果	存在问题
5	企业采用了哪些策略或措施对商业秘密数据进行保护	集团在商业秘密数据保护方面设置有三道防线。第一道防线是在数据产生时进行分级管理和文档加密；第二道防线是在数据应用、传输等情况中设置防窃取或损毁的保护策略；第三道防线是对违规操作的审计和阻断	符合	
6	企业商业秘密数据保护的执行情况	现场检查发现各单位商业秘密数据保护情况基本符合要求，但个别单位对商业秘密数据保护的保障力度不够；个别单位已对数据资产进行密级划分，但没有完全执行落地，且已划分的数据资产颗粒度不够	部分符合	

经分析、评估，评估小组一致认为，虽然存在管理制度不健全、个别单位保障力度不够等问题，但总体评估结果良好，基本符合企业商业秘密数据保护的管理要求。

5. 撰写评估报告

根据上述评估结果，评估小组撰写有效性评估报告（见图 17），包括有效性评估目标与原则、评估组织形式、评估对象与内容、评估程序与方法、组建评估小组、制定评估方案、组织评估实施等内容，且评估报告经过领导审批。

数据保护合规管理的有效性评估报告

编　制：王远杰

审　核：刘新建

审　批：孙　宏

董事局合规办公室

2020 年 7 月 31 日

浙江吉利控股集团有限公司商业秘密数据保护合规管理的有效性评估报告

目　录

图 17　吉利商业秘密数据保护有效性评估报告

6. 分析存在问题

有效性评估发现的问题，经评估小组认真分析后得出原因如下。

• 有关制度需要优化健全，原因主要是已发布制度有的是试行版本，对象是核心数据资产，只覆盖了公司所有绝密信息和部分特定机密信息；

• 外审检查发现个别单位对商业秘密数据保护的保障力度不够，需要后期加大宣传贯彻培训和考核；

• 外审检查发现个别单位数据资产密级划分的颗粒度不够，主要是对制度的学习理解程度不够，没有按照集团密级标识的要求严格执行，需要后期加强管理。

（四）持续改进

1. 改进计划

针对上述问题，制订改进计划如下。

- 持续进行业务信息安全合规管理培训；
- 优化健全企业商业秘密数据保护管理制度，细化企业商业秘密的分类分级和相关管理要求；
- 加大管理层信息安全培训、商业秘密数据保护管理培训的力度，持续推动全员签署保密承诺书；
- 定期开展商业秘密数据保护管理情况的现场检查，并将各单位商业秘密数据保护的日常管理和现场检查结果纳入年度合规绩效考核。

2. 保障措施

为保障改进计划的顺利实施，制定如下措施。

- 成立改进专项组织，协调资源，组织或实施整改任务；
- 建立工作例会机制，汇报工作进展，解决存在问题，完善工作计划；
- 建立考核机制，将各实施单位的工作完成度纳入合规绩效考核。

美国经济制裁对中国企业的挑战和有效应对

（一）美国经济制裁的基本制度

美国不断加大对中国企业和个人的制裁。无论是美国《香港自治法案》的出台，还是美国将新疆建设兵团列入《特别指定国民和被封锁人员清单》（*Specially Designated Nationals And Blocked Persons Lis*，以下简称 SDN 清单）的举动，都提醒中国企业在如此紧张的国际环境中应当重视美国经济制裁合规，在企业内尽快建立有效的制裁合规管理制度应对日趋严重的美国制裁，以期在合规边界内开展交易。

1. 美国经济制裁合规要求

（1）美国经济制裁的一般要求。

美国经济制裁主要适用于美国人（无论该美国人位于何处），包括美国公民或永久居民（绿卡持有人）、根据美国法律成立或组建的实体 以及所有身处美国的人。该类制裁也被称为美国“一级制裁”。目前美国对全球多达 28 个国家和地区实施经济制裁，其中伊朗、朝鲜、古巴、叙利亚和克里米亚地区为全面制裁国家。根据美国一级制裁要求，美国人不得从事涉及全面制裁国家或地区的交易和经济往来。

针对其他制裁国家，美国主要通过发布制裁清单实施制裁，要求美国人不得与受制裁主体（包括实体和个人）进行任何交易或往来。与美国出口管制不同，美国制裁清单（主要为 SDN 清单）不仅限制清单上的实体，而且一个或多个清单主体拥有 50% 以上股权的实体也受到制裁限制。这就是著名的美国制裁的“50% 规则”。

（2）美国经济制裁的长臂管辖。

虽然美国经济制裁主要适用于美国人，但在一些特殊情况下，非美国实体和个人也需要遵守美国经济制裁相关规定。首先，针对伊朗、朝鲜和古巴而言，美国公司在当地拥有或控制的子公司也被视为“美国人”，需遵守美国一级制裁合规要求。其次，非美国人在与制裁目标交易中如涉及美国元素，则可能转化为一级制裁。这些美国元素包括美国人、美元、美国物项等。最后，美国针对特定国家（伊朗、朝鲜和俄罗斯）实施二级制裁，即使交易不涉及任何美国元素，非美国人也不得从事涉及俄罗斯、伊朗和朝鲜特定行业的重大交易（见图 18）。这是美国长臂管辖的最长延伸。

俄罗斯

- 金融机构、国防、能源、人权、网络安全、铁路采矿，与制裁对象进行重大交易
- 铁路行业：禁止在俄罗斯铁路行业从事运营活动

伊朗

- 银行、贵金属（黄金）、能源（石油）、港口、航运、汽车、保险与再保险
- 汽车行业：禁止向伊朗销售、运输使其能够增强生产、组装汽车能力的产品或服务

朝鲜

- 建筑、能源、金融服务、渔业、信息技术、制造业、医疗、采矿、纺织、运输业
- 禁止从事重大的涉及朝鲜的货物、服务或技术的出口或者进口活动

图 18　美国二级制裁的国家行业

针对有二级制裁要求的制裁清单，非美国人不得实质性地协助、赞助这些受制裁实体，或为其提供财务、原材料、技术支持，或提供货物、服

务给（或支持）此类实体，或支持美国经济制裁所针对的活动，如大规模杀伤性武器的扩散。否则，美国也将对这些非美国人实施制裁。

2. 违反美国经济制裁的法律后果

美国采用较为严苛的方式进行制裁执法，即使无意的违法行为也可能受到处罚。如果违反上述制裁要求，可能会面临民事处罚，每次违规最高民事罚款约 30 万美元，或者为违规行为交易价值的两倍（以较大者为准）。如果故意为之，还可能面临刑事处罚，每次违规最高刑事处罚约 100 万美元罚款和 20 年监禁。

当然，如果违法企业本身是外国企业，且相关交易不涉及任何美国元素，美国无法对违反上述规定的行为实施民事罚款和刑事处罚，但可能会采取一些行政手段实施制裁，包括限制出口权限，禁止银行外汇交易，限制美国银行向违法企业提供贷款、信贷或信贷担保，阻止违法企业高级管理人员进入美国，等等，严重时可将违法企业列入 SDN 清单，冻结在美国或者处于美国人控制的资产，禁止美国人与该违法企业进行交易。这种制裁方式的实质是利用美国经济优势迫使非美国企业遵守其制裁要求，从而达到打击特定国家的目的。

（二）美国经济制裁对中国企业的挑战

1. 美国经济制裁执法动态

2018 年 5 月 8 日，美国宣布其退出《联合全面行动计划》（伊核协议），分两阶段恢复对伊朗的二级制裁，使得伊朗的银行业、黄金和贵金属、石油和能源、港口和航运、保险和再保险、汽车行业等受到严重影响。近年来，美国对委内瑞拉的制裁范围也不断扩大，对 SDN 清单中委内瑞拉政府及国有实体施加二次制裁。从全球范围看，美国经济制裁的范围、力度均有所加强。

2018 年后，美国逐渐加大对中国企业的制裁，以各种理由频繁制裁中国企业、政府机构和个人。2018 年 1 月，OFAC 以违法从朝鲜进出口货物为由将北京诚兴贸易有限公司和丹东金翔贸易有限公司列入 SDN 清单。2021 年 3 月 19 日，OFAC 以违反“对伊朗的制裁规定”为由，将包括 6 家中国企业在内 13 个实体加入 SDN 清单。5 月 19 日，美国财政部对上海盛德物流公司实施制裁。此外，美国还在 2021 年 7 月初发布《新疆供应链合规咨询公告》，声称要加强涉疆的出口管制和制裁力度，7 月底宣布对新疆生产建设兵团及两名官员实施制裁。8 月 7 日，美国财政部宣布对香港特别行政区行政长官林郑月娥等 11 名中国内地及香港官员实施制裁。

2. 中国企业所面临的制裁挑战

美国制裁执法力度的加大对中国企业全球化提出了挑战，中国企业必须重视“走出去”的过程中所面临的各种美国经济制裁风险。

（1）中国企业应特别注意涉及美国主体的交易。

根据美国经济制裁规定，中国企业的美国分支机构、美籍员工以及在美国境内的中国人都属于广义的“美国人”，被禁止参与全面制裁国家和受制裁主体的交易。因此如在某项交易中有上述美国主体的参与，中国企业应特别关注，尽可能全面地进行交易对象排查，避免因美国主体参与有受制裁主体的交易而遭受一级制裁处罚。

值得注意的是，若我司未经许可将受美国《出口管制条例》管辖的产品出口至被制裁的国家或地区、个人或实体，将会同时违反美国出口管制和经济制裁的规定，可能面临出口管制和一级制裁的双重风险。

（2）中国企业应在涉及被制裁人交易中避免使用美国金融服务。

目前美元仍是国际贸易的通用结算货币，但很多美国经济制裁法案禁止美国金融机构向受制裁主体提供服务。由于美元结算最终都会经过美国金融机构的清算，如果中国企业在与制裁清单上的实体交易中使用美元结算，会导致美国金融机构违反制裁要求处理这笔交易，该中国企业会因为导致美国实体向制裁人提供服务而违反美国的经济制裁要求。因此，中国企业自身与被制裁人的交易也无法通过美国银行或美元交易。

(3) 中国企业在某些国家从事特定行业时应特别关注二级制裁风险。

如果中国公司在交易中没有涉及任何美国主体、美国物项和美元，仍然有可能因为向受制裁主体或者受限制的行业活动提供重要支持而面临二级制裁风险。例如，中国企业将不含有任何美国部件的汽车零部件大量出口伊朗，则有可能被视为实质性地支持伊朗的汽车行业，从而遭受制裁。因此，中国企业在伊朗、朝鲜、俄罗斯等有二级制裁要求的国家内从事交易，应特别关注二级制裁行业要求，避免涉及这些特定行业。

(4) 中国企业应特别关注涉新疆合作项目的风险。

现阶段新疆人权问题成为美国制裁中国企业的一大理由，甚至有些企业仅仅在合作项目中涉及新疆企业，即被列为 SDN 清单。在目前形势下，中国企业应特别关注涉新疆合作的项目，避免因与清单中的新疆企业存在密切的商业联系而受到制裁牵连。

基于上述合规风险，任何有涉外业务的中国企业在进行交易时都应当重视美国经济制裁要求，应对其交易对象、交易货物、运输主体、目的地等进行全面排查或筛查。如果上述潜在客户或商业合作伙伴出现在 SDN 清单或 OFAC 管理的其他清单上，则预示着存在重大的法律合规风险。美国制裁执法力度的加大，要求中国企业必须重视美国经济制裁对企业业务的影响，将美国制裁要求内化为企业的合规要求，通过有效的合规管理防控制裁风险，实现企业合规、稳定发展。

（三）中国企业制裁合规管理制度的搭建

除企业内在合规需求外，美国政府也从外部环境角度对中国企业提出正式的合规计划要求。2019 年 5 月 2 日，美国财政部发布《OFAC 合规承诺框架》，建议受美国管辖的企业以及与美国人开展业务、在美开展业务或使用美国商品或服务的外国企业建立、执行、定期更新其制裁合规计划（sanctions compliance program, SCP）。

1. 美国《OFAC 制裁合规承诺框架》

根据《OFAC 合规承诺框架》，中国企业建立制裁合规计划至少应包含以下方面。

（1）管理层承诺。企业的管理层应审阅并批准企业的制裁合规计划，确保合规部门被授予足够的权力，并积极在企业内部推广“合规文化”，让企业所有部门、员工意识到违反美国制裁法规的严重性。常见的方式可以通过在企业官网和内部门户发布公司政策声明，以公司管理层身份对全体员工发表遵守美国制裁要求的承诺声明。

（2）风险评估。企业应对日常业务进行持续的风险评估，评估由供应链、客户、产品、服务、中间商、交易内容及地理位置带来的合规风险，并建立一套发现风险、分析风险、解决风险的方法。具体可以借助企业现有的、已经成熟的风险控制体系，将合规风险评估嵌入企业日常的法律风险管理中，以实现持续的风险监测和评估。

（3）内部控制。SCP 要求企业将制裁合规管理嵌入企业内控制度，制定有关识别、遏制、上报、报告和记录违法行为的书面政策、程序和流程，并根据 OFAC 动态持续更新。

（4）测试与审核。企业应不断测试、审计其制裁合规计划的执行情况，包括黑名单筛查系统是否有漏洞、合规要求是否已得到有效落实，企业应针对审计结果对制裁合规计划进行补救或更正。

（5）培训。SCP 要求企业定期对员工进行培训和教育，提供与具体岗位相关的知识，让员工了解公司合规红线要求，并对员工进行记录保存、考核和评估。目前有些中国企业已将合规培训纳入组织和个人的考核中，作为员工评奖评优、升职加薪的依据之一。

OFAC 在执法过程中也会考虑该企业是否已有制裁合规计划以及所制定计划是否充分。如果违规企业已有效地执行了充分的制裁合规计划，OFAC 据此酌情减轻罚款。若该企业根据该合规计划还采取了补救措施，则可以进一步减轻对该企业的行政处罚。因此，制订有效的制裁合规计划可以成为中国企业在遭受调查时要求减轻处罚的抗辩事由。

2. 有效制裁合规管理的五大要素

有效性是评估企业制裁合规管理的重要目标的底线，代表着企业实现合规管理的能力和水平。结合 OFAC 要求和中国企业的实际情况，笔者认为有效的制裁合规管理至少应包括以下五大要素。

（1）配备专门合规管理人员。

建立有效的制裁合规管理首先需要在企业内配置相关的专业人员，专门负责企业日常的制裁合规管理。合规管理人员应具有制裁合规管理的专业素质，熟悉 OFAC 制裁执法及相关的法律法规，能够独立评价公司行为，准确识别和评估制裁风险。专门的合规管理人员是建立有效制裁合规管理制度的基础。

（2）树立常态化风险意识。

制裁合规管理有三道防线，业务部门是第一道防线，合规部门是第二道防线，企业审计内控部门是第三道防线。因此合规不仅仅是合规部门的职责，应当在全集团、全体员工中树立制裁合规风险意识。尤其在当前环境下，更应当树立常态化的风险意识，在公司上下培育一种合规文化。

（3）制定合规指引等制度文件。

制裁合规管理必须有顶层设计，然后再落实到具体的程序和流程中。合规指引等制度文件一般可按照合规风险识别、合规要求以及合规管控措施的逻辑层次展开，遵循从法规到落地的嵌入思路，逐层递进。主要通过合规风险识别确定合规的边界，划定合规红线，制定符合企业实际情况的合规管控措施，实现合规管理制度的落地。

（4）建立黑名单筛查系统。

制裁合规管理的核心是能够准确识别被制裁主体。中国企业应根据美国现行法律法规仔细分析每笔交易是否合规，除对交易相对方进行尽职调查外，还应对货物的转运港、途径地、最终目的地、收货人、承运人等进行筛查，以确保整个交易中不涉及任何被制裁人或全面制裁国家。这种大量的黑名单筛查工作可以借助IT手段实现。例如，建立黑名单筛查系统或者将黑名单筛查嵌入企业现有的合同系统中，对涉及全面制裁等高敏感国家的交易进行红色预警，提示进行合规风险评估。OFAC执法时也会考虑企业所建立的黑名单筛查系统是否完善，对于因系统明显漏洞而导致的违规也会追究一定的法律责任。

（5）加强合规培训和宣传贯彻。

持续的合规培训和宣传贯彻也是制裁合规管理落地的一种重要方式，培训对象应当是包括公司业务、法务、高级管理人员在内的所有员工。此外，企业还可以通过发布合规案例，及时与各部门分享有关美国出口管制和制裁的最新案例或政策变化，不断深化各部门的合规意识，促进业务落实合规要求。

（四）中国企业制裁合规管理的常见问题

1. 合规边界理解不准导致“过度合规”

虽然美国经济制裁属于高风险、强监管、重处罚的合规领域，但是美国也未禁止中国企业与制裁实体的全部交易。因此准确划定合规边界非常关键。实践中很多企业一旦发现交易伙伴在制裁名单中就禁止交易，这种合规要求可能在一定程度上扩大了美国法律限制的范围，导致“过度合规”。中国企业在把握美国制裁要求时可以重点关注一些高风险国家，例如伊朗、朝鲜等全面制裁国家，保证企业不涉及这些国家的业务。其次，在没有任何美国元素的情况下准确判断是否有二级制裁要求，如无二级制裁要求，原则上可以进行交易。一般而言，只有对制裁要求理解透彻，才能合理地划定合规红线，才能做到“精准合规”。

2. 黑名单筛查中文企业名称翻译问题

黑名单筛查是企业制裁合规管理的重要方式，这是识别制裁主体的第一步。虽然美国政府提供了有关制裁黑名单筛查综合链接，但是中国企业之间签订合同多采用企业的中文名称，因此如何将中国企业的中文名称与美国官方发布的英文名称对应起来是很多中国企业在黑名单筛查中面临的难题。一些依赖美国金融系统的企业，例如银行、涉及支付的企业，必须对所有相对方进行详细筛查，建议购买有权威的第三方提供的系统和数据，能够最大限度地保证黑名单筛查的准确性。针对一些小企业，可以借助现有的一些新闻报道，初步识别交易方是否属于近期被列为黑名单的中国企业，并及时积累建立属于自己的中国黑名单企业中文名称翻译库。

3. 黑名单企业股权穿透筛查难落地

美国黑名单制裁的“50% 规则”不仅要求对直接交易方进行合规筛查，而且要求对交易方进行必要的尽职调查，以确认其股东或其他主要关联方是否属于被制裁主体。但在国际贸易中很多国家的企业股权结构很难获得，通过正常的公开渠道无法获知。同时对目标企业展开尽职调查也大大增加了业务的合规成本，而且收效甚微，因为很多企业在合作初期不愿意向中国企业提供如此详细的信息。针对这一问题，建议对黑名单企业股权穿透筛查尽量区别对待：对于中国企业而言，可以通过国家企业信用信息公示系统获取；对于外国企业，如果无法通过公开渠道获取其股东信息，可通过合规条款的方式让企业在合同中承诺本身及其母公司不在黑名单中，进而转嫁风险。但这种方式不能完全免除企业的合规责任，后续在交易的任何时候发现目标企业有制裁合规风险，都应当对其进行更为全面的调查，从而保证交易的安全性。

4. 制裁合规条款“一刀切”导致不能有效执行

制裁合规条款是进行风险隔离的一种有效方式，但很多企业在实际操作中没有区分具体的交易情景和交易对象，对所有交易“一刀切”地适用合规条款。这可能会导致双方纠结于合规条款的责任承担问题，进而影响业务的正常开展。对于合规条款的适用，建议针对存在高风险的企业，例如无法获得股东的企业或者属于制裁国家的企业，应当严格适用合规条款，必须充分考虑所有情况，且尽量不要修改合规条款；而对于一些经过黑名单筛查确认无问题的企业，可以在促进双方交易的基础上保留基本的合规条款。

5. 因交易中不涉及美国元素而忽略美国制裁风险

很多企业认为，只要保证交易中不涉及美国元素，就没有制裁风险，这显然是没有考虑到美国二级制裁风险。美国的二级制裁具有长臂管辖的特点，即使交易与美国没有任何连接点，只要业务涉及伊朗、朝鲜、俄罗斯等特定国家的特定行业，或者与制裁黑名单（主要为 SDN 清单）上的主体进行重大交易，也可能面临美国制裁风险。因此除了美国因素外，还应当考虑交易对象、交易所属行业和国别等因素，以判断是否存在美国二级制裁风险。

《个人信息安全影响评估指南》与个人权益保护有效性评估

（一）介绍

2020 年 3 月，《中共中央国务院关于构建更加完善的要素市场化配置体制机制的意见》将数据和土地、资本、劳动力、技术要素市场并列，数据是驱动经济发展的重要资源。在对数据的利用过程中，需要平衡国家管控、社会和企业利益与个人权益保护的诉求，在安全中寻求发展。对个人信息和个人权益的保护不仅依赖于法律和国家标准以及对违法行为的事后惩戒，更依赖于组织和企业自身数据合规治理水平。2020 年的国家标准《个人信息安全影响评估指南》为组织和企业数据合规治理提供了一种路径 —— 选取业务场景不同环节的数据处理活动进行评估，对安全事件可能性和个人权益影响程度进行分析，评定个人信息处理活动的安全风险等级，最终形成数据合规评估报告。

（二）中国个人信息保护监管及立法介绍

1. 政府部门

中国网络安全和信息保护的政府机关主要包括网信办、工信部、公安部、国家市场监督管理总局、行业主管部门等，以及上述机关相对应的地方机构。网信办经国务院授权负责“互联网信息内容管理工作，并负责监督管理执法”，统筹协调其他部委工作；工信部主要负责电信互联网相关监管；公安部负责网络执法和等级保护，等等。

2. 立法概况

目前中国系统性的网络安全和信息保护立法始于2017年6月1日生效的《中华人民共和国网络安全法》（以下简称《网络安全法》），在此之前的规定散见于《全国人民代表大会常务委员会关于加强网络信息保护的决定》（2012）、《中华人民共和国消费者权益保护法》（以下简称《消费者权益保护法》）（2013）、《中华人民共和国国家安全法》（以下简称《国家安全法》）（2015）、《中华人民共和国反恐怖主义法》（以下简称《反恐怖主义法》）（2015）以及工信部对电信和互联网行业的相关规定，例如《规范互联网信息服务市场秩序若干规》（2012）、《电信和互联网用户个人信息保护规定》（2013）等。国务院和公安部就计算机系统保护还颁布了《计算机信息系统安全保护条例》（1994）和《信息安全等级保护管理办法》（2007），《刑法》于2009年增设侵犯个人信息的罪名。

3. 最新规定

2017年6月1日之后，针对《网络安全法》设立的制度框架，网信办做出具体规定。例如《网络产品和服务安全审查办法（试行）》（2017）（被《网络安全审查办法》取代）、《个人信息和重要数据出境安全评估办法（征求意见稿）》（2017）和《关键信息基础设施安全保护条例（征求意见稿）》（2017）等，对网络产品和服务的安全审查，数据出境和关键信息基础设施等做出细化规定。《数据安全管理办法（征求意见稿）》、《儿童个人信息网络保护规定》和《个人信息出境安全评估办法（征求意见稿）》，对网络安全审查、数据安全管理、儿童信息保护和个人信息出境安全评估做出具体规定。公安部也于2018年6月27日颁布《网络安全等级保护条例（征求意见稿）》。上述规定目前均未正式出台或者被新的规定所取代。同时，在一些综合性法律规定中，增加信息保护和电子商务的专门规定，例如《中华人民共和国电子商务法》（2018年）和《反不正当竞争法》（2019）。

2020 年《中华人民共和国民法典》将隐私权和个人信息保护并列。

4. 国家标准

国家标准在网络安全和信息保护中起到非常重要的作用。标准化管理委员会于颁布的《信息安全技术个人信息安全规范（GB/T 35273−2020）》与《信息安全技术个人信息告知同意指南》（2020）、公安部于 2019 年颁布《互联网个人信息安全保护指南》、标准化管理委员会于 2019 年颁布《信息安全技术网络安全等级保护基本要求（GB/T 22239−2019）》等国家标准。根据《全国信息安全标准化技术委员会 2020 年度工作要点》，拟支持的数据安全管理标准包括数据分级分类、重要数据识别、网络平台数据安全（网络预约汽车、网络支付、网上购物、即使通信、快递物流、网络广播等）、APP 个人信息安全等。

5. APP 专项规定

《关于开展 APP 违法违规收集使用个人信息专项治理的公告》（2019 年 1 月 25 日），《APP 违法违规收集使用个人信息自评估指南》（2019 年 3 月 3 日），《开展 APP 安全认证工作的公告》（2019 年 3 月 13 日），《百款常用 APP 申请收集使用个人信息权限情况》（2019 年 5 月 24 日），《信息安全技术移动互联网应用程序（APP）收集个人信息基本规范》（2020 年），工信部《关于开展 APP 侵害用户权益专项整治工作的通知》（2019 年 10 月 31 日），《APP 违法违规收集使用个人信息行为认定方法》（2019 年 11 月 28 日），《网络安全标准实践指南——移动互联网应用程序（APP）个人信息安全防范指引》（2020 年 3 月），《网络安全标准实践指南——移动互联网应用程序（APP）收集使用个人信息自评估指南》（2020 年 7 月）。

（三）“告知－同意”规则下个人信息保护

在中外实践中，网络产品和服务主要是通过个人信息保护（隐私）政策（privacy policy）或者在服务协议中加入关于个人信息的条款（privacy clauses）来完成告知。通过个人信息保护（隐私）政策向使用网络产品或者服务的个人事先“告知”，并取得其“同意”后收集处理个人信息，是数据合规的表面和初步的证明。

《网络安全法》对个人信息保护（隐私）政策最直接的要求是第 41 条第一款：“网络运营者收集、使用个人信息，应当……公开收集、使用规则，明示收集、使用信息的目的、方式和范围，并经被收集者同意。”

从广泛的意义上来说，个人信息保护（隐私）政策是网络运营者对其所开展的收集、保存、使用、共享、转让等个人信息处理行为的说明。个人信息保护（隐私）政策文本或服务协议中的个人信息条款通常篇幅较长，其作用在于完整、清晰地描述产品和服务收集、保存、使用、对外提供个人信息的行为。个人信息保护（隐私）政策完成的是“告知”（notice）这个动作。

“同意”（consent）可以分两个层次来理解：首先，选择同意应当是用户清晰的自主意思表达，具体来说就是用户通过书面声明或主动做出肯定性动作，对其个人信息进行特定处理做出明确授权的行为。例如，用户主动做出声明（电子或纸质形式）、主动勾选，主动点击“同意”“下一步”“注册”“发送”“拨打”等，视为肯定性动作。其次，应当避免存在一揽子协议强迫用户同意，如天气预报软件强制收集用户通信录信息，否则无法使用，此举事实上剥夺了用户的选择权利。

但是，仅仅通过冗长的个人信息保护（隐私）政策或者服务协议来告知完成明示这个要求，有一定缺陷。个人信息保护（隐私）政策提供的是个人信息处理规则的全集，其包含的许多内容在用户浏览、注册、支付时并非直接相关，对用户做出具体动作来说属于冗余信息。因此一股脑地向用户展现和灌输，会造成用户认知和选择上的疲倦。尽管可以根据场景、时机和用户合理期待，综合采用多种告知的形式，创造性地对“增强式告知”“即时提示”以及对附加功能的“单独告知”等进行组合，但个人信息保护（隐私）政策往往仅停留在文件表层，理想的通过设计的隐私保护（privacy by design）在实践中还需得到充分应用。

在大数据、万物互联、人工智能的时代，国内外有部分专家提出，除了对个人信息收集环节通过个人信息保护（隐私）政策“告知－同意”，也需要专注规范使用环节。在使用环节按照处理个人信息可能对个人带来的风险来进行评估，从而达到全方位、动态、实质性合规。

（四）个人信息安全影响评估

1. 概述

个人信息安全影响评估是针对个人信息处理活动，检验其合法合规程度，判断其对个人信息主体合法权益造成损害的各种风险，以及评估用于保护个人信息主体的各项措施有效性的过程。在《中华人民共和国数据安全法（征求意见稿）》《中华人民共和国网络安全法》《数据安全管理办法（征求意见稿）》《儿童个人信息网络保护规定》《个人信息出境安全评估办法（征求意见稿）》等多个法律规定中均有规定或者要求。

隐私影响评估（Privacy Impact Assessment, PIA）或者数据保护影响评估（Data Protection Impact Assessment, DPIA）也是国际通行做法，例如欧盟发布的《DPIA和决定处理活动是否‘可能导致高风险’指引》（*Guidelines on Data Protection Impact Assessment 〈DPIA〉 and determining whether processing is "likely to result in a high risk" for the purposes of Regulation* 2016/679）对如何进行数据保护影响评估做出了详细指引。

2. 评估原理

个人信息安全影响评估旨在发现、处置和持续监控个人信息处理过程中对个人信息主体合法权益造成不利影响的风险。实施个人信息安全影响评估，能够有效加强对个人信息主体权益的保护，有利于组织对外展示其保护个人信息安全的努力，提升透明度，增进个人信息主体对其的信任。

个人信息安全影响评估报告的内容主要包括：评估所覆盖的业务场景、业务场景所涉及的具体的个人信息处理活动、负责及参与的部门和人员、已识别的风险、已采用及拟采用的安全控制措施清单、剩余风险等。

个人信息安全影响评估报告的作用：首先，对于个人信息主体，评估报告可确保个人信息主体了解其个人信息被如何处理、如何保护，并使个人信息主体能够判断是否有剩余风险尚未得到处置。其次，对于开展影响评估的组织，评估报告的用途可能包括产品、服务或项目的规划阶段、运营过程中，用于建立责任制度，监督发现存在安全风险的个人信息处理活动是否已采取安全保护措施，改善或消除已识别的风险，提升内部员工的个人信息安全意识。再次，对于主管监管部门，要求组织提供个人信息安全影响评估报告，可督促组织开展评估并采取有效的安全控制措施。在处理个人信息安全相关投诉、调查个人信息安全事件等时，主管监管部门可通过影响评估报告了解相关情况，或将报告作为相关个人信息处理活动记录或者合规的证据。最后，对于开展影响评估的组织活动的合作伙伴，用于整体了解其在业务场景中的角色和作用，以及其应具体承担的个人信息保护工作和责任。

3. 评估流程

评估的流程，如图 19 所示。

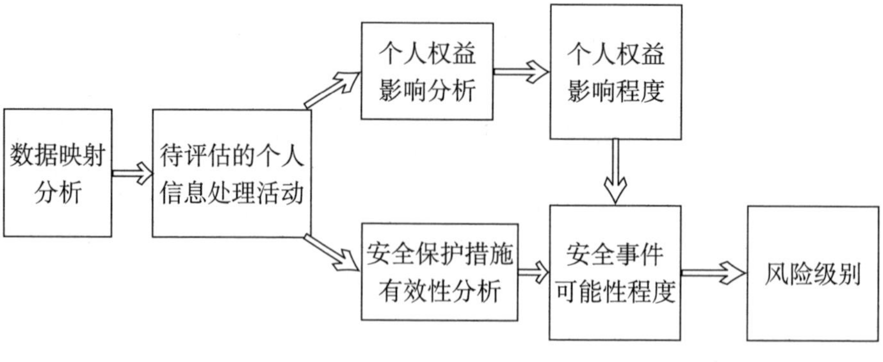

图 19 评估流程

开展评估前，需待评估的对象（可为某项产品、某类业务、某项具体合作等）进行全面的调研，形成清晰的数据清单及数据映射图表（data flow charts），并梳理出待评估的具体的个人信息处理活动。

开展评估时，通过分析个人信息处理活动对个人信息主体的权益可能造成的影响及其程度，以及分析安全措施是否有效、是否会导致安全事件发生及其可能性，综合两方面结果得出个人信息处理活动的安全风险及风险等级，并提出相应的改进建议，形成评估报告。

4. 评估方法

评估方法包括访谈、检查、测试、问卷填写等。

访谈。评估人员对相关人员进行谈话，对信息系统中个人信息的处理、保护措施设计和实施情况进行了解、分析和取证的过程。访谈的对象包括产品经理、研发工程师、个人信息保护负责人、法务负责人、系统架构师、安全管理员、运维人员、人力资源人员和系统用户等。

检查。指评估人员通过对管理制度、安全策略和机制、合同协议、安全配置和设计文档、运行记录等进行观察、查验、分析，以便理解、分析或取得证据的过程。检查的对象为规范、机制和活动，如个人信息保护策略规划和程序、系统的设计文档和接口规范、应急规划演练结果、事件响应活动、技术手册和用户 / 管理员指南、信息系统的硬件 / 软件中信息技术机制的运行等。

测试。指评估人员通过人工或自动化安全测试工具进行技术测试，获得相关信息，并进行分析以便获取证据的过程。测试的对象为安全控制机制，如访问控制、身份识别和验证、安全审计机制、传输链路和保存加密机制、对重要事件进行持续监控、测试事件响应能力、应急规划演练能力等。

问卷填写。风险源识别问卷，如图 20 所示。

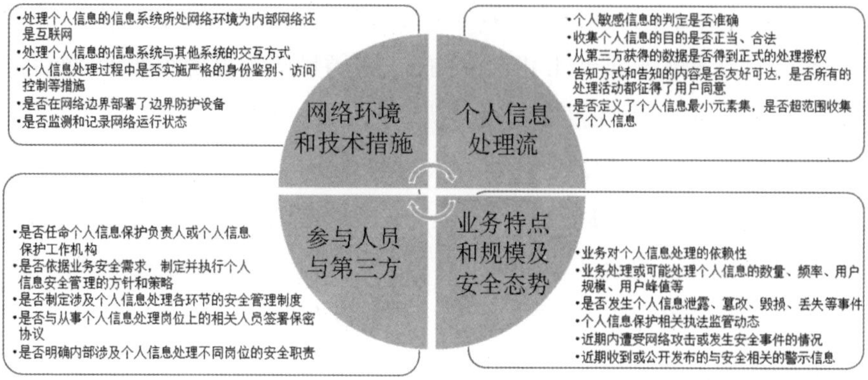

图 20　风险源识别问卷

5. 场景选取

个人信息安全影响评估可用于合规差距分析（满足法律最低合规要求），也可以用于合规之上、进一步提升自身安全风险管理能力和安全水平的目的（高于法律最低合规要求）。

组织可根据所适用的个人信息保护相关法律、法规、政策及标准，分析特定产品或服务所涉及的全部个人信息处理活动，也可对特定产品或服务所涉及的部分个人信息处理活动进行分析。此外，还可以根据法律的特殊要求，进行专项评估，例如，对个人权益有重大影响的个人信息处理活动，处理个人敏感信息、使用自动化决策方式处理个人信息、委托处理个人信息、向第三方转让或共享个人信息、公开披露个人信息、向境外转移个人信息等。

6. 风险等级判定

（1）个人权益影响分析。个人权益影响可分为“限制个人自主决定权”“引发差别性待遇”“个人名誉受损或遭受精神压力”“人身财产受损”四个维度。

（2）安全风险综合分析。安全风险综合分析包括已实施的安全措施、相关方、处理规模等要素，评价安全事件发生的可能性等级。

(3) 综合考虑安全事件可能性和个人权益影响程度两个要素，综合分析得出个人信息处理活动的安全风险等级，并给出相应的改进建议，最终形成评估报告。

风险等级可分为严重、高、中、低四个等级，如表7所示。

表7　风险等级可分为严重、高、中、低四个等级

风险等级		可能性级别			
		低	中	高	很高
影响级别	严重	中	高	严重	严重
	高	中	中	高	严重
	中	低	中	中	高
	低	低	低	中	中

（五）结语

传统“告知－同意”规则下个人信息保护以静态、单方宣告、描述性的个人信息保护（隐私）政策为载体，着眼于信息收集阶段；个人信息安全影响评估全面、动态、分场景地触及个人信息处理各环节，对信息使用进行综合评估。个人信息安全影响评估为国际通行的处理个人信息合规路径。

附　　录

附录 1　中央企业合规管理指引（试行）

国资发法规〔2018〕106 号

第一章　总则

第一条　为推动中央企业全面加强合规管理，加快提升依法合规经营管理水平，着力打造法治央企，保障企业持续健康发展，根据《中华人民共和国公司法》《中华人民共和国企业国有资产法》等有关法律法规规定，制定本指引。

第二条　本指引所称中央企业，是指国务院国有资产监督管理委员会（以下简称国资委）履行出资人职责的国家出资企业。

本指引所称合规，是指中央企业及其员工的经营管理行为符合法律法规、监管规定、行业准则和企业章程、规章制度以及国际条约、规则等要求。

本指引所称合规风险，是指中央企业及其员工因不合规行为，引发法律责任、受到相关处罚、造成经济或声誉损失以及其他负面影响的可能性。

本指引所称合规管理，是指以有效防控合规风险为目的，以企业和员工经营管理行为为对象，开展包括制度制定、风险识别、合规审查、风险应对、责任追究、考核评价、合规培训等有组织、有计划的管理活动。

第三条　国资委负责指导监督中央企业合规管理工作。

第四条　中央企业应当按照以下原则加快建立健全合规管理体系：

（一）全面覆盖。坚持将合规要求覆盖各业务领域、各部门、各级子企业和分支机构、全体员工，贯穿决策、执行、监督全流程。

（二）强化责任。把加强合规管理作为企业主要负责人履行推进法治建设第一责任人职责的重要内容。建立全员合规责任制，明确管理人员和各岗位员工的合规责任并督促有效落实。

（三）协同联动。推动合规管理与法律风险防范、监察、审计、内控、风险管理等工作相统筹、相衔接，确保合规管理体系有效运行。

（四）客观独立。严格依照法律法规等规定对企业和员工行为进行客观评价和处理。合规管理牵头部门独立履行职责，不受其他部门和人员的干涉。

第二章　合规管理职责

第五条　董事会的合规管理职责主要包括：

（一）批准企业合规管理战略规划、基本制度和年度报告；

（二）推动完善合规管理体系；

（三）决定合规管理负责人的任免；

（四）决定合规管理牵头部门的设置和职能；

（五）研究决定合规管理有关重大事项；

（六）按照权限决定有关违规人员的处理事项。

第六条　监事会的合规管理职责主要包括：

（一）监督董事会的决策与流程是否合规；

（二）监督董事和高级管理人员合规管理职责履行情况；

（三）对引发重大合规风险负有主要责任的董事、高级管理人员提出罢免建议；

（四）向董事会提出撤换公司合规管理负责人的建议。

第七条　经理层的合规管理职责主要包括：

（一）根据董事会决定，建立健全合规管理组织架构；

（二）批准合规管理具体制度规定；

（三）批准合规管理计划，采取措施确保合规制度得到有效执行；

（四）明确合规管理流程，确保合规要求融入业务领域；

（五）及时制止并纠正不合规的经营行为，按照权限对违规人员进行责任追究或提出处理建议；

（六）经董事会授权的其他事项。

第八条　中央企业设立合规委员会，与企业法治建设领导小组或风险控制委员会等合署，承担合规管理的组织领导和统筹协调工作，定期召开会议，研究决定合规管理重大事项或提出意见建议，指导、监督和评价合规管理工作。

第九条　中央企业相关负责人或总法律顾问担任合规管理负责人，主要职责包括：

（一）组织制订合规管理战略规划；

（二）参与企业重大决策并提出合规意见；

（三）领导合规管理牵头部门开展工作；

（四）向董事会和总经理汇报合规管理重大事项；

（五）组织起草合规管理年度报告。

第十条　法律事务机构或其他相关机构为合规管理牵头部门，组织、协调和监督合规管理工作，为其他部门提供合规支持，主要职责包括：

（一）研究起草合规管理计划、基本制度和具体制度规定；

（二）持续关注法律法规等规则变化，组织开展合规风险识别和预警，参与企业重大事项合规审查和风险应对；

（三）组织开展合规检查与考核，对制度和流程进行合规性评价，督促违规整改和持续改进；

（四）指导所属单位合规管理工作；

（五）受理职责范围内的违规举报，组织或参与对违规事件的调查，并提出处理建议；

（六）组织或协助业务部门、人事部门开展合规培训。

第十一条　业务部门负责本领域的日常合规管理工作，按照合规要求完善业务管理制度和流程，主动开展合规风险识别和隐患排查，发布合规预警，组织合规审查，及时向合规管理牵头部门通报风险事项，妥善应对合规风险事件，做好本领域合规培训和商业伙伴合规调查等工作，组织或配合进行违规问题调查并及时整改。

监察、审计、法律、内控、风险管理、安全生产、质量环保等相关部门，在职权范围内履行合规管理职责。

第三章　合规管理重点

第十二条　中央企业应当根据外部环境变化，结合自身实际，在全面推进合规管理的基础上，突出重点领域、重点环节和重点人员，切实防范合规风险。

第十三条　加强对以下重点领域的合规管理：

（一）市场交易。完善交易管理制度，严格履行决策批准程序，建立健全自律诚信体系，突出反商业贿赂、反垄断、反不正当竞争，规范资产交易、招投标等活动。

（二）安全环保。严格执行国家安全生产、环境保护法律法规，完善企业生产规范和安全环保制度，加强监督检查，及时发现并整改违规问题。

（三）产品质量。完善质量体系，加强过程控制，严把各环节质量关，提供优质产品和服务。

（四）劳动用工。严格遵守劳动法律法规，健全完善劳动合同管理制度，规范劳动合同签订、履行、变更和解除，切实维护劳动者合法权益。

（五）财务税收。健全完善财务内部控制体系，严格执行财务事项操作和审批流程，严守财经纪律，强化依法纳税意识，严格遵守税收法律政策。

（六）知识产权。及时申请注册知识产权成果，规范实施许可和转让，加强对商业秘密和商标的保护，依法规范使用他人知识产权，防止侵权行为。

（七）商业伙伴。对重要商业伙伴开展合规调查，通过签订合规协议、要求做出合规承诺等方式促进商业伙伴行为合规。

（八）其他需要重点关注的领域。

第十四条　加强对以下重点环节的合规管理：

（一）制度制定环节。强化对规章制度、改革方案等重要文件的合规审查，确保符合法律法规、监管规定等要求。

（二）经营决策环节。严格落实“三重一大”决策制度，细化各层级决策事项和权限，加强对决策事项的合规论证把关，保障决策依法合规。

（三）生产运营环节。严格执行合规制度，加强对重点流程的监督检查，确保生产经营过程中照章办事、按章操作。

（四）其他需要重点关注的环节。

第十五条　加强对以下重点人员的合规管理：

（一）管理人员。促进管理人员切实提高合规意识，带头依法依规开展经营管理活动，认真履行承担的合规管理职责，强化考核与监督问责。

（二）重要风险岗位人员。根据合规风险评估情况明确界定重要风险岗位，有针对性地加大培训力度，使重要风险岗位人员熟悉并严格遵守业务涉及的各项规定，加强监督检查和违规行为追责。

（三）海外人员。将合规培训作为海外人员任职、上岗的必备条件，确保遵守我国和所在国法律法规等相关规定。

（四）其他需要重点关注的人员。

第十六条　强化海外投资经营行为的合规管理：

（一）深入研究投资所在国法律法规及相关国际规则，全面掌握禁止性规定，明确海外投资经营行为的红线、底线。

（二）健全海外合规经营的制度、体系、流程，重视开展项目的合规论证和尽职调查，依法加强对境外机构的管控，规范经营管理行为。

（三）定期排查梳理海外投资经营业务的风险状况，重点关注重大决策、重大合同、大额资金管控和境外子企业公司治理等方面存在的合规风险，妥善处理、及时报告，防止扩大蔓延。

第四章　合规管理运行

第十七条　建立健全合规管理制度，制定全员普遍遵守的合规行为规范，针对重点领域制定专项合规管理制度，并根据法律法规变化和监管动态，及时将外部有关合规要求转化为内部规章制度。

第十八条　建立合规风险识别预警机制，全面系统梳理经营管理活动中存在的合规风险，对风险发生的可能性、影响程度、潜在后果等进行系统分析，对于典型性、普遍性和可能产生较严重后果的风险及时发布预警。

第十九条　加强合规风险应对，针对发现的风险制定预案，采取有效措施，及时应对处置。对于重大合规风险事件，合规委员会统筹领导，合规管理负责人牵头，相关部门协同配合，最大限度化解风险、降低损失。

第二十条　建立健全合规审查机制，将合规审查作为规章制度制定、重大事项决策、重要合同签订、重大项目运营等经营管理行为的必经程序，及时对不合规的内容提出修改建议，未经合规审查不得实施。

第二十一条　强化违规问责，完善违规行为处罚机制，明晰违规责任范围，细化惩处标准。畅通举报渠道，针对反映的问题和线索，及时开展调查，严肃追究违规人员责任。

第二十二条　开展合规管理评估，定期对合规管理体系的有效性进行分析，对重大或反复出现的合规风险和违规问题，深入查找根源，完善相关制度，堵塞管理漏洞，强化过程管控，持续改进提升。

第五章　合规管理保障

第二十三条　加强合规考核评价，把合规经营管理情况纳入对各部门和所属企业负责人的年度综合考核，细化评价指标。对所属单位和员工合规职责履行情况进行评价，并将结果作为员工考核、干部任用、评先选优等工作的重要依据。

第二十四条　强化合规管理信息化建设，通过信息化手段优化管理流程，记录和保存相关信息。运用大数据等工具，加强对经营管理行为依法合规情况的实时在线监控和风险分析，实现信息集成与共享。

第二十五条　建立专业化、高素质的合规管理队伍，根据业务规模、合规风险水平等因素配备合规管理人员，持续加强业务培训，提升队伍能力水平。

海外经营重要地区、重点项目应当明确合规管理机构或配备专职人员，切实防范合规风险。

第二十六条　重视合规培训，结合法治宣传教育，建立制度化、常态化培训机制，确保员工理解、遵循企业合规目标和要求。

第二十七条　积极培育合规文化，通过制定发放合规手册、签订合规承诺书等方式，强化全员安全、质量、诚信和廉洁等意识，树立依法合规、守法诚信的价值观，筑牢合规经营的思想基础。

第二十八条　建立合规报告制度，发生较大合规风险事件，合规管理牵头部门和相关部门应当及时向合规管理负责人、分管领导报告。重大合规风险事件应当向国资委和有关部门报告。

合规管理牵头部门于每年年底全面总结合规管理工作情况，起草年度报告，经董事会审议通过后及时报送国资委。

第六章　附则

第二十九条　中央企业根据本指引，结合实际制定合规管理实施细则。

地方国有资产监督管理机构可以参照本指引，积极推进所出资企业合规管理工作。

第三十条　本指引由国资委负责解释。

第三十一条　本指引自公布之日起施行。

附录 2　企业境外经营合规管理指引

发改外资〔2018〕1916号

第一章　总则

第一条　目的及依据

为更好地服务企业开展境外经营业务，推动企业持续加强合规管理，根据国家有关法律法规和政策规定，参考《GB/T 35770—2017 合规管理体系 指南》及有关国际合规规则，制定本指引。

第二条　适用范围

本指引适用于开展对外贸易、境外投资、对外承包工程等“走出去”相关业务的中国境内企业及其境外子公司、分公司、代表机构等境外分支机构（以下简称企业）。法律法规对企业合规管理另有专门规定的，从其规定。行业监管部门对企业境外经营合规管理另有专门规定的，有关行业企业应当遵守其规定。

第三条　基本概念

本指引所称合规，是指企业及其员工的经营管理行为符合有关法律法规、国际条约、监管规定、行业准则、商业惯例、道德规范和企业依法制定的章程及规章制度等要求。

第四条　合规管理框架

企业应以倡导合规经营价值观为导向，明确合规管理工作内容，健全合规管理架构，制定合规管理制度，完善合规运行机制，加强合规风险识别、评估与处置，开展合规评审与改进，培育合规文化，形成重视合规经营的企业氛围。

第五条　合规管理原则

（一）独立性原则。企业合规管理应从制度设计、机构设置、岗位安排以及汇报路径等方面保证独立性。合规管理机构及人员承担的其他职责不应与合规职责产生利益冲突。

（二）适用性原则。企业合规管理应从经营范围、组织结构和业务规模等实际出发，兼顾成本与效率，强化合规管理制度的可操作性，提高合规管理的有效性。同时，企业应随着内外部环境的变化持续调整和改进合规管理体系。

（三）全面性原则。企业合规管理应覆盖所有境外业务领域、部门和员工，贯穿决策、执行、监督、反馈等各个环节，体现于决策机制、内部控制、业务流程等各个方面。

第二章　合规管理要求

第六条　对外贸易中的合规要求

企业开展对外货物和服务贸易，应确保经营活动全流程、全方位合规，全面掌握关于贸易管制、质量安全与技术标准、知识产权保护等方面的具体要求，关注业务所涉国家（地区）开展的贸易救济调查，包括反倾销、反补贴、保障措施调查等。

第七条　境外投资中的合规要求

企业开展境外投资，应确保经营活动全流程、全方位合规，全面掌握关于市场准入、贸易管制、国家安全审查、行业监管、外汇管理、反垄断、反洗钱、反恐怖融资等方面的具体要求。

第八条　对外承包工程中的合规要求

企业开展对外承包工程，应确保经营活动全流程、全方位合规，全面掌握关于投标管理、合同管理、项目履约、劳工权利保护、环境保护、连带风险管理、债务管理、捐赠与赞助、反腐败、反贿赂等方面的具体要求。

第九条　境外日常经营中的合规要求

企业开展境外日常经营，应确保经营活动全流程、全方位合规，全面掌握关于劳工权利保护、环境保护、数据和隐私保护、知识产权保护、反腐败、反贿赂、反垄断、反洗钱、反恐怖融资、贸易管制、财务税收等方面的具体要求。

第三章　合规管理架构

第十条　合规治理结构

企业可结合发展需要建立权责清晰的合规治理结构，在决策、管理、执行三个层级上划分相应的合规管理责任。

（一）企业的决策层应以保证企业合规经营为目的，通过原则性顶层设计，解决合规管理工作中的权力配置问题。

（二）企业的高级管理层应分配充足的资源建立、制定、实施、评价、维护和改进合规管理体系。

（三）企业的各执行部门及境外分支机构应及时识别归口管理领域的合规要求，改进合规管理措施，执行合规管理制度和程序，收集合规风险信息，落实相关工作要求。

第十一条　合规管理机构

企业可根据业务性质、地域范围、监管要求等设置相应的合规管理机构。合规管理机构一般由合规委员会、合规负责人和合规管理部门组成。尚不具备条件设立专门合规管理机构的企业，可由相关部门（如法律事务部门、风险防控部门等）履行合规管理职责，同时明确合规负责人。

（一）合规委员会

企业可结合实际设立合规委员会，作为企业合规管理体系的最高负责机构。合规委员会一般应履行以下合规职责：

1．确认合规管理战略，明确合规管理目标。

2．建立和完善企业合规管理体系，审批合规管理制度、程序和重大合规风险管理方案。

3．听取合规管理工作汇报，指导、监督、评价合规管理工作。

（二）合规负责人

企业可结合实际任命专职的首席合规官，也可由法律事务负责人或风险防控负责人等担任合规负责人。首席合规官或合规负责人是企业合规管理工作具体实施的负责人和日常监督者，不应分管与合规管理相冲突的部门。首席合规官或合规负责人一般应履行以下合规职责：

1. 贯彻执行企业决策层对合规管理工作的各项要求，全面负责企业的合规管理工作。

2. 协调合规管理与企业各项业务之间的关系，监督合规管理执行情况，及时解决合规管理中出现的重大问题。

3. 领导合规管理部门，加强合规管理队伍建设，做好人员选聘培养，监督合规管理部门认真有效地开展工作。

（三）合规管理部门

企业可结合实际设置专职的合规管理部门，或者由具有合规管理职能的相关部门承担合规管理职责。合规管理部门一般应履行以下合规职责：

1. 持续关注我国及业务所涉国家（地区）法律法规、监管要求和国际规则的最新发展，及时提供合规建议。

2. 制定企业的合规管理制度和年度合规管理计划，并推动其贯彻落实。

3. 审查评价企业规章制度和业务流程的合规性，组织、协调和监督各业务部门对规章制度和业务流程进行梳理和修订。

4. 组织或协助业务部门、人事部门开展合规培训，并向员工提供合规咨询。

5. 积极主动识别和评估与企业境外经营相关的合规风险，并监管与供应商、代理商、分销商、咨询顾问和承包商等第三方（以下简称第三方）相关的合规风险。为新产品和新业务的开发提供必要的合规性审查和测试，识别和评估新业务的拓展、新客户关系的建立以及客户关系发生重大变化等所产生的合规风险，并制定应对措施。

6. 实施充分且具有代表性的合规风险评估和测试，查找规章制度和业务流程存在的缺陷，并进行相应的调查。对已发生的合规风险或合规测试发现的合规缺陷，应提出整改意见并监督有关部门进行整改。

7. 针对合规举报信息制定调查方案并开展调查。

8. 推动将合规责任纳入岗位职责和员工绩效管理流程。建立合规绩效指标，监控和衡量合规绩效，识别改进需求。

9. 建立合规报告和记录的台账，制定合规资料管理流程。

10. 建立并保持与境内外监管机构日常的工作联系，跟踪和评估监管意见和监管要求的落实情况。

第十二条　合规管理协调

（一）合规管理部门与业务部门分工协作

合规管理需要合规管理部门和业务部门密切配合。境外经营相关业务部门应主动进行日常合规管理工作，识别业务范围内的合规要求，制定并落实业务管理制度和风险防范措施，组织或配合合规管理部门进行合规审查和风险评估，组织或监督违规调查及整改工作。

（二）合规管理部门与其他监督部门分工协作

合规管理部门与其他具有合规管理职能的监督部门（如审计部门、监察部门等）应建立明确的合作和信息交流机制，加强协调配合，形成管理合力。企业应根据风险防控需要以及各监督部门的职责分工划分合规管理职责，确保各业务系统合规运营。

（三）企业与外部监管机构沟通协调

企业应积极与境内外监管机构建立沟通渠道，了解监管机构期望的合规流程，制定符合监管机构要求的合规制度，降低在报告义务和行政处罚等方面的风险。

（四）企业与第三方沟通协调

企业与第三方合作时，应做好相关的国别风险研究和项目尽职调查，深入了解第三方合规管理情况。企业应当向重要的第三方传达自身的合规要求和对对方的合规要求，并在商务合同中明确约定。

第四章　合规管理制度

第十三条　合规行为准则

合规行为准则是最重要、最基本的合规制度，是其他合规制度的基础和依据，适用于所有境外经营相关部门和员工，以及代表企业从事境外经营活动的第三方。合规行为准则应规定境外经营活动中必须遵守的基本原则和标准，包括但不限于企业核心价值观、合规目标、合规的内涵、行为准则的适用范围和地位、企业及员工适用的合规行事标准、违规的应对方式和后果等。

第十四条　合规管理办法

企业应在合规行为准则的基础上，针对特定主题或特定风险领域制定具体的合规管理办法，包括但不限于礼品及招待、赞助及捐赠、利益冲突管理、举报管理和内部调查、人力资源管理、税务管理、商业伙伴合规管理等内容。

企业还应针对特定行业或地区的合规要求，结合企业自身的特点和发展需要，制定相应的合规风险管理办法。例如金融业及有关行业的反洗钱及反恐怖融资政策，银行、通信、医疗等行业的数据和隐私保护政策等。

第十五条　合规操作流程

企业可结合境外经营实际，就合规行为准则和管理办法制定相应的合规操作流程，进一步细化标准和要求。也可将具体的标准和要求融入现有的业务流程当中，便于员工理解和落实，确保各项经营行为合规。

第五章 合规管理运行机制

第十六条 合规培训

企业应将合规培训纳入员工培训计划，培训内容需随企业内外部环境变化进行动态调整。境外经营相关部门和境外分支机构的所有员工，均应接受合规培训，了解并掌握企业的合规管理制度和风险防控要求。决策层和高级管理层应带头接受合规培训，高风险领域、关键岗位员工应接受有针对性的专题合规培训。合规培训应做好记录留存。

第十七条 合规汇报

合规负责人和合规管理部门应享有通畅的合规汇报渠道。合规管理部门应当定期向决策层和高级管理层汇报合规管理情况。汇报内容一般包括但不限于合规风险评估情况，合规培训的组织情况和效果评估，发现的违规行为以及处理情况，违规行为可能给组织带来的合规风险，已识别的合规漏洞或缺陷，建议采取的纠正措施，合规管理工作的整体评价和分析，等等。

如发生性质严重或可能给企业带来重大合规风险的违规行为，合规负责人或合规管理部门应当及时向决策层和高级管理层汇报，提出风险警示，并采取纠正措施。

第十八条 合规考核

合规考核应全面覆盖企业的各项管理工作。合规考核结果应作为企业绩效考核的重要依据，与评优评先、职务任免、职务晋升以及薪酬待遇等挂钩。境外经营相关部门和境外分支机构可以制定单独的合规绩效考核机制，也可将合规考核标准融入总体的绩效管理体系中。考核内容包括但不限于按时参加合规培训，严格执行合规管理制度，积极支持和配合合规管理机构工作，及时汇报合规风险，等等。

第十九条　合规咨询与审核

境外经营相关部门和境外分支机构及其员工在履职过程中遇到合规风险事项，应及时主动寻求合规咨询或审核支持。企业应针对高合规风险领域规定强制合规咨询范围。在涉及重点领域或重要业务环节时，业务部门应主动咨询合规管理部门意见。

合规管理部门应在合理时间内答复或启动合规审核流程。对于复杂或专业性强且存在重大合规风险的事项，合规管理部门应按照制度规定听取法律顾问、公司律师意见，或委托专业机构召开论证会后再形成审核意见。

第二十条　合规信息举报与调查

企业应根据自身特点和实际情况建立和完善合规信息举报体系。员工、客户和第三方均有权进行举报和投诉，企业应充分保护举报人。

合规管理部门或其他受理举报的监督部门应针对举报信息制定调查方案并开展调查。形成调查结论以后，企业应按照相关管理制度对违规行为进行处理。

第二十一条　合规问责

企业应建立全面有效的合规问责制度，明晰合规责任范围，细化违规惩处标准，严格认定和追究违规行为责任。

第六章　合规风险识别、评估与处置

第二十二条　合规风险

合规风险，是指企业或其员工因违规行为遭受法律制裁、监管处罚、重大财产损失或声誉损失以及其他负面影响的可能性。

第二十三条　合规风险识别

企业应当建立必要的制度和流程，识别新的和变更的合规要求。企业可围绕关键岗位或者核心业务流程，通过合规咨询、审核、考核和违规查处等内部途径识别合规风险，也可通过外部法律顾问咨询、持续跟踪监管机构有关信息、参加行业组织研讨等方式获悉外部监管要求的变化，识别合规风险。

企业境外分支机构可通过聘请法律顾问、梳理行业合规案例等方式动态了解掌握业务所涉国家（地区）政治经济和法律环境的变化，及时采取应对措施，有效识别各类合规风险。

第二十四条　合规风险评估

企业可通过分析违规或可能造成违规的原因、来源、发生的可能性、后果的严重性等进行合规风险评估。企业可根据企业的规模、目标、市场环境及风险状况确定合规风险评估的标准和合规风险管理的优先级。

企业进行合规风险评估后应形成评估报告，供决策层、高级管理层和业务部门等使用。评估报告内容包括风险评估实施概况、合规风险基本评价、原因机制、可能的损失、处置建议、应对措施等。

第二十五条　合规风险处置

企业应建立健全合规风险应对机制，对识别评估的各类合规风险采取恰当的控制和处置措施。发生重大合规风险时，企业合规管理机构和其他相关部门应协同配合，依法及时采取补救措施，最大限度降低损失。必要时，应及时报告有关监管机构。

第七章　合规评审与改进

第二十六条　合规审计

企业合规管理职能应与内部审计职能分离。企业审计部门应对企业合规管理的执行情况、合规管理体系的适当性和有效性等进行独立审计。审计部门应将合规审计结果告知合规管理部门，合规管理部门也可根据合规风险的识别和评估情况向审计部门提出开展审计工作的建议。

第二十七条　合规管理体系评价

企业应定期对合规管理体系进行系统全面的评价，发现和纠正合规管理贯彻执行中存在的问题，促进合规体系的不断完善。合规管理体系评价可由企业合规管理相关部门组织开展或委托外部专业机构开展。

企业在开展效果评价时，应考虑企业面临的合规要求变化情况，不断调整合规管理目标，更新合规风险管理措施，以满足内外部合规管理要求。

第二十八条　持续改进

企业应根据合规审计和体系评价情况，进入合规风险再识别和合规制度再制定的持续改进阶段，保障合规管理体系全环节的稳健运行。

企业应积极配合监管机构的监督检查，并根据监管要求及时改进合规管理体系，提高合规管理水平。

第八章　合规文化建设

第二十九条　合规文化培育

企业应将合规文化作为企业文化建设的重要内容。企业决策层和高级管理层应确立企业合规理念，注重身体力行。企业应践行依法合规、诚信经营的价值观，不断增强员工的合规意识和行为自觉，营造依规办事、按章操作的文化氛围。

第三十条　合规文化推广

企业应将合规作为企业经营理念和社会责任的重要内容，并将合规文化传递至利益相关方。企业应树立积极正面的合规形象，促进行业合规文化发展，营造和谐健康的境外经营环境。

附录3　证券公司合规管理有效性评估指引

（2012年2月12日发布）

第一章　总则

第一条　为指导证券公司开展合规管理有效性评估，有效防范和控制合规风险，制定本指引。

第二条　证券公司应当按照本指引的要求，对合规管理的有效性进行评估，及时发现和解决合规管理中存在的问题。

证券公司将合规管理有效性评估纳入内部控制评价的，其合规管理有效性评估工作应当符合本指引的要求，并单独出具合规管理有效性评估报告。

第三条　证券公司开展合规管理有效性评估，应当以合规风险为导向，覆盖合规管理各环节，重点关注可能影响合规目标实现的关键业务及管理活动，客观揭示合规管理状况。

第四条　证券公司合规管理有效性评估分为全面评估和专项评估。

除特别指明外，本指引所称合规管理有效性评估均指全面评估。

第五条　证券公司开展合规管理有效性评估，应当由董事会、监事会或董事会授权管理层组织评估小组或委托外部专业机构进行。

证券公司委托外部专业机构开展合规管理有效性评估的，参照本指引的规定进行。

第六条　证券公司每年应当至少开展一次合规管理有效性全面评估。

证券公司可以自主决定开展合规管理有效性专项评估；但在证券监管机构或自律组织提出要求，或公司内部发生重大合规风险事件时，应当开展合规管理有效性专项评估。

第七条　证券公司应当按照本指引的要求，结合自身实际情况，制定本公司合规管理有效性评估工作的实施办法，对评估组织形式、评估范围、评估内容、评估程序和方法、评估报告、评估问责等做出明确规定。

第二章　评估内容

第八条　证券公司开展合规管理有效性评估，应当涵盖合规管理环境、合规管理职责履行情况、经营管理制度与机制的建设及运行状况等方面。

第九条　证券公司对合规管理环境的评估应当重点关注公司高层是否重视合规管理、合规文化建设是否到位、合规管理制度是否健全、合规管理的履职保障是否充分等。

第十条　证券公司对合规管理职责履行情况的评估应当重点关注合规咨询、合规审查、合规检查、合规监测、合规培训、合规报告、监管沟通与配合、信息隔离墙管理、反洗钱等合规管理职能是否有效履行。

第十一条　证券公司对经营管理制度与机制建设情况的评估应当重点关注各项经营管理制度和操作流程是否健全，是否与外部法律、法规和准则相一致，是否能够根据外部法律、法规和准则的变化及时修订、完善。

第十二条　证券公司对经营管理制度与机制运行状况的评估应当重点关注是否能够严格执行经营管理制度和操作流程，是否能够及时发现并纠正有章不循、违规操作等问题。

第十三条　证券公司可以根据合规管理有效性专项评估的目的和需要，确定专项评估的内容。证券监管机构或自律组织另有要求的，从其要求。

第三章　评估程序和方法

第十四条　证券公司合规管理有效性评估的程序一般包括评估准备、评估实施、评估报告和后续整改四个阶段。

第十五条　证券公司自行组织开展合规管理有效性评估的，应当按照本指引第五条的要求成立评估小组，并对参与评估的人员开展必要的培训。

证券公司应当确保评估小组具备独立开展合规管理有效性评估的权力，确保评估小组成员具备相应的胜任能力。

评估小组应当制定评估实施方案，明确评估目的、范围、内容、分工、进程和要求，制作评估底稿等评估工作文件。

第十六条　评估小组应当组织各部门开展合规自评，各部门应当如实填写评估底稿，提交评估相关材料。合规管理环境评估底稿应当由公司主要负责人签署确认，合规管理职责履行情况评估底稿、经营管理制度与机制的建设及运行状况评估底稿应当由自评部门负责人和分管自评部门的高级管理人员签署确认。

第十七条　评估小组应当收集评估期内外部监管检查意见、审计报告、合规报告、投诉、举报、媒体报道等资料，明确评估重点。

第十八条　评估小组应当对自评底稿进行复核，并针对评估期内发生的合规风险事项开展重点评估，查找合规管理缺陷，分析问题产生原因，提出整改建议。

评估小组成员对其所在部门或者分管部门的评估底稿的复核应当实行回避制度。

第十九条　证券公司合规管理有效性评估应当采取访谈、文本审阅、问卷调查、知识测试、抽样分析、穿行测试、系统及数据测试等方法。

第二十条　评估人员可以根据关注重点，对业务与管理事项进行抽样分析，按照业务发生频率、重要性及合规风险的高低，从确定的抽样总体中抽取一定比例的样本，并对样本的符合性做出判断。

第二十一条　评估人员可以对具体业务处理流程开展穿行测试，检查与其相关的原始文件，并根据文件上的业务处理踪迹，追踪流程，对相关管理制度与操作流程的实际运行情况进行验证。

第二十二条　评估人员可以对涉及证券交易的业务进行系统及数据测试，重点检查相关业务系统中权限、参数设置的合规性，并调取相关交易数据，将其与相应的业务凭证或其他工作记录相比对，以验证相关业务是否按规则运行。

第二十三条　评估小组应当在评估工作结束前，与被评估部门就合规管理有效性评估的结果进行必要沟通，就评估发现的问题进行核实。被评估部门应当及时反馈意见。

第二十四条　评估小组应当根据评估实施情况及评估反馈意见撰写合规管理有效性评估报告。合规管理有效性评估报告至少应包括：评估依据、评估范围和对象、评估程序和方法、评估内容、发现的问题及改进建议、前次评估中发现问题的整改情况等。

证券公司可以参照附件所列合规管理有效性评估报告基本格式编制评估报告。

第二十五条　证券公司合规管理有效性评估报告应当按照公司内部规定履行内部报批程序。证券监管机构或自律组织要求报送的，从其要求。

第二十六条　证券公司应当针对合规管理有效性评估发现的问题，制定整改方案，明确整改责任部门和时间表。整改责任部门应当及时向公司管理层报告整改进展情况。

第二十七条　证券公司管理层应当对评估发现问题的整改情况进行持续关注和跟踪，指导并监督相关部门全面、及时完成整改。

第二十八条　证券公司合规管理有效性专项评估的程序和方法可以参照本指引相关规定执行。

第四章　评估问责

第二十九条　证券公司应当将合规管理有效性评估结果纳入公司管理

层、各部门和分支机构及其工作人员的绩效考核范围。

对合规管理有效性评估中新发现的违法、违规行为，证券公司应当及时对责任人采取问责措施。

第三十条　证券公司董事会、监事会、管理层、各部门及分支机构应当积极支持和配合合规管理有效性评估工作。

对在合规管理有效性评估过程中出现拒绝、阻碍和隐瞒的，证券公司应当采取相应的问责措施。

第五章　附则

第三十一条　本指引所称“公司主要负责人”是指公司董事长或总经理，或实际履行前述职务的人员。

第三十二条　证券公司在收集合规风险事项、评估合规管理环境、合规管理职责履行情况、重要业务的制度与机制的建设及运行状况时，可以参考附件所列合规管理有效性评估参考表编制工作底稿。评估参考表未涵盖证券公司合规管理有效性评估的全部评估内容，证券公司可以根据公司实际需要对表格内容加以适当调整和补充。

第三十三条　本指引由中国证券业协会负责解释。

第三十四条　本指引自发布之日起施行。

附录 4
Evaluation of Corporate Compliance Programs (Updated June 2020)

Introduction

The “Principles of Federal Prosecution of Business Organizations” in the Justice Manual describe specific factors that prosecutors should consider in conducting an investigation of a corporation, determining whether to bring charges, and negotiating plea or other agreements. JM 9–28.300. These factors include “the adequacy and effectiveness of the corporation’s compliance program at the time of the offense, as well as at the time of a charging decision” and the corporation’s remedial efforts “to implement an adequate and effective corporate compliance program or to improve an existing one”. JM 9–28.300（citing JM 9–28.800 and JM 9– 28.1000）. Additionally, the United States Sentencing Guidelines advise that consideration be given to whether the corporation had in place at the time of the misconduct an effective compliance program for purposes of calculating the appropriate organizational criminal fine. See U.S.S.G. § § 8B2.1, 8C2.5（f）, and 8C2.8（11）. Moreover, the memorandum entitled “Selection of Monitors in Criminal Division Matters” issued by Assistant

Attorney General Brian Benczkowski (hereafter, the "Benczkowski Memo") instructs prosecutors to consider, at the time of the resolution, "whether the corporation has made significant investments in, and improvements to, its corporate compliance program and internal controls systems" and "whether remedial improvements to the compliance program and internal controls have been tested to demonstrate that they would prevent or detect similar misconduct in the future" to determine whether a monitor is appropriate.

This document is meant to assist prosecutors in making informed decisions as to whether, and to what extent, the corporation's compliance program was effective at the time of the offense, and is effective at the time of a charging decision or resolution, for purposes of determining the appropriate (1) form of any resolution or prosecution; (2) monetary penalty, if any; and (3) compliance obligations contained in any corporate criminal resolution (e.g., monitorship or reporting obligations).

Because a corporate compliance program must be evaluated in the specific context of a criminal investigation, the Criminal Division does not use any rigid formula to assess the effectiveness of corporate compliance programs. We recognize that each company's risk profile and solutions to reduce its risks warrant particularized evaluation. Accordingly, we make a reasonable, individualized determination in each case that considers various factors including, but not limited to, the company's size, industry, geographic footprint, regulatory landscape, and other factors, both internal and external to the company's operations, that might impact its compliance program. There are, however, common questions that we may ask in the course of making an individualized determination. As the Justice Manual notes, there are three "fundamental questions" a prosecutor should ask:

1. "Is the corporation's compliance program well designed?"

2. "Is the program being applied earnestly and in good faith?" In other words, is the program adequately resourced and empowered to function effectively?

3. "Does the corporation's compliance program work" in practice?

See JM 9–28.800.

In answering each of these three "fundamental questions", prosecutors may evaluate the company's performance on various topics that the Criminal Division has frequently found relevant in evaluating a corporate compliance program both at the time of the offense and at the time of the charging decision and resolution.

1. The sample topics and questions below form neither a checklist nor a formula. In any particular case, the topics and questions set forth below may not all be relevant, and others may be more salient given the particular facts at issue and the circumstances of the company.

2. Even though we have organized the topics under these three fundamental questions, we recognize that some topics necessarily fall under more than one category.

I. Is the Corporation's Compliance Program Well Designed?

The "critical factors in evaluating any program are whether the program is adequately designed for maximum effectiveness in preventing and detecting wrongdoing by employees and whether corporate management is enforcing the program or is tacitly encouraging or pressuring employees to engage in misconduct". JM 9–28.800.

Accordingly, prosecutors should examine "the comprehensiveness of the compliance program", JM 9–28.800, ensuring that there is not only a clear message that misconduct is not tolerated, but also policies and procedures – from appropriate assignments of responsibility, to training programs, to systems of incentives and discipline – that ensure the compliance program is well–integrated into the company's operations and workforce.

A. Risk Assessment

The starting point for a prosecutor's evaluation of whether a company has a well– designed compliance program is to understand the company's business from a commercial perspective, how the company has identified, assessed, and defined its risk profile, and the degree to which the program devotes appropriate scrutiny and resources to the spectrum of risks. In short, prosecutors should endeavor to understand why the company has chosen to set up the compliance program the way that it has, and why and how the company's compliance program has evolved over time.

Prosecutors should consider whether the program is appropriately "designed to detect the particular types of misconduct most likely to occur in a particular corporation's line of business" and "complex regulatory environment[]". JM 9–28.800.3 For example, prosecutors should consider whether the company has analyzed and addressed the varying risks presented by, among other factors, the location of its operations, the industry sector, the competitiveness of the market, the regulatory landscape, potential clients and business partners, transactions with foreign governments, payments to foreign officials, use of third parties, gifts, travel, and entertainment expenses, and charitable and political donations.

Prosecutors should also consider "[t]he effectiveness of the company's risk assessment and the manner in which the company's compliance program has been tailored based on that risk assessment" and whether its criteria are "periodically updated". See, e.g., JM 9–47–120（2）（c）; U.S.S.G. § 8B2.1（c）("the organization shall periodically assess the risk of criminal conduct and shall take appropriate steps to design, implement, or modify each requirement [of the compliance program] to reduce the risk of criminal conduct") .

Prosecutors may credit the quality and effectiveness of a risk-based compliance program that devotes appropriate attention and resources to high-risk transactions, even if it fails to prevent an infraction. Prosecutors should therefore consider, as an indicator of risk-tailoring, "revisions to corporate compliance programs in light of lessons learned". JM 9-28.800.

• Risk Management Process – What methodology has the company used to identify, analyze, and address the particular risks it faces? What information or metrics has the company collected and used to help detect the type of misconduct in question? How have the information or metrics informed the company's compliance program?

• Risk-Tailored Resource Allocation – Does the company devote a disproportionate amount of time to policing low-risk areas instead of high-risk areas, such as questionable payments to third-party consultants, suspicious trading activity, or excessive discounts to resellers and distributors? Does the company give greater scrutiny, as warranted, to high-risk transactions (for instance, a large-dollar contract with a government agency in a high-risk country) than more modest and routine hospitality and entertainment?

• Updates and Revisions – Is the risk assessment current and subject to periodic review? Is the periodic review limited to a "snapshot" in time or based upon continuous access to operational data and information across functions? Has the periodic review led to updates in policies, procedures, and controls? Do these updates account for risks discovered through misconduct or other problems with the compliance program?

• Lessons Learned – Does the company have a process for tracking and incorporating into its periodic risk assessment lessons learned either from the company's own prior issues or from those of other companies operating in the same industry and/or geographical region?

B . Policies and Procedures

Any well−designed compliance program entails policies and procedures that give both content and effect to ethical norms and that address and aim to reduce risks identified by the company as part of its risk assessment process. As a threshold matter, prosecutors should examine whether the company has a code of conduct that sets forth, among other things, the company's commitment to full compliance with relevant Federal laws that is accessible and applicable to all company employees. As a corollary, prosecutors should also assess whether the company has established policies and procedures that incorporate the culture of compliance into its day−to−day operations.

• Design – What is the company's process for designing and implementing new policies and procedures and updating existing policies and procedures, and has that process changed over time? Who has been involved in the design of policies and procedures? Have business units been consulted prior to rolling them out?

• Comprehensiveness – What efforts has the company made to monitor and implement policies and procedures that reflect and deal with the spectrum of risks it faces, including changes to the legal and regulatory landscape?

• Accessibility – How has the company communicated its policies and procedures to all employees and relevant third parties? If the company has foreign subsidiaries, are there linguistic or other barriers to foreign employees'access? Have the policies and procedures been published in a searchable format for easy reference? Does the company track access to various policies and procedures to understand what policies are attracting more attention from relevant employees?

• Responsibility for Operational Integration – Who has been responsible for integrating policies and procedures? Have they been rolled out in a way that ensures employees' understanding of the policies? In what specific ways are compliance policies and procedures reinforced through the company's internal control systems?

• Gatekeepers – What, if any, guidance and training has been provided to key gatekeepers in the control processes (e.g., those with approval authority or certification responsibilities) ? Do they know what misconduct to look for? Do they know when and how to escalate concerns?

C. Training and Communications

Another hallmark of a well–designed compliance program is appropriately tailored training and communications.

Prosecutors should assess the steps taken by the company to ensure that policies and procedures have been integrated into the organization, including through periodic training and certification for all directors, officers, relevant employees, and, where appropriate, agents and business partners. Prosecutors should also assess whether the company has relayed information in a manner tailored to the audience's size, sophistication, or subject matter expertise. Some companies, for instance, give employees practical advice or case studies to address real–life scenarios, and/or guidance on how to obtain ethics advice on a case–by–case basis as needs arise. Other companies have invested in shorter, more targeted training sessions to enable employees to timely identify and raise issues to appropriate compliance, internal audit, or other risk management functions. Prosecutors should also assess whether the training adequately covers prior compliance incidents and how the company measures the effectiveness of its training curriculum.

Prosecutors, in short, should examine whether the compliance program is being disseminated to, and understood by, employees in practice in order to decide whether the compliance program is "truly effective". JM 9–28.800.

• Risk–Based Training – What training have employees in relevant control functions received? Has the company provided tailored training for high–risk and control employees, including training that addresses risks in the area where the misconduct occurred? Have supervisory employees received different or supplementary training? What analysis has the company undertaken to determine who should be trained and on what subjects?

• Form/Content/Effectiveness of Training – Has the training been offered in the form and language appropriate for the audience? Is the training provided online or in– person (or both) , and what is the company's rationale for its choice? Has the training addressed lessons learned from prior compliance incidents? Whether online or in– person, is there a process by which employees can ask questions arising out of the trainings? How has the company measured the effectiveness of the training? Have employees been tested on what they have learned? How has the company addressed employees who fail all or a portion of the testing? Has the company evaluated the extent to which the training has an impact on employee behavior or operations?

• Communications about Misconduct – What has senior management done to let employees know the company's position concerning misconduct? What communications have there been generally when an employee is terminated or otherwise disciplined for failure to comply with the company's policies, procedures, and controls (e.g., anonymized descriptions of the type of misconduct that leads to discipline) ?

• Availability of Guidance – What resources have been available to employees to provide guidance relating to compliance policies? How has the company assessed whether its employees know when to seek advice and whether they would be willing to do so?

D. Confidential Reporting Structure and Investigation Process

Another hallmark of a well-designed compliance program is the existence of an efficient and trusted mechanism by which employees can anonymously or confidentially report allegations of a breach of the company's code of conduct, company policies, or suspected or actual misconduct. Prosecutors should assess whether the company's complaint-handling process includes proactive measures to create a workplace atmosphere without fear of retaliation, appropriate processes for the submission of complaints, and processes to protect whistleblowers. Prosecutors should also assess the company's processes for handling investigations of such complaints, including the routing of complaints to proper personnel, timely completion of thorough investigations, and appropriate follow-up and discipline.

Confidential reporting mechanisms are highly probative of whether a company has "established corporate governance mechanisms that can effectively detect and prevent misconduct". JM 9-28.800; see also U.S.S.G. § 8B2.1 (b)(5)(C)(an effectively working compliance program will have in place, and have publicized, "a system, which may include mechanisms that allow for anonymity or confidentiality, whereby the organization's employees and agents may report or seek guidance regarding potential or actual criminal conduct without fear of retaliation").

• Effectiveness of the Reporting Mechanism – Does the company have an anonymous reporting mechanism and, if not, why not? How is the reporting mechanism publicized to the company's employees and other third parties? Has it been used? Does the company take measures to test whether employees are aware of the hotline and feel comfortable using it? How has the company assessed the seriousness of the allegations it received? Has the compliance function had full access to reporting and investigative information?

• Properly Scoped Investigations by Qualified Personnel – How does the company determine which complaints or red flags merit further investigation? How does the company ensure that investigations are properly scoped? What steps does the company take to ensure investigations are independent, objective, appropriately conducted, and properly documented? How does the company determine who should conduct an investigation, and who makes that determination?

• Investigation Response – Does the company apply timing metrics to ensure responsiveness? Does the company have a process for monitoring the outcome of investigations and ensuring accountability for the response to any findings or recommendations?

• Resources and Tracking of Results – Are the reporting and investigating mechanisms sufficiently funded? How has the company collected, tracked, analyzed, and used information from its reporting mechanisms? Does the company periodically analyze the reports or investigation findings for patterns of misconduct or other red flags for compliance weaknesses? Does the company periodically test the effectiveness of the hotline, for example by tracking a report from start to finish?

E. Third Party Management

A well−designed compliance program should apply risk−based due diligence to its third− party relationships. Although the need for, and degree of, appropriate due diligence may vary based on the size and nature of the company, transaction, and third party, prosecutors should assess the extent to which the company has an understanding of the qualifications and associations of third−party partners, including the agents, consultants, and distributors that are commonly used to conceal misconduct, such as the payment of bribes to foreign officials in international business transactions.

Prosecutors should also assess whether the company knows the business rationale for needing the third party in the transaction, and the risks posed by third–party partners, including the third–party partners' reputations and relationships, if any, with foreign officials. For example, a prosecutor should analyze whether the company has ensured that contract terms with third parties specifically describe the services to be performed, that the third party is actually performing the work, and that its compensation is commensurate with the work being provided in that industry and geographical region. Prosecutors should further assess whether the company engaged in ongoing monitoring of the third–party relationships, be it through updated due diligence, training, audits, and/or annual compliance certifications by the third party.

In sum, a company's third–party management practices are a factor that prosecutors should assess to determine whether a compliance program is in fact able to "detect the particular types of misconduct most likely to occur in a particular corporation's line of business". JM 9–28.800.

• Risk–Based and Integrated Processes – How has the company's third–party management process corresponded to the nature and level of the enterprise risk identified by the company? How has this process been integrated into the relevant procurement and vendor management processes?

• Appropriate Controls – How does the company ensure there is an appropriate business rationale for the use of third parties? If third parties were involved in the underlying misconduct, what was the business rationale for using those third parties? What mechanisms exist to ensure that the contract terms specifically describe the services to be performed, that the payment terms are appropriate, that the described contractual work is performed, and that compensation is commensurate with the services rendered?

• Management of Relationships – How has the company considered and analyzed the compensation and incentive structures for third parties against compliance risks? How does the company monitor its third parties? Does the company have audit rights to analyze the books and accounts of third parties, and has the company exercised those rights in the past? How does the company train its third party relationship managers about compliance risks and how to manage them? How does the company incentivize compliance and ethical behavior by third parties? Does the company engage in risk management of third parties throughout the lifespan of the relationship, or primarily during the onboarding process?

• RealActionsandConscqucnccs–Docsthecompanytrackredflagsthatareiden tified from due diligence of third parties and how those red flags are addressed? Does the company keep track of third parties that do not pass the company's due diligence or that are terminated, and does the company take steps to ensure that those third parties are not hired or re–hired at a later date? If third parties were involved in the misconduct at issue in the investigation, were red flags identified from the due diligence or after hiring the third party, and how were they resolved? Has a similar third party been suspended, terminated, or audited as a result of compliance issues?

F. Mergers and Acquisitions（M&A）

A well–designed compliance program should include comprehensive due diligence of any acquisition targets, as well as a process for timely and orderly integration of the acquired entity into existing compliance program structures and internal controls. Pre–M&A due diligence, where possible, enables the acquiring company to evaluate more accurately each target's value and negotiate for the costs of any corruption or misconduct to be borne by the target. Flawed or incomplete pre– or post–acquisition due diligence and integration can allow misconduct to continue at the target company, causing resulting harm to a business's profitability and reputation and risking civil and criminal liability.

The extent to which a company subjects its acquisition targets to appropriate scrutiny is indicative of whether its compliance program is, as implemented, able to effectively enforce its internal controls and remediate misconduct at all levels of the organization.

• Due Diligence Process – Was the company able to complete pre–acquisition due diligence and, if not, why not? Was the misconduct or the risk of misconduct identified during due diligence? Who conducted the risk review for the acquired/merged entities and how was it done? What is the M&A due diligence process generally?

• Integration in the M&A Process – How has the compliance function been integrated into the merger, acquisition, and integration process?

• Process Connecting Due Diligence to Implementation – What has been the company's process for tracking and remediating misconduct or misconduct risks identified during the due diligence process? What has been the company's process for implementing compliance policies and procedures, and conducting post–acquisition audits, at newly acquired entities?

II. Is the Corporation's Compliance Program Adequately Resourced and Empowered to Function Effectively?

Even a well–designed compliance program may be unsuccessful in practice if implementation is lax, under–resourced, or otherwise ineffective. Prosecutors are instructed to probe specifically whether a compliance program is a "paper program" or one "implemented, reviewed, and revised, as appropriate, in an effective manner". JM 9–28.800. In addition, prosecutors should determine “whether the corporation has provided for a staff sufficient to audit, document, analyze, and utilize the results of the corporation’s compliance efforts”. JM 9–28.800. Prosecutors should also determine “whether the corporation’s employees are adequately informed about the compliance program and are convinced of the corporation’s commitment to it”. JM 9–28.800; see also JM 9–47.120（2）（c）（criteria for an effective compliance program include “[t]he company’s culture of compliance, including awareness among employees that any criminal conduct, including the conduct underlying the investigation, will not be tolerated”）.

A. Commitment by Senior and Middle Management

Beyond compliance structures, policies, and procedures, it is important for a company to create and foster a culture of ethics and compliance with the law at all levels of the company. The effectiveness of a compliance program requires a high–level commitment by company leadership to implement a culture of compliance from the middle and the top.

The company’s top leaders – the board of directors and executives – set the tone for the rest of the company. Prosecutors should examine the extent to which senior management have clearly articulated the company’s ethical standards, conveyed and disseminated them in clear and unambiguous terms, and demonstrated rigorous adherence by example. Prosecutors should also examine how middle management, in turn, have reinforced those standards and encouraged employees to abide by them. See U.S.S.G. § 8B2.1（b）（2）（A）–（C）(the company’s “governing authority shall be knowledgeable about the content and operation of the compliance and ethics program and shall exercise reasonable oversight” of it; “[h]igh-level personnel ... shall ensure that the organization has an effective compliance and ethics program”〈emphasis added〉).

• Conduct at the Top – How have senior leaders, through their words and actions, encouraged or discouraged compliance, including the type of misconduct involved in the investigation? What concrete actions have they taken to demonstrate leadership in the company's compliance and remediation efforts? How have they modelled proper behavior to subordinates? Have managers tolerated greater compliance risks in pursuit of new business or greater revenues? Have managers encouraged employees to act unethically to achieve a business objective, or impeded compliance personnel from effectively implementing their duties?

• Shared Commitment – What actions have senior leaders and middle-management stakeholders (e.g., business and operational managers, finance, procurement, legal, human resources) taken to demonstrate their commitment to compliance or compliance personnel, including their remediation efforts? Have they persisted in that commitment in the face of competing interests or business objectives?

• Oversight – What compliance expertise has been available on the board of directors? Have the board of directors and/or external auditors held executive or private sessions with the compliance and control functions? What types of information have the board of directors and senior management examined in their exercise of oversight in the area in which the misconduct occurred?

B. Autonomy and Resources

Effective implementation also requires those charged with a compliance program's day– to–day oversight to act with adequate authority and stature. As a threshold matter, prosecutors should evaluate how the compliance program is structured. Additionally, prosecutors should address the sufficiency of the personnel and resources within the compliance function, in particular, whether those responsible for compliance have：(1) sufficient seniority within the organization; (2) sufficient resources, namely, staff to effectively undertake the requisite auditing, documentation, and analysis; and (3) sufficient autonomy from management, such as direct access to the board of directors or the board's audit committee. The sufficiency of each factor, however, will depend on the size, structure, and risk profile of the particular company. "A large organization generally shall devote more formal operations and greater resources . . . than shall a small organization". Commentary to U.S.S.G. § 8B2.1 note 2 (C) . By contrast, "a small organization may [rely on] less formality and fewer resources". Id. Regardless, if a compliance program is to be truly effective, compliance personnel must be empowered within the company.

Prosecutors should evaluate whether "internal audit functions [are] conducted at a level sufficient to ensure their independence and accuracy", as an indicator of whether compliance personnel are in fact empowered and positioned to "effectively detect and prevent misconduct". JM 9—28.800. Prosecutors should also evaluate "[t]he resources the company has dedicated to compliance", "[t]he quality and experience of the personnel involved in compliance, such that they can understand and identify the transactions and activities that pose a potential risk", and "[t]he authority and independence of the compliance function and the availability of compliance expertise to the board". JM 9—47.120 (2) (c) ; see also JM 9—28.800 (instructing prosecutors to evaluate whether "the directors established an information and reporting system in the organization reasonably designed to provide management and directors with timely and accurate information sufficient to allow them to reach an informed decision regarding the organization's compliance with the law") ; U.S.S.G. § 8B2.1 (b) (2) (C) (those with "day—to—day operational responsibility" shall have "adequate resources, appropriate authority and direct access to the governing authority or an appropriate subgroup of the governing authority") .

• Structure – Where within the company is the compliance function housed (e.g., within the legal department, under a business function, or as an independent function reporting to the CEO and/or board) ? To whom does the compliance function report? Is the compliance function run by a designated chief compliance officer, or another executive within the company, and does that person have other roles within the company? Are compliance personnel dedicated to compliance responsibilities, or do they have other, non-compliance responsibilities within the company? Why has the company chosen the compliance structure it has in place? What are the reasons for the structural choices the company has made?

• Seniority and Stature – How does the compliance function compare with other strategic functions in the company in terms of stature, compensation levels, rank/title, reporting line, resources, and access to key decision-makers? What has been the turnover rate for compliance and relevant control function personnel? What role has compliance played in the company's strategic and operational decisions? How has the company responded to specific instances where compliance raisedconcerns? Have there been transactions or deals that were stopped,modified, or further scrutinized as a result of compliance concerns?

• Experience and Qualifications – Do compliance and control personnel have the appropriate experience and qualifications for their roles and responsibilities? Has the level of experience and qualifications in these roles changed over time? How does the company invest in further training and development of the compliance and other control personnel? Who reviews the performance of the compliance function and what is the review process?

• Funding and Resources – Has there been sufficient staffing for compliance personnel to effectively audit, document, analyze, and act on the results of the compliance efforts? Has the company allocated sufficient funds for the same? Have there been times when requests for resources by compliance and control functions have been denied, and if so, on what grounds?

• Data Resources and Access – Do compliance and control personnel have sufficient direct or indirect access to relevant sources of data to allow for timely and effective monitoring and/or testing of policies, controls, and transactions? Do any impediments exist that limit access to relevant sources of data and, if so, what is the company doing to address the impediments?

• Autonomy – Do the compliance and relevant control functions have direct reporting lines to anyone on the board of directors and/or audit committee? How often do they meet with directors? Are members of the senior management present for these meetings? How does the company ensure the independence of the compliance and control personnel?

• Outsourced Compliance Functions – Has the company outsourced all or parts of its compliance functions to an external firm or consultant? If so, why, and who is responsible for overseeing or liaising with the external firm or consultant? What level of access does the external firm or consultant have to company information? How has the effectiveness of the outsourced process been assessed?

C. Incentives and Disciplinary Measures

Another hallmark of effective implementation of a compliance program is the establishment of incentives for compliance and disincentives for non-compliance. Prosecutors should assess whether the company has clear disciplinary procedures in place, enforces them consistently across the organization, and ensures that the procedures are commensurate with the violations. Prosecutors should also assess the extent to which the company's communications convey to its employees that unethical conduct will not be tolerated and will bring swift consequences, regardless of the position or title of the employee who engages in the conduct. See U.S.S.G. § 8B2.1 (b) (5) (C) ("the organization's compliance program shall be promoted and enforced consistently throughout the organization through (A) appropriate incentives to perform in accordance with the compliance and ethics program; and (B) appropriate disciplinary measures for engaging in criminal conduct and for failing to take reasonable steps to prevent or detect criminal conduct") .

By way of example, some companies have found that publicizing disciplinary actions internally, where appropriate and possible, can have valuable deterrent effects. At the same time, some companies have also found that providing positive incentives – personnel promotions, rewards, and bonuses for improving and developing a compliance program or demonstrating ethical leadership – have driven compliance. Some companies have even made compliance a significant metric for management bonuses and/or have made working on compliance a means of career advancement.

• Human Resources Process – Who participates in making disciplinary decisions, including for the type of misconduct at issue? Is the same process followed for each instance of misconduct, and if not, why? Are the actual reasons for discipline communicated to employees? If not, why not? Are there legal or investigation–related reasons for restricting information, or have pre–textual reasons been provided to protect the company from whistleblowing or outside scrutiny?

• Consistent Application – Have disciplinary actions and incentives been fairly and consistently applied across the organization? Does the compliance function monitor its investigations and resulting discipline to ensure consistency? Are there similar instances of misconduct that were treated disparately, and if so, why?

• Incentive System – Has the company considered the implications of its incentives and rewards on compliance? How does the company incentivize compliance and ethical behavior? Have there been specific examples of actions taken (e.g., promotions or awards denied) as a result of compliance and ethics considerations? Who determines the compensation, including bonuses, as well as discipline and promotion of compliance personnel?

III. Does the Corporation's Compliance Program Work in Practice?

The Principles of Federal Prosecution of Business Organizations require prosecutors to assess "the adequacy and effectiveness of the corporation's compliance program at the time of the offense, as well as at the time of a charging decision". JM 9–28.300. Due to the backward– looking nature of the first inquiry, one of the most difficult questions prosecutors must answer in evaluating a compliance program following misconduct is whether the program was working effectively at the time of the offense, especially where the misconduct was not immediately detected.

In answering this question, it is important to note that the existence of misconduct does not, by itself, mean that a compliance program did not work or was ineffective at the time of the offense. See U.S.S.G. § 8B2.1 (a) ("[t]he failure to prevent or detect the instant offense does not mean that the program is not generally effective in preventing and deterring misconduct") . Indeed, "[t]he Department recognizes that no compliance program can ever prevent all criminal activity by a corporation's employees". JM 9–28.800. Of course, if a compliance program did effectively identify misconduct, including allowing for timely remediation and self–reporting, a prosecutor should view the occurrence as a strong indicator that the compliance program was working effectively.

In assessing whether a company's compliance program was effective at the time of the misconduct, prosecutors should consider whether and how the misconduct was detected, what investigation resources were in place to investigate suspected misconduct, and the nature and thoroughness of the company's remedial efforts.

To determine whether a company's compliance program is working effectively at the time of a charging decision or resolution, prosecutors should consider whether the program evolved over time to address existing and changing compliance risks. Prosecutors should also consider whether the company undertook an adequate and honest root cause analysis to understand both what contributed to the misconduct and the degree of remediation needed to prevent similar events in the future.

For example, prosecutors should consider, among other factors, "whether the corporation has made significant investments in, and improvements to, its corporate compliance program and internal controls systems" and "whether remedial improvements to the compliance program and internal controls have been tested to demonstrate that they would prevent or detect similar misconduct in the future". Benczkowski Memo at 2（observing that "[w]here a corporation's compliance program and controls are demonstrated to be effective and appropriately resourced at the time of resolution, a monitor will not likely be necessary"）.

A. Continuous Improvement, Periodic Testing, and Review

One hallmark of an effective compliance program is its capacity to improve and evolve. The actual implementation of controls in practice will necessarily reveal areas of risk and potential adjustment. A company's business changes over time, as do the environments in which it operates, the nature of its customers, the laws that govern its actions, and the applicable industry standards. Accordingly, prosecutors should consider whether the company has engaged in meaningful efforts to review its compliance program and ensure that it is not stale. Some companies survey employees to gauge the compliance culture and evaluate the strength of controls, and/or conduct periodic audits to ensure that controls are functioning well, though the nature and frequency of evaluations may depend on the company's size and complexity.

Prosecutors may reward efforts to promote improvement and sustainability. In evaluating whether a particular compliance program works in practice, prosecutors should consider "revisions to corporate compliance programs in light of lessons learned". JM 9–28.800; see also JM 9–47–120（2）（c）(looking to "[t]he auditing of the compliance program to assure its effectiveness"）. Prosecutors should likewise look to whether a company has taken "reasonable steps" to "ensure that the organization's compliance and ethics program is followed, including monitoring and auditing to detect criminal conduct", and "evaluate periodically the effectiveness of the organization's" program. U.S.S.G. § 8B2.1（b）（5）. Proactive efforts like these may not only be rewarded in connection with the form of any resolution or prosecution（such as through remediation credit or a lower applicable fine range under the Sentencing Guidelines）, but more importantly, may avert problems down the line.

• Internal Audit – What is the process for determining where and how frequently internal audit will undertake an audit, and what is the rationale behind that process? How are audits carried out? What types of audits would have identified issues relevant to the misconduct? Did those audits occur and what were the findings? What types of relevant audit findings and remediation progress have been reported to management and the board on a regular basis? How have management and the board followed up? How often does internal audit conduct assessments in high–risk areas?

• Control Testing – Has the company reviewed and audited its compliance program in the area relating to the misconduct? More generally, what testing of controls, collection and analysis of compliance data, and interviews of employees and third parties does the company undertake? How are the results reported and action items tracked?

• Evolving Updates – How often has the company updated its risk assessments and reviewed its compliance policies, procedures, and practices? Has the company undertaken a gap analysis to determine if particular areas of risk are not sufficiently addressed in its policies, controls, or training? What steps has the company taken to determine whether policies/procedures/practices make sense for particular business segments/subsidiaries? Does the company review and adapt its compliance program based upon lessons learned from its own misconduct and/or that of other companies facing similar risks?

• Culture of Compliance – How often and how does the company measure its culture of compliance? Does the company seek input from all levels of employees to determine whether they perceive senior and middle management's commitment to compliance? What steps has the company taken in response to its measurement of the compliance culture?

B. Investigation of Misconduct

Another hallmark of a compliance program that is working effectively is the existence of a well–functioning and appropriately funded mechanism for the timely and thorough investigations of any allegations or suspicions of misconduct by the company, its employees, or agents. An effective investigations structure will also have an established means of documenting the company's response, including any disciplinary or remediation measures taken.

• Properly Scoped Investigation by Qualified Personnel – How has the company ensured that the investigations have been properly scoped, and were independent, objective, appropriately conducted, and properly documented?

• Response to Investigations – Have the company's investigations been used to identify root causes, system vulnerabilities, and accountability lapses, including among supervisory managers and senior executives? What has been the process for responding to investigative findings? How high up in the company do investigative findings go?

C. Analysis and Remediation of Any Underlying Misconduct

Finally, a hallmark of a compliance program that is working effectively in practice is the extent to which a company is able to conduct a thoughtful root cause analysis of misconduct and timely and appropriately remediate to address the root causes.

Prosecutors evaluating the effectiveness of a compliance program are instructed to reflect back on "the extent and pervasiveness of the criminal misconduct; the number and level of the corporate employees involved; the seriousness, duration, and frequency of the misconduct; and any remedial actions taken by the corporation, including, for example, disciplinary action against past violators uncovered by the prior compliance program, and revisions to corporate compliance programs in light of lessons learned". JM 9–28.800; see also JM 9–47.120（3）（c）("to receive full credit for timely and appropriate remediation" under the FCPA Corporate Enforcement Policy, a company should demonstrate "a root cause analysis" and, where appropriate, "remediation to address the root causes")．

Prosecutors should consider "any remedial actions taken by the corporation, including, for example, disciplinary action against past violators uncovered by the prior compliance program". JM 98–28.800; see also JM 9–47–120（2）（c）(looking to "[a]ppropriate discipline of employees, including those identified by the company as responsible for the misconduct, either through direct participation or failure in oversight, as well as those with supervisory authority over the area in which the criminal conduct occurred" and "any additional steps that demonstrate recognition of the seriousness of the misconduct, acceptance of responsibility for it, and the implementation of measures to reduce the risk of repetition of such misconduct, including measures to identify future risk"）.

• Root Cause Analysis – What is the company's root cause analysis of the misconduct at issue? Were any systemic issues identified? Who in the company was involved in making the analysis?

• Prior Weaknesses – What controls failed? If policies or procedures should have prohibited the misconduct, were they effectively implemented, and have functions that had ownership of these policies and procedures been held accountable?

• Payment Systems – How was the misconduct in question funded (e.g., purchase orders, employee reimbursements, discounts, petty cash) ? What processes could have prevented or detected improper access to these funds? Have those processes been improved?

• Vendor Management – If vendors were involved in the misconduct, what was the process for vendor selection and did the vendor undergo that process?

• Prior Indications – Were there prior opportunities to detect the misconduct in question, such as audit reports identifying relevant control failures or allegations, complaints, or investigations? What is the company's analysis of why such opportunities were missed?

• Remediation – What specific changes has the company made to reduce the risk that the same or similar issues will not occur in the future? What specific remediation has addressed the issues identified in the root cause and missed opportunity analysis?

• Accountability – What disciplinary actions did the company take in response to the misconduct and were they timely? Were managers held accountable for misconduct that occurred under their supervision? Did the company consider disciplinary actions for failures in supervision? What is the company's record (e.g., number and types of disciplinary actions) on employee discipline relating to the types of conduct at issue? Has the company ever terminated or otherwise disciplined anyone (reduced or eliminated bonuses, issued a warning letter, etc.) for the type of misconduct at issue?

企业合规方案评估

（翻译稿）

（2020 年 6 月更新）

介绍

美国司法部《司法手册》中的“商业组织联邦起诉原则”描述了检察官在对一家公司进行调查、决定是否提出指控以及就请求或其他协议进行谈判时应考虑的具体因素（JM9−28.300）。这些因素包括“违法行为发生时以及做出指控决定时，公司合规方案的充分性和有效性”，以及公司的补救措施，这些补救措施是为了“实施一个充分有效的公司合规方案或改进现有合规方案。”（JM 9−28.300，引用 JM 9−28.800 和 JM 9−28.1000）。此外，《美国量刑指南》建议，应考虑公司在不当行为发生时是否制定了有效的合规方案，以计算适当的组织刑事罚款。见 U.S.S.G. 第 8B2.1、8C2.5（f）和 8C2.8（11）条。此外，由助理司法部长布莱恩·本茨科夫斯基发布的题为《刑事司事项中监督员的选择》的备忘录（以下简称《本茨科夫斯基备忘录》）指示检察官在决议时考虑“公司是否对其合规方案和内部控制系统进行了重大投资和改进”以及“是否对合规方案和内部控制的补救性改进进行了测试，以证明它们可以防止或发现未来类似的不当行为”，以确定一个监督员是否合适。

本文件旨在协助检察官，就确定公司合规方案在犯罪时是否有效、在多大程度上有效，以及在做出指控决定或决议时是否有效，这些方面做出知情决定，以确定适当的（1）任何决议或起诉的形式，（2）罚款（如有），以及（3）任何公司刑事决议中包含的合规义务（例如，监督或报告义务）。

由于企业合规方案必须在刑事调查的特定背景下进行评估，刑事部门不会使用任何死板的规则来评估企业合规方案的有效性。我们认识到，每家公司的风险状况和降低风险的解决方案都需要进行具体的评估。因此，在每种情况下，我们都要做出合理、个性化的决定，其中要考虑到各种因素，这些因素包括但不限于公司规模、行业、地理足迹、监管环境以及其他可能影响其合规方案的公司内外因素。然而，在做出个别决定的过程中，我们可能会有一些常见的问题。正如《司法手册》所指出的，检察官应提出三个“基本问题”：

（1）公司合规方案是否设计良好？

（2）该计划是否得到认真和真诚的执行？换言之，该计划是否有足够的资源和权力有效运作？

（3）公司的合规方案在实践中是否有效？

（见 JM 9–28.800）

在回答这三个“基本问题”时，检察官可以在犯罪发生时以及在指控决定和解决之时，在公司在各种方面的表现进行评估。刑事部门经常发现，无论是在犯罪时，还是在指控决定和解决时，这些方面都与评估公司合规方案有关。下面的主题和问题样本既不是清单，也不是公式。在任何特定情况下，下文所述的主题和问题可能并不都是相关的，鉴于所讨论的特定事实和公司的情况，其他问题可能更为突出。尽管我们会在这三个基本问题下讨论这些主题，但是我们发现有些主题必然属于一个问题以上的范畴。

1. 公司合规方案是否设计良好?

“评估任何计划的关键因素是，该计划是否被充分设计，可以最大限度地有效地防止和发现员工的不当行为，以及公司管理层是否在执行该计划，或者是否默许或迫使员工从事不当行为”(JM 9–28.800)。

因此，检察官应审查“合规方案的全面性”(JM 9–28.800)，确保不仅有一个明确的信息，即不容忍不当行为，而且还有从适当的责任分配到培训计划再到激励与处罚制度的政策和程序，以确保合规方案与公司运营和员工队伍紧密结合。

A. 风险评估

检察官评估一家公司是否有设计完善的合规方案的出发点是从商业角度了解该公司的业务：该公司如何识别、评估和定义其风险状况，以及该计划在多大程度上对风险范围进行了适当的审查和资源配置。简言之，检察官应努力了解公司为何选择以现有方式设立合规方案，以及公司合规方案为何以及如何随着时间的推移而发展。

检察官应考虑该计划是否适当地“用于检测特定公司业务范围内最有可能发生的特定类型的不当行为”和“复杂的监管环境”(JM 9–28.800)。例如，检察官应考虑公司是否已分析并解决了各种风险，这些风险除其他因素外，还包括经营地点、行业部门、市场竞争力、监管环境、潜在客户和商业伙伴、与外国政府的交易，向外国官员付款、使用第三方、礼品、差旅费和招待费、慈善和政治捐款。

检察官还应考虑“公司风险评估的有效性，以及公司合规方案根据该风险评估进行定制的方式”，以及其标准是否“定期更新”。[参见，例如，JM 9–47–120 (2) (c)；U.S.S.G. 第 8B2.1 (c) 条(“组织应定期评估犯罪行为风险，并应采取适当措施设计、实施或修改〈合规方案〉的每项要求，以降低犯罪行为风险”)。]

检察官可能会认可基于风险的合规方案的质量和有效性，该合规方案在高风险交易中投入适当的关注和资源，即使它未能防止违规行为。因此，检察官应考虑将“根据经验教训修订公司合规方案”作为风险调整的指标(JM 9–28.800)。

风险管理流程——公司采用了什么方法来识别、分析和应对其面临的特定风险？公司收集并使用了哪些信息或指标来帮助发现有问题的不当行为类型？这些信息或指标是如何对公司的合规方案产生影响的？

特定风险的资源分配——该公司是否将过多的时间用于监管低风险领域而非高风险领域，例如向第三方顾问支付的可疑款项、可疑的交易活动或向经销商和分销商提供的过度折扣？公司对高风险交易（例如，与高风险国家的政府机构签订的大额合同）的审查是否比普通的日常招待和娱乐活动更严格？

更新和修订——风险评估是否是最新的，是否需要定期审查？风险评估的定期审查是否仅限于及时进行“快速抽样”或基于跨职能部门对运行数据和信息的连续访问？定期审查是否促使政策、程序和控制的更新？这些更新是否考虑到了通过不当行为或合规方案中的其他问题发现的风险？

经验教训——公司是否有一个流程来跟踪，并将从其自身先前存在的问题，或在同一行业、地理区域运营的其他公司的问题中吸取的经验教训纳入定期风险评估？

B. 政策和程序

任何设计完善的合规方案都需要制定政策和程序，使道德规范既有内容又有效果，同时也要解决且旨在减少公司在风险评估过程中发现的风险。作为一个基本问题，检察官应审查公司是否有一个行为准则，其中规定了公司承诺完全遵守相关联邦法律，并适用于所有员工。因此，检察官还应评估公司是否制定了将合规文化纳入日常运营的政策和程序。

设计——公司设计和实施新政策和程序，以及更新现有政策和程序的流程是什么？随着时间的推移，该流程是否发生了变化？谁参与了政策和程序的设计？在政策和程序推出之前是否咨询过业务部门？

全面性——公司采取了哪些措施来监督和执行政策和程序（该政策和程

序是用来反映和应对其面临的一系列风险的)，包括法律和监管环境的变化？

可获取性——公司如何向所有员工和相关第三方传达其政策和程序？如果公司有外国子公司，外国员工是否在理解该程序或政策方面有语言或其他方面的障碍？政策和程序是否以可搜索的格式发布，以便于参考？公司是否追踪各种政策和程序的使用情况，以了解哪些政策更能吸引相关员工的注意？

运营整合责任——谁负责整合政策和程序？这些政策是否以确保员工理解的方式推出？通过公司内部控制系统，以何种具体方式强化合规政策和程序？

控制者——对控制流程中的重要把关人提供了哪些指导和培训（例如，具有批准权限或认证职责的人）？他们是否知道该找何种不当行为？他们是否知道何时以及如何将问题升级？

C. 培训与沟通

设计完善的合规方案的另一个特点是量身定制的培训和沟通。

检察官应评估公司采取的措施，以确保政策和程序已纳入组织，包括通过定期培训和认证所有董事、高级职员、相关员工，在适当情况下，可对代理人和业务伙伴进行培训和认证。检察官还应评估该公司是否以适合受众规模、复杂程度或主题专业知识的方式传递信息。例如，一些公司为员工提供实际建议或案例研究，以解决现实生活中的情况，和 / 或指导如何在需要时根据具体情况获得道德建议。其他公司还投资举办了更短、更有针对性的培训课程，使员工能够及时发现问题并向相应的合规、内部审计或其他风险管理职能部门提出。检察官还应评估培训是否充分涵盖先前的合规事件，以及公司如何衡量其培训课程的有效性。

简言之，检察官应检查合规方案是否在实践中传播给员工，员工是否理解合规方案，以确定合规方案是否“真正有效”(JM 9−28.800)。

基于风险的培训——相关控制职能部门的员工接受了哪些培训？公司是否为高风险和控制型员工提供量身定制的培训，包括针对不当行为发生地区的风险的培训？主管员工是否接受过不同或补充的培训？公司进行了哪些分析来确定哪些人应该接受培训，就哪些科目进行培训？

培训形式 / 内容 / 效果——培训的形式和语言是否适合对象？是在线培训还是线下培训（或两者兼有），公司选择的理由是什么？培训是否涉及从以前的合规事件中吸取的教训？无论是在线培训还是线下培训，是否有员工提出培训问题的流程？公司如何衡量培训的有效性？员工是否对所学的知识进行测试？公司是如何处理那些没有通过全部或部分测试的员工的？公司是否评估了培训对员工行为或运营的影响程度？

关于不当行为的沟通——高级管理层采取了哪些措施让员工了解公司对不当行为的立场？当员工因未能遵守公司的政策、程序和控制措施（例如，对导致纪律处分的不当行为类型的匿名描述）而被解雇或受到其他处分时，通常有哪些沟通？

提供指导——有哪些资源可给员工提供与合规政策相关的指导？公司如何评估员工是否知道何时寻求建议，以及他们是否愿意这样做？

D. 保密报告结构和调查程序

设计良好的合规方案的另一个特点是：存在一个有效和可信的机制，通过该机制，员工可以匿名或秘密地举报违反公司行为准则、公司政策或者涉嫌或实际不当行为。检察官应评估公司的投诉处理流程是否包括主动创造无须担心报复的工作场所氛围、提交投诉的适当流程，以及保护举报人的流程。检察官还应评估公司处理此类投诉调查的流程，包括将投诉提交给适当人员、及时完成彻底调查以及适当的后续行动和行为准则。

保密举报机制是公司是否“建立了能够有效发现和防止不当行为的公司治理机制”的有力证据。[JM 9–28.800；另请参见 U.S.S.G. 第 8B2.1（b）（5）（C）条（一个有效运作的合规方案将建立，并公布“一个可能包括允许匿名或保密的机制，使组织的雇员和代理人可以报告或寻求有关潜在或实际犯罪行为的指导，而不必担心遭到报复的系统”）。]

举报机制的有效性——公司是否有匿名报告机制？如果没有，为什么没有？如何向公司员工和其他第三方公布举报机制？这项机制使用过吗？公司是否采取措施测试员工是否了解热线，是否感到使用热线很自在？该公司如何评估其收到的指控的严重性？合规职能部门是否能够充分获得报告和调查信息？

由合格人员进行适当范围的调查——公司如何确定哪些投诉或危险信号值得进一步调查？公司如何确保调查范围适当？公司采取了哪些步骤来确保调查是独立、客观、适当地进行和记录的？公司如何决定由谁进行调查，以及由谁做出决定？

调查响应——公司是否应用时间指标来确保响应能力？公司是否有监督调查结果，并确保对任何调查结果或建议进行回应、负责的程序？

资源和结果跟踪——举报和调查机制的资金是否充足？公司如何从其举报机制收集、跟踪、分析和使用信息？公司是否定期分析举报或调查结果中的不当行为模式或合规弱点的其他危险信号？公司是否定期测试热线的有效性，例如从头到尾跟踪报告？

E. 第三方管理

一个设计完善的合规方案应对第三方关系进行基于风险的尽职调查。尽管适当尽职调查的必要性和程度可能因公司的规模和性质、交易和第三方而有所不同，但检察官应当评估公司对第三方合作伙伴的资质和关联的了解程度，包括通常被用来隐瞒不当行为（如在国际商业交易中向外国官员行贿）的代理人、顾问、分销商。

检察官还应评估公司是否知道在交易中需要第三方的商业理由，以及第三方合作伙伴带来的风险，包括第三方合作伙伴的声誉和与外国官员的关系（如有）。例如，检察官应分析公司是否已确保在与第三方的合同条款中具体描述了将要提供的服务，第三方是否实际在执行工作，其报酬是否与该行业和地理区域提供的工作相称。检察官应进一步评估公司是否对第三方关系进行了持续监督，包括通过最新的尽职调查、培训、审计和/或第三方的年度合规认证的方式。

总之，公司对第三方的管理实践是检察官应评估的一个因素，以确定合规方案是否确实能够“发现在公司特定业务范围内最有可能发生的特定类型的不当行为”(JM 9–28.800)。

基于风险的综合流程——公司的第三方管理流程如何与公司确定的企业风险的性质和水平相适应？如何将这一过程纳入相关的采购和供应商管理过程？

适当的控制——公司如何确保有适当的商业理由使用第三方？如果第三方参与了潜在的不当行为，那么使用这些第三方的商业理由是什么？有哪些机制可以确保合同条款具体说明将要提供的服务，付款条件适当，所述合同工作得到执行，报酬与所提供的服务相称？

关系管理——公司如何考虑和分析针对第三方承担合规风险的补偿和激励结构？公司如何监督第三方？公司是否有审计权分析第三方的账簿和账目，公司过去是否行使过这些权利？公司如何对其第三方关系负责人进行合规风险培训以及如何管理这些风险？公司如何激励第三方的合规和道德行为？公司是否在关系存续期间，或主要在入职管理过程中，对第三方进行风险管理？

实际行动和后果——公司是否追查在对第三方的尽职调查中发现的危险信号，以及如何应对这些危险信号？公司是否对未通过公司尽职调查或被终止合作的第三方进行持续追踪，公司是否采取措施确保这些第三方不会在以后被雇佣或重新雇佣？如果第三方参与了调查中涉及的不当行为，危险信号是在尽职调查中发现的还是雇佣第三方后被发现的，以及如何解决这些问题？是否存在一个类似的第三方因合规问题而被暂停、终止或审计？

F. 合并和收购（M&A）

设计完善的合规方案应包括对任何收购目标的全面尽职调查，以及一个将被收购实体及时有序地整合到现有合规方案结构和内部控制的程序。在可能的情况下，并购前尽职调查使收购公司能够更准确地评估每个目标公司的价值，并就目标公司承担的任何腐败或不当行为的成本进行谈判。

无论是在收购前还是收购后，有缺陷或不完整的尽职调查和整合都可能会导致不当行为在目标公司的存续，这会对企业的盈利能力和声誉造成损害，并可能承担民事和刑事责任。

一家公司对其收购目标进行适当审查的程度，表明其合规方案在实施过程中是否能够有效地实施内部控制并纠正组织各个层级的不当行为。

尽职调查程序——公司是否能够完成收购前的尽职调查，如果不能，为什么？尽职调查期间是否发现不当行为或不当行为风险？是谁对被收购/合并的实体进行了风险审查？审查是如何进行的？并购尽职调查的一般流程是什么？

并购过程中的整合——合规职能是如何融入合并、收购和整合过程的？

尽职调查与实施相结合的过程——在尽职调查过程中，公司跟踪和纠正不当行为或不当行为风险的程序是什么？公司在新收购的实体实施合规政策和程序，以及进行收购后审计的程序是什么？

2. 该计划是否得到认真和真诚的执行？换言之，该计划是否有足够的资源和权力有效运作？

如果执行不严或执行不力、资源匮乏或其他方面无效，设计得再好的合规方案，在实践中也有可能是不成功的。检察官被指示要具体探究一个合规方案是“纸面工程”还是“以有效的方式实施、审查和修订的”（JM 9–28.800）。此外，检察官应确定“公司是否提供了足够的工作人员来审计、记录、分析和利用公司合规工作的结果”（JM 9–28.800）。检察官还应确定“公司的雇员是否充分了解合规方案，并相信公司对该方案的承诺”。[（JM 9–28.800）；另见 JM 9–47.120（2）（c）（有效的合规方案的标准包括“公司的合规文化，包括员工对任何犯罪的行为、调查的行为，都不会被容忍”）。]

A. 中高级管理层的承诺

除了合规结构、政策和程序之外，公司各层面还必须创建和培养一种道德和合规文化。合规方案的有效性需要公司领导层的高层承诺，从中高层开始实施合规文化。

公司的最高领导人——董事会和高级管理人员——为公司的其他部门定下了基调。检察官应审查高级管理层在多大程度上明确阐述了公司的道德标准，以明确和清晰的措辞传达和传播这些标准，并以身作则严格遵守。检察官还应当审查中层管理人员如何加强这些标准，并鼓励员工遵守这些标准。[见 U.S.S.G. § 8B2.1（b）（2）（A）–（C）（公司的“管理当局应了解合规和道德操守计划的内容和运作情况，并对其进行合理的监督”；“高层人员……应确保组织有一个有效的合规和道德操守计划”（强调）。]

高层的行为——高级领导人如何通过其言行鼓励或阻止合规，包括调查中涉及的不当行为类型？他们采取了哪些具体行动，在公司的合规和整治工作中发挥了领导作用？他们是如何向下属树立正确行为的榜样？经理们是否为了追求新业务或增加收入，容忍更大的合规风险？经理们是否鼓励员工采取不道德的行为来实现业务目标，或阻碍合规人员有效地履行职责？

共同的承诺——高级领导和中层管理者的利益相关者（如业务和运营经理，财务、采购、法律、人力资源负责人）采取了哪些行动来表明他们对合规或合规人员的承诺，包括他们的补救工作？他们在利益或业务目标相冲突的情况下是否坚持了这种承诺？

监督——董事会有哪些合规方面的专业知识？董事会和/或外部审计师是否与合规和控制职能部门举行过执行会议或私人会议？董事会和高级管理层在对发生不当行为的领域进行监督时，审查了哪些类型的信息？

B. 自主性和资源

有效的执行还要求负责合规方案日常监督的人员要有足够的权力和地位。作为一个基本问题，检察官应评估合规方案的结构。此外，检察官还应考虑到合规职能部门的人员和资源是否充足，特别是负责合规的人员是否具备以下条件：（1）组织内有足够的资历；（2）有足够的资源，即有足够的工作人员有效地进行必要的审计、记录和分析；（3）有足够的自主权，不受管理层的影响，如直接接触董事会或董事会的审计委员会。然而，每个因素是否充分，将取决于具体公司的规模、结构和风险状况。“大型组织一般应比小型组织投入更多的正式业务和更多的资源…… 比小组织投入更多的正式业务和更多的资源”。[U.S.S.G. § 8B2.1 注 2（C）的评注。] 相比之下，“小组织可能依赖较少的形式和资源”。[同上注。] 无论如何，如果合规方案要真正有效，公司内部必须赋予合规人员权力。

检察官应评价“内部审计职能是否在足以确保其独立性和准确性的层级上进行”，以此作为衡量合规人员实际上是否被赋予权力和定位，以“有效地发现和预防不当行为”的指标（JM 9–28.800）。检察官还应当评价“公司为合规工作提供的资源”，“参与合规工作的人员的素质和经验，使他们能够了解和确定构成潜在风险的交易和活动”，以及“合规职能部门的权威性和独立性，以及董事会是否具备合规方面的专门知识”。[JM 9–47.120（2）（c）；另见 JM 9–28.800（指示检察官评估“董事是否在组织内建立了一个信息和报告系统，目的是为管理层和董事提供及时、准确的信息，使他们能够就组织是否遵守法律做出知情决定”）。U.S.S.G. § 8B2.1（b）（2）（C）（那些负有“日常运营责任”的人应“拥有充足的资源、适当的权力，并可直接接触管理当局或管理当局的适当分部门”）。]

架构——合规职能部门在公司内部的哪个部门（例如，法律部门、业务职能部门，或作为向首席执行官和 / 或董事会报告的独立职能部 门）？合规职能部门向谁报告？合规职能部门是否由指定的首席合规官或公司内部的另一位行政人员负责，该人员在公司内部是否有其他职责？合规人员是否专职负责合规工作，还是在公司内部有其他非合规职责？公司为什么选择了现有的合规架构？公司选择这种架构的原因是什么？

资历和地位——在地位、薪酬水平、职级 / 头衔、报告线、资源和接触 关键决策者方面，合规职能部门与公司其他战略职能部门的比较情况如何？合规和相关控制职能部门人员的流动率如何？合规在公司的战略和经营决策中发挥了怎样的作用？公司是如何应对合规性引起关注的具体案例的？是否有因合规问题而停止、修改或进一步审查的事务或交易？

经验和资格——合规和控制人员是否具备相应的经验和资格，以适应其角色和职责？这些角色的经验和资历水平是否随着时间的推移发生了变化？公司对合规和其他控制人员的进一步培训和发展如何投资？谁来考核合规职能部门的表现，考核过程是怎样的？

资金和资源——是否为合规人员配备了足够的人员，以有效地审计、记录、分析并根据合规工作的结果采取行动？公司是否为其分配了足够的资金？合规和控制职能部门的资源请求是否有被拒绝的时候，如果有，理由是什么？

数据资源和访问——合规和控制人员是否对相关数据资源具有足够的直接或间接访问权限，能够允许他们及时有效地监视和/或测试策略，控制和交易？是否存在任何限制访问相关数据资源的障碍，如果存在，公司将如何解决这些障碍？

自主性——合规和相关控制职能部门是否直接向董事会和/或审计委员会的任何人报告？他们与董事见面的频率是多少？高级管理层的成员是否出席这些会议？公司如何确保合规和控制人员的独立性？

合规职能外包——公司是否将其合规职能全部或部分外包给外部公司或顾问？如果有，原因是什么，谁负责监督或与外部公司或顾问联系？外部公司或顾问对公司信息的接触程度如何？如何评估外包过程的有效性？

C. 奖励和惩戒措施

有效执行合规方案的另一个特点是建立起对合规的激励措施和对不合规的惩罚措施。检察官应评估公司是否有明确的惩戒程序，是否在整个组织内始终如一地执行这些程序，并确保这些程序与违规行为相称。检察官还应该评估公司的沟通方式在多大程度上向员工传达了不道德的行为是不会被容忍的，并且会带来立即的后果，无论从事该行为的员工的职位或头衔如何。[见 U.S.S.G.§ 8B2.1（b）（5）（C）（"组织的合规性计划应通过〈A〉适当的激励措施在整个组织内持续推广和执行，以鼓励员工按照合规性和道德计划执行；以及〈B〉对从事犯罪行为和未能采取合理措施防止或发现犯罪行为的员工采取适当的纪律处分措施”)。]

举例来说，一些公司发现，在适当或可能的情况下，在内部公布纪律处分行动可产生有价值的阻吓作用；同时，一些公司还发现，提供积极的激励措施——对改善和制定合规方案或表现出道德领导能力的人员进行晋升、奖励（含奖金），也能促进合规。有些公司甚至将合规性作为管理层奖金的重要指标，或将合规工作作为职业发展的一种途径。

人力资源程序——谁参与做出纪律处分决定，包括所涉及的不当行为类型？是否对每一例不当行为都遵循相同的程序，如果不是，原因是什么？是否向员工传达了实际的纪律处分理由，如果没有，为什么？是否有限制信息的法律或调查相关的原因，或者是否有为保护公司不受举报或外部监督而提供的托词？

一致的实施——纪律处分和激励措施是否在整个组织中得到了公平和一致的实施？合规职能部门是否监督了调查以及相关纪律是否保持了一致性？是否有类似的不当行为受到不公平对待的情况，如果有，原因是什么？

激励机制—公司是否考虑过激励和奖励对合规性的影响？公司是如何激励合规和道德行为的？是否有因合规和道德考虑而采取的具体行动（如拒绝晋升或奖励）？谁来决定对合规人员的报酬，包括奖金以及处分和晋升？

3. 公司的合规方案在实践中是否有效？

联邦起诉商业组织的原则要求检察官评估“公司违规时和做出指控决定时，合规程序的充分性、有效性”（JM 9−28.300）。鉴于首次被调查后的后顾性，检察官在公司发生不当行为后，评估合规项目时必须回答的最困难的问题之一是，该项目在不当行为发生时是否得到有效运行，特别是在不当行为没有立即被发现的情况下。

在回答这个问题时，必须注意的是，不当行为的存在本身并不意味着在违法行为发生时，合规方案没有起作用或无效。[见 U.S.S.G. § 8B2.1 (a)(“未能防止或侦查到即时犯罪行为，并不意味着该方案在防止和阻止不当行为方面普遍无效”）。] 事实上，“司法部承认，任何合规方案都不可能防止公司雇员的所有犯罪活动”（JM 9–28.800）。当然，如果合规方案确实有效地发现了不当行为，包括允许及时纠正和自我报告，检察官应将该行为的发生视为合规方案有效运作的有力指标。

在评估一家公司的合规方案在不当行为发生时是否有效时，检察官应考虑是否以及如何发现不当行为，有哪些调查资源来调查可疑的不当行为，以及公司补救工作的性质和力度。

为了确定公司的合规方案在做出指控决定或决议时是否有效，检察官应考虑该计划是否随着时间的推移而发展，以应对现有的和不断变化的合规风险。检察官还应该考虑公司是否进行了充分和诚实的根本原因分析，以了解导致不当行为的原因以及为防止今后发生类似事件所需的补救程度。

例如，除其他因素外，检察官应考虑“公司是否对其公司合规方案和内部控制制度进行了大量投入和改进”，以及“是否对合规方案和内部控制的补救性改进进行了测试，以证明这些改进措施能够防止或发现今后发生类似的不当行为”。[Benczkowski Memo at 2（注意到“如果公司的合规方案和控制措施在和解时被证明是有效的，并且有适当的资源，则很可能不需要监督员”）。]

A. 持续改进、定期测试和审查

有效的合规方案的一个特点是其改进和发展的能力。控制措施的实际执行必然会暴露风险和可能的调整领域。一家公司的业务会随着时间的推移而变化，其经营环境、客户的性质、管辖其行为的法律和适用的行业标准也会发生变化。因此，检察官应考虑公司是否进行了有意义的努力来审查其合规方案，并确保其不至于过时。有些公司会对员工进行调查，以衡量合规文化以及评估控制措施的力度，或进行定期审计，以确保控制措施运行良好，但评估的性质和频率可能取决于公司的规模和复杂程度。

检察官可以奖励为促进改进和可持续发展所做的努力。在评估某项合规方案是否实际可行时，检察官应考虑“根据所吸取的经验教训修订公司合规方案”。[JM 9−28.800；另见 JM 9−47−120（2）（c）（期待“对合规方案进 行审计，以确保其有效性”）。] 检察官同样应考察公司是否采取了“合理的步骤”，以“确保组织的合规和道德计划得到遵守，包括监测和审计以发现犯罪行为”，并“定期评估组织的”计划的有效性。[U.S.S.G. § 8B2.1（b）（5）。] 像这样积极主动的努力不仅可以获得与任何解决或起诉形式有关的奖励（如通过补救信贷或根据《量刑指南》规定的较低的适用罚金范围），更重要的是，可以避免今后出现问题。

内部审计——确定内部审计在什么地方、多长时间内进行审计的程序，其背后的依据是什么？审计是如何进行的？哪些类型的审计会发现与不当行为相关的问题？是否进行了这些审计，审计结果如何？定期向管理层和董事会报告了哪些类型的相关审计结果和补救进展？管理层和董事会如何采取后续行动？内部审计在高风险领域进行评估的频率是多少？

控制测试——公司是否对与不当行为相关领域的合规性计划进行了审查和审计？具体来说，公司对控制措施进行了哪些测试，收集和分析合规数据，并对员工和第三方进行了哪些访谈？如何报告结果和跟踪行动项目？

不断更新——公司多久更新一次风险评估并审查一次合规政策、程序和实践？公司是否进行了差距分析，以确定特定的风险领域是否在政策、控制或培训中得到充分解决？公司采取了哪些措施来确定政策、程序、做法，对特定业务部门或子公司是否合理？公司是否根据自己的不当行为或从其他面临类似风险的公司的经验教训中来审查和调整其合规方案？

合规文化——公司多长时间以及如何衡量其合规文化？公司是否征求各级员工的意见，以确定他们是否认可高层和中层管理人员对合规的承诺？公司在衡量合规文化方面采取了哪些措施？

B. 对不当行为的调查

一个有效运作的合规方案的另一个标志是，有一个运作良好、资金充足的机制，对公司、其雇员或代理人的任何不当行为指控或可疑行为进行及时、彻底的调查。一个有效的调查机制还将有一个既定的手段来记录公司的反应，包括采取的任何处分或补救措施。

由合格人员进行范围适当的调查——公司如何确保调查范围适当，并独立、客观、适当地进行记录？

对调查的回应——公司的调查是否被用于找出根本原因、系统漏洞和责任缺失，包括在主管经理和高级管理人员之间进行的调查？对调查结果的反应过程是怎样的？调查结果在公司中的地位有多高？

C. 分析补救任何潜在的不当行为

最后，合规方案在实践中有效运作的一个标志是，公司能够对不当行为进行深思熟虑的根源分析，并及时采取适当的补救措施以解决根源问题。

检察官在评估合规方案的有效性时，应反思“犯罪行为的程度和普遍性；所涉公司员工的人数和级别；不当行为的严重程度、持续时间和频率；公司采取的任何补救行动，包括对以前合规方案中发现的违规者采取的纪律处分行动，以及根据经验教训对公司合规方案的修订。[JM 9–28.800；另见 JM 9–47.120（3）（c）（《FCPA 公司执法政策》规定，“为了获得及时和适当的补救措施的充分信任”，公司应证明“进行了根本原因分析”，并酌情“采取补救措施以解决根本原因”)。]

检察官应考虑“公司采取的任何补救行动，例如，包括对以前的合规方案所发现的过去的违规者采取的纪律处分”。[JM 98–28.800；另见 JM 9–47–120（2）（c）(查看“对员工的适当惩戒，包括公司通过直接参与或未能进行监督而确定对不当行为负责的员工，以及对犯罪行为发生地区有监督职责的员工”，以及“证明承认不当行为的严重性、接受不当行为的责任，并采取措施减少此类不当行为的重复发生风险，包括确定未来风险的措施”)。]

根源分析——公司对所涉及的不当行为的根源分析是什么？是否发现了任何系统性问题？公司中的哪些人参与了分析？

之前的薄弱环节——哪些控制措施未起作用？如果政策或程序应该禁止不当行为，是否有效地执行了这些政策或程序？作为这些政策和程序执行者的职能部门是否已被问责？

支付系统——有关不当行为的资金来源（如采购订单、员工报销、折扣、小额现金）？哪些程序可以防止或发现不当获取这些资金？这些程序是否得到了改进？

供应商管理——如果供应商参与了不当行为，选择供应商的程序是怎样的，该供应商是否经过此程序？

先前迹象——是否有机会发现有关的不当行为，如审计报告中指出相关的控制失误或指控、投诉或调查？公司如何分析为何错过了这些机会？

补救措施——公司采取了哪些具体措施来减少今后不再发生相同或类似问题的风险？哪些具体的补救措施解决了根本原因和错失机会分析中发现的问题？

问责——公司针对不当行为采取了哪些纪律处分措施，这些措施是否及时？管理人员是否对其监督下发生的不当行为进行了问责？公司是否考虑过对监督失误采取纪律处分？公司在对员工的纪律处分方面的记录（如纪律处分的数量和类型）如何？公司是否曾因有关的不当行为类型而终止或以其他方式对任何人进行过纪律处分（减少或取消奖金、发出警告信等）？